权威·前沿·原创

皮书系列为
"十二五""十三五""十四五"时期国家重点出版物出版专项规划项目

BLUE BOOK

智 库 成 果 出 版 与 传 播 平 台

广州蓝皮书

BLUE BOOK OF GUANGZHOU

广州经济发展报告

（2024）

ANNUAL REPORT ON ECONOMIC DEVELOPMENT OF GUANGZHOU (2024)

组织编写／广州市社会科学院

主　　编／张跃国　杨再高

执行主编／欧江波　伍　晶

社会科学文献出版社
SOCIAL SCIENCES ACADEMIC PRESS (CHINA)

图书在版编目（CIP）数据

广州经济发展报告 . 2024 / 张跃国，杨再高主编；
欧江波，伍晶执行主编 . --北京：社会科学文献出版社，
2024.6. --（广州蓝皮书）. --ISBN 978-7-5228
-3772-7

Ⅰ . F127. 651

中国国家版本馆 CIP 数据核字第 20249NB370 号

广州蓝皮书

广州经济发展报告（2024）

主　　编／张跃国　杨再高

执行主编／欧江波　伍　晶

出 版 人／冀祥德

组稿编辑／丁　凡

责任编辑／方　丽

文稿编辑／王　敏

责任印制／王京美

出　　版／社会科学文献出版社 · 生态文明分社（010）59367143
　　　　　地址：北京市北三环中路甲 29 号院华龙大厦　邮编：100029
　　　　　网址：www. ssap. com. cn

发　　行／社会科学文献出版社（010）59367028

印　　装／天津千鹤文化传播有限公司

规　　格／开　本：787mm×1092mm　1/16
　　　　　印　张：24.75　字　数：372 千字

版　　次／2024 年 6 月第 1 版　2024 年 6 月第 1 次印刷

书　　号／ISBN 978-7-5228-3772-7

定　　价／138.00 元

读者服务电话：4008918866

主要编撰者简介

张跃国　广州市社会科学院党组书记、院长，研究员，广州市委宣讲团成员。在权威期刊发表学术论文和理论文章多篇，主编专著或集刊多部。多次主持或参与广州市委全会和党代会报告起草、广州市发展规划研究编制、广州经济形势分析与预测研究、广州城市发展战略研究、广州南沙新区发展战略研究和规划编制、广州老城市新活力理论内涵和战略策略研究，以及广州市委、市政府多项重大政策文件起草。

杨再高　广州市社会科学院副院长，研究员，博士。兼任广州市政府决策咨询专家、广州国家中心城市研究基地主任、广东省重大项目决策咨询专家、四川省营商环境咨询委员会委员等。主要从事区域经济和城市发展战略研究。出版《大珠三角区域经济一体化研究——基于空间均衡视角》等著作10部，在《经济地理》《南方经济》《农业经济问题》等期刊发表论文100多篇；主持和参与课题100多项；先后获国家发展改革委、国务院发展研究中心和广州市优秀成果奖等奖项8项。

欧江波　广州市社会科学院经济研究所所长，研究员，博士。兼任广州市重大行政决策论证专家、广州市人大制度研究会会员、广东省发展和改革委员会战略咨询库专家、广州市和广东省房地产行业协会专家委副主任委员等。研究方向为宏观经济、城市经济、房地产经济等。主持完成国家、省、市级200余项重大课题；出版专著4部，执行主编并出版《广州经济发展报告》14 部，公开发表论文 50 余篇；研究成果获国家、省、市级奖励 20 余项。

伍 晶 广州市社会科学院经济研究所副研究员。主要从事应用经济和决策咨询研究，研究方向为宏观经济、城市经济、人口与劳动经济等。参与编辑出版《广州经济发展报告》9 部，执行主编出版 1 部。

摘　要

《广州经济发展报告（2024）》是"广州蓝皮书"系列之一，是由广州市社会科学院主持编写，由科研团体、高等院校和政府部门的专家学者共同完成，反映广州经济分析预测及相关重要专题研究的最新成果。本书包括六个部分，分别为总报告、经济运行篇、产业经济篇、区域发展篇、改革创新篇和调查实证篇，共收录研究报告22篇。

2023年，面对复杂严峻的国内外形势，广州经济迎难而上，发展质量不断提升，实现地区生产总值30355.73亿元，同比增长4.6%，经济总量成功迈上3万亿元的新台阶。从产业看，农业发展有所加快，工业复苏不及预期，服务业分化比较明显；从需求看，消费稳中趋升，投资结构优化，进出口总体稳定。展望2024年，世界经济仍面临较多不稳定、不确定因素，全球经济形势不容乐观；我国经济发展机遇和挑战并存，经济运行有望保持在合理区间。通过"建模预测+综合预判"方法，本书预计2024年广州经济有望保持稳定增长，增速处于4.6%~5.5%。

关键词： 经济增长　城市经济　广州经济

目 录 ⟩⟩

Ⅰ 总报告

Ⅱ 经济运行篇

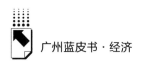
Ⅲ 产业经济篇

Ⅳ 区域发展篇

V 改革创新篇

VI 调查实证篇

皮书数据库阅读**使用指南**

总 报 告

B.1
2023年广州经济形势分析
与2024年展望

广州市社会科学院经济研究所课题组*

摘 要： 2023年，面对复杂严峻的国内外形势，广州经济迎难而上，发展质量不断提升，实现地区生产总值30355.73亿元，同比增长4.6%，经济总量成功迈上3万亿元的新台阶。从产业看，农业发展有所加快，工业复苏不及预期，服务业分化比较明显；从需求看，消费稳中趋升，投资结构优化，进出口总体稳定。展望2024年，世界经济仍面临较多不稳定、不确定因素，高通胀高负债问题仍在，流动性紧缩影响显现，地缘政治冲突持续，全球经济形势不容乐观；我国经济发展面临国内外市场需求不足、社会预期偏弱、风险隐患较多、科技创新能力不强等诸多困难，但也拥有市场规模大、产业体系完整、发展韧性强等优势，经济运行有望保持在合理区间。本

---

* 课题组组长：欧江波，博士，广州市社会科学院经济研究所所长、研究员，研究方向为宏观经济、城市经济、房地产经济等；唐碧海，博士，广州市社会科学院经济研究所副所长、副研究员，研究方向为宏观经济、数量经济等。课题组成员：伍晶、范宝珠、周圣强、陈璐、曹永旺。执笔人：欧江波、唐碧海、伍晶、范宝珠、周圣强、陈璐、曹永旺。

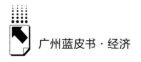
文通过"建模预测+综合预判"方法，预计2024年广州经济有望保持稳定增长，增速处于4.6%～5.5%。为做好2024年广州经济社会发展工作，本文提出了六个方面的对策建议：一是强化科技引领、人才赋智，培育新质生产力；二是扩大有效益的投资、激发有潜能的消费，增强市场需求动力；三是做实产业第一、制造业立市，厚植实体经济根基；四是抓好"百千万工程"、实施城市更新，促进城乡统筹发展；五是推动南沙开发开放和东部中心、北部增长极建设，做强粤港澳大湾区核心引擎；六是做好民生保障、提升营商环境，培育优越企业生态。

关键词： 经济增长　城市经济　广州经济

一　2023年广州经济运行情况分析

2023年广州经济总体稳中有进，表现为三大特点。一是经济总量跃上新台阶。地区生产总值突破3万亿元，达到30355.73亿元，同比增长4.6%，增速较上年提高3.6个百分点，其中第一产业实现增加值317.78亿元，增长3.5%；第二产业实现增加值7775.71亿元，增长2.6%；第三产业实现增加值22262.24亿元，增长5.3%（见图1）。二是新产业新动能较快成长。新能源汽车、太阳能电池、风力发动机组、工业机器人、服务机器人、显示器、集成电路、智能电视、影像投影仪等制造业产业发展较快，金融、农业服务、互联网软件和信息技术服务、会议展览及相关服务、文化体育和娱乐业、科学研究和技术服务、广告服务、专业设计服务、电子商务服务等服务业产业发展良好。三是部分产业明显低迷或萎缩。商业房地产业、石油化工产业等市场需求显著回落。

对比国内重点城市，广州在地区生产总值规模上有一定优势，但增长速度相对较慢。从总量来看，2023年广州地区生产总值在国内重点城市中位居第四（见图2），其中，第二产业增加值、第三产业增加值分别位居第五、

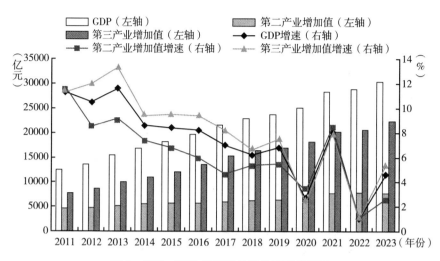

图1　2011~2023年广州地区生产总值情况

资料来源：广州市统计局。本文后续图表若未特别注明资料来源，均来源于广州市统计局。

第三（见图3、图4）。从增速来看，广州地区生产总值增速仅高于天津，与苏州、南京持平，排在第八位，其中，第二产业增加值增速、第三产业增加值增速分别排在第八位、第十位。

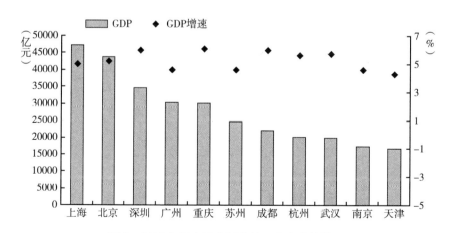

图2　2023年国内重点城市地区生产总值情况

资料来源：各市统计局网站。

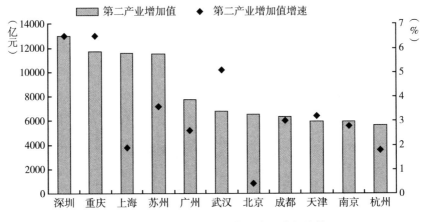

图3　2023年国内重点城市第二产业增加值情况

资料来源：各市统计局网站。

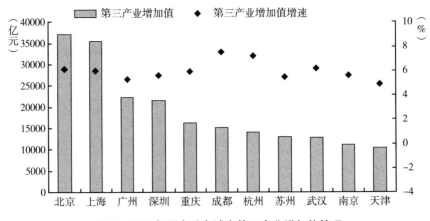

图4　2023年国内重点城市第三产业增加值情况

资料来源：各市统计局网站。

（一）工业复苏不及预期，新兴产业稳定增长

工业复苏不及预期。2023年，广州完成工业增加值6728.88亿元，同比增长1.6%，完成规模以上工业总产值23849.1亿元，同比增长3.0%，增速较2022年分别提高0.6个和2.9个百分点（见图5）。虽然年度增速实现平稳

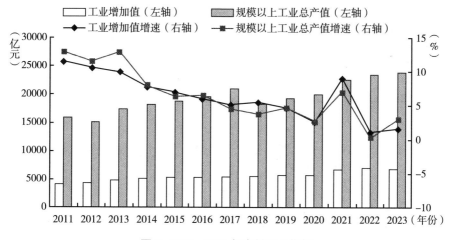

图5　2011~2023年广州工业指标

回升，但第一季度（-5.8%）、上半年（-0.9%）、前三季度（-1.0%）的规模以上工业增加值增速均为负值，表明广州工业生产复苏基础并不牢固。主要原因有两个：一是受传统燃油汽车制造、石油化工、面板制造等领域下行拖累；二是新增产能支撑不足，部分新项目产能始终低位徘徊。

三大支柱产业表现乏力。2023年，三大支柱产业实现产值11702.83亿元，同比增长0.5%，较全市规模以上工业总产值增速低2.5个百分点。汽车制造业虽然有广汽埃安、广汽乘用车、小鹏汽车强力支撑，但受广汽本田、广汽丰田、东风日产销量大幅下滑拖累，行业综合表现不佳，全年汽车制造业实现产值6406.8亿元，同比增长1.6%；电子产品制造业受龙头企业乐金显示LCD市场竞争力不足和OLED价格低迷导致的业绩大幅下滑拖累，全年实现产值3342.2亿元，同比增长0.3%；石油化工制造业持续低迷，实现产值1953.8亿元，同比下降2.8%，连续三年下滑（见图6）。

新兴产业稳定增长。2023年，全市"3+5"战略性新兴产业实现增加值9333.54亿元，同比增长2.9%，占地区生产总值的比重达30.7%。其中，轨道交通发展较为突出，同比增长16.4%；新一代信息技术、智能装备与机器人、新能源与节能环保、智能和新能源汽车、数字创意、新材料与精细

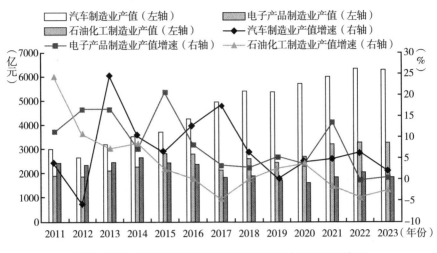

图6　2011~2023年广州三大支柱产业产值及其增长情况

化工发展平稳，同比分别增长4.4%、3.4%、3.1%、2.3%、2.3%、2.2%；生物医药与健康产业受达安基因、万孚生物两家企业影响有所下降，降幅为0.3%。数字经济发展平稳，2023年1~11月，互联网、软件和信息技术服务业实现营业收入4160.03亿元，同比增长5.8%，其中互联网及相关服务业发展态势良好，同比增长15.1%，数字经济核心产业增加值占地区生产总值的比重达13.0%。部分高技术制造业快速增长，航空、航天器及设备制造业同比增长28.2%，信息化学品制造业同比增长82.9%。

科技创新能力不断增强。科技创新策源力不断提升，两项大科学装置建设取得实质性进展，获批全国重点实验室7家，获批建设国家纳米智造产业创新中心、新型储能创新中心，广州颠覆性技术创新中心挂牌，航空轮胎大科学中心、飞行起降动力学大装置投入使用。企业创新主体地位不断强化，2023年高新技术企业、科技型中小企业数量分别增至1.3万家和2.1万家，新增专精特新"小巨人"企业125家、实现翻倍增长，入选全球"独角兽"企业22家，增量位居全国城市第一。科技人才吸引力不断增强，广州市新增国家级领军人才48名，广州地区新增"两院"院士6名。科技创新成效亮点多，新冠小分子药物、高性能集成电驱、海洋温差能发电等重大科研取得突破，全国首艘自主研制的大洋钻探船试航成功，新增发明专利授权量3.6万件，同比增长31.9%，"自然指数—科研城市"排名跃升全球第八位，"广深港"科技集群全球创新指数排名连续四年位居第二。[①]

（二）消费市场稳定恢复，交通运输持续向好

1. 消费市场稳定恢复

2023年，广州完成社会消费品零售总额11012.62亿元，同比增长6.7%（见图7），增速比上年提高5.0个百分点，其中，批发零售业完成零售额10067.92亿元，同比增长5.4%，住宿餐饮业完成零售额944.70亿元，同比增长23.3%，增速较上年分别提高3.2个、27.3个百分点。新能源汽车类商品持续热销，零售额同比增长35.1%。时尚消费活力被激发，限额以上化妆品类、服装鞋帽针纺织品类商品零售额同比分别增长15.8%和15.3%。绿色智能类家居家电消费潜力释放，限额以上家用电器和音像器材类商品零售额同比增长8.6%，其中，可穿戴设备零售额同比大幅增长73.8%，智能家用电器和音像器材零售额同比增长11.0%，智能手机零售额同比增长9.9%。线上消费持续活跃，限额以上批发零售业实物商品网上零售额同比增长8.9%，在连续多年较快增长基础上继续保持较好增势，住宿餐饮企业通过公共网络实现餐费收入同比增长27.3%。

2. 交通运输明显向好

2023年，各类出行需求持续释放，旅客运输显著回升，完成客运量3.05亿人次、完成旅客周转量1860.37亿人公里，均实现大幅增长，同比增速分别为76.3%、142.6%，较上年分别提高97.8个、175.9个百分点，其中，水路客运量和航空客运量成倍增长，同比分别增长255.3%、139.7%，铁路客运量同比增长95.2%，公路客运量同比增长17.9%。货物

---

① 《2024年广州市政府工作报告》，广州市人民政府网站，2024年1月30日，https://www.gz.gov.cn/zfjgzy/gzsrmzfyjs/sfyjs/zfxxgkml/bmwj/gfxwj/content/mpost_9465269.html。

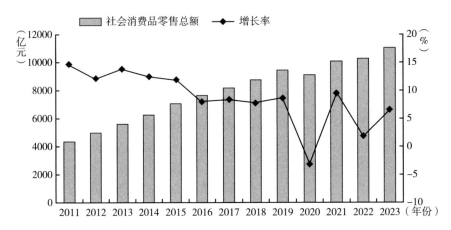

图7 2011~2023年广州社会消费品零售总额及其增长率情况

运输稳步增长,全年完成货运量9.29亿吨,同比增长2.6%,增速较上年提高10.4个百分点;完成货物周转量22908.32亿吨公里,同比增长3.3%,增速较上年提高1.9个百分点(见图8),其中,航空、铁路、公路、水路货运量同比分别增长21.1%、7.0%、3.4%、0.9%。港口运营稳中加固,2023年完成港口货物吞吐量6.75亿吨,同比增长2.9%;完成集装箱吞吐量2541.44万标准箱,同比增长2.2%。

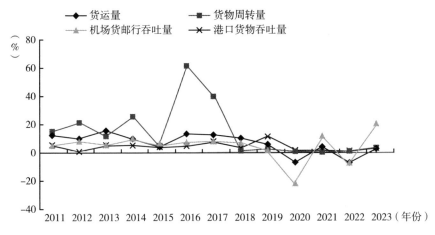

图8 2011~2023年广州货物运输主要指标同比增速

3. 旅游市场显著回升

2023年，广州经济社会全面恢复常态化运行，旅游业全面复苏，实现文旅消费总额3309.49亿元，同比增长47.3%；接待过夜旅游者5544.97万人次，同比增长45.0%，二者增速均较上年大幅提升。其中，实现国际旅游消费额26.79亿美元，同比增长150.9%，接待海外旅游者377.41万人次，同比增长144.9%（见图9）。

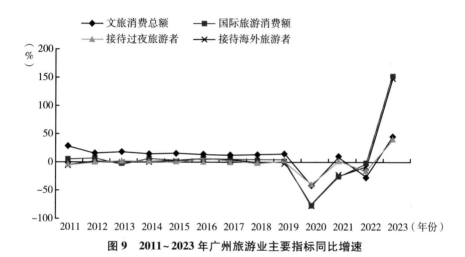

图9　2011~2023年广州旅游业主要指标同比增速

（三）房地产市场出现分化，金融业较快发展

1. 房地产市场出现分化

2023年，广州持续优化房地产调控政策，8月开始陆续出台"认房不认贷"、降低房贷首付比例和利率、优化黄埔和番禺等区限购和调整二手房交易增值税征免年限等系列支持政策，满足刚性和改善性住房需求。全年市场呈现"一手弱、二手强"的态势，受个别房企爆雷等因素影响，一手房市场成交规模略有缩减，成交面积为1129.14万平方米，同比下降2.9%，其中一手住宅成交面积同比下降3.7%，一手商服物业（含写字楼和商铺，下同）成交面积同比下降12.3%；二手房市场比较活跃，成交面积为932.13万平方米，同比大幅增长30.2%，其中二手住宅和二手商服物业成

交面积同比分别大幅增长 30.5% 和 34.2%（见图 10）。房价持续下跌，2023
年各月，广州新建商品住宅和二手住宅销售价格同比持续负增长，且降幅有
所扩大，12 月分别下降 3.0% 和 5.2%，降幅比 1 月（-0.3% 和 -0.5%）扩
大 2.7 个和 4.7 个百分点。

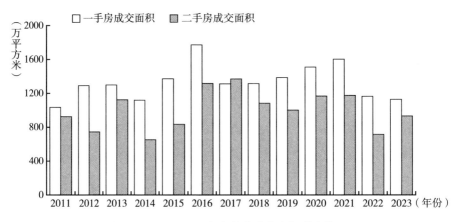

图 10　2011～2023 年广州房地产市场成交情况

资料来源：广州市住房和城乡建设局。

2. 金融业较快发展

2023 年，广州金融业实现增加值 2736.74 亿元，比上年增长 7.5%，增
速高于全市同期 GDP 增速 2.9 个百分点，占 GDP 的比重为 9.0%，对经济
增长发挥了较好的支撑作用。存贷款余额继续保持较快增长。2023 年末，
广州地区金融机构本外币各项存款余额达 8.66 万亿元，同比增长 7.6%
（见图 11），全年存款增加 6093.17 亿元，同比多增 529.12 亿元；其中，住
户存款余额为 3.01 万亿元，同比增长 12.1%，全年住户存款增加 3246.06
亿元，同比少增 480.89 亿元。年末本外币各项贷款余额为 7.67 万亿元，同
比增长 10.5%，全年贷款增加 7261.82 亿元，同比少增 257.17 亿元。金融
对实体经济的信贷支持力度有所加大，制造业贷款余额同比增长 16.3%，
科学研究和技术服务业、教育、租赁和商务服务业贷款余额同比分别增长
34.6%、22.9%、14.0%。受证券市场低迷等因素影响，全市累计证券交易

额为 28.27 万亿元, 同比下降 2.2%。在银行下调存款利率致使储蓄型保险产品吸引力提升等因素带动下, 全年原保险保费收入达到 1741.85 亿元, 较上年增长 12.8%, 其中寿险、财产险以及健康险和意外伤害险业务原保险保费收入同比分别增长 19.6%、2.0%、7.9%。

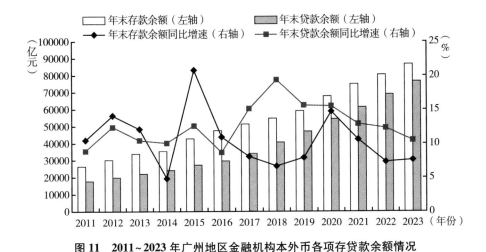

图 11 2011~2023 年广州地区金融机构本外币各项存贷款余额情况

在国内重点城市中, 广州存款余额和贷款余额总量均排第 4 位, 存款余额增长相对较慢而贷款余额增长相对较快。广州存款余额和贷款余额均低于北京、上海和深圳, 高于其余 6 个城市; 存款余额增速仅高于上海, 与武汉持平, 低于其余 7 个城市, 贷款余额增速仅低于北京和苏州, 高于其余 7 个城市 (见图 12、图 13)。

金融重点工作有序推进。一是资本市场 "广州板块" 持续壮大, 2023 年新增 15 家优质企业赴境内外证券交易所上市, 2023 年末全市拥有境内外上市公司 231 家, 累计募资近 7000 亿元, 合计市值约 2.8 万亿元, 其中 A 股上市公司 154 家, 年末总市值为 1.79 万亿元, 涌现了广钢气体、多浦乐、润本股份、佛朗斯等一批产业链龙头企业。二是期货市场稳步发展, 广州期货交易所第二个品种——碳酸锂期货和期权于 2023 年 7 月成功上市, 是全球首个可实物交割的碳酸锂期货和期权品种; 截至 2023 年

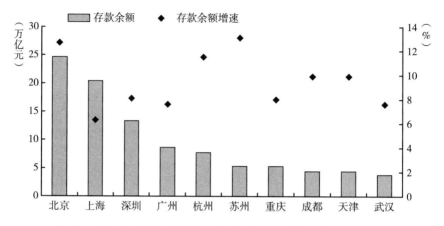

图12 2023年末国内重点城市金融机构人民币各项存款余额情况

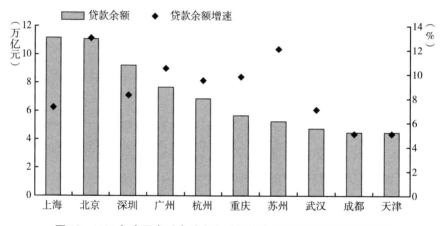

图13 2023年末国内重点城市金融机构人民币各项贷款余额情况

末，广州期货交易所已上市的工业硅期货和期权、碳酸锂期货和期权累计成交量约6500万手，成交额超6万亿元，为企业套期保值、风险防范和机构价值投资奠定了较好的市场基础。三是大力推动国际风投创投之都建设，市区两级出台促进风投创投市场发展的政策，形成了具有广州特色的风投创投政策体系，持续推进QDLP、QFLP试点申报工作，进一步拓宽跨境投融资渠道，截至2023年末，已审批QDLP试点项目2个，额度共计20亿元，QFLP试点项目9个，额度共计超200亿元，其中万联天泽QDLP作为全国首单成功交割的券商私募子QDLP基金于2023年12月顺利完成跨境投资。[①]

（四）固定资产投资稳中趋优，财政收支出现分化

1. 固定资产投资稳中趋优

2023年，广州固定资产投资比上年增长3.6%，扭转了上年投资负增长的情况，增速高于全国（3.0%）0.6个百分点，高于全省（2.5%）1.1个百分点（见图14）。分领域看，工业投资实现21.4%的高速增长，其中工业技术改造投资增长25.9%，新技术在工业领域的应用步伐加快；高技术制造业投资增长19.2%，其中电子及通信设备制造业、医药制造业两大重点行业投资持续保持良好增长态势，全年投资额分别增长15.5%和26.6%；基础设施投资增长12.2%，其中交通运输仓储邮政业投资连续5年超千亿元；受房地产市场销售低迷、房企资金链紧张、房地产开发新开工面积大幅

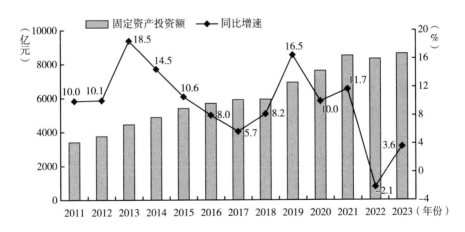

图14 2011~2023年广州固定资产投资情况

---

① 《2023年度广州金融十大新闻出炉》，信息时报网，2024年4月1日，https://www.xxsb.com/content/2024-04-01/content_227836.html。

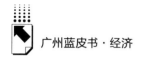

下降等因素影响，房地产开发投资下降8.7%，降幅比上年扩大3.3个百分点。

广州重点项目建设加快推进。2023年，800个市重点项目完成投资4041亿元，完成年度计划106.8%。在基础设施方面，航空、航运、高铁、地铁、公路等枢纽型项目建设稳步推进，白云国际机场三期T3航站楼基础工程完工、东四西四指廊投入运营，南沙港区四期工程（一期）竣工投产，亚洲最大火车站白云站建成通车，广汕高铁开通运营，地铁5号线东延段、7号线二期开通试运营，全年新增地铁运营里程32公里，年末总里程达到653公里，车陂南隧道、南大干线全线、从埔高速一期等18个道路项目建成通车，四个市属综合管廊廊体全面贯通。在产业项目方面，小鹏汽车、益海嘉里、智鹏制造、高景太阳能科技等项目建成投产，孚能科技动力电池、TCL中环太阳能电池、广石化绿色技改、万洋智能网联汽车产业基地等一批大项目开工建设。在社会民生项目方面，中山大学附属第一（南沙）医院、广州妇儿中心增城院区、广州医科大学附属中医院天河院区建成启用，广州美术馆新馆、文化馆新馆、粤剧院新址建成启用，基本建成公租房4441套、共有产权住房4214套，筹建保障性租赁住房7.65万套。

2. 财政收支出现分化

2023年，广州税务部门完成税收收入5730.57亿元，比上年增长2.6%。一般公共预算收入为1944.20亿元，较上年增长4.8%，收入增长的主要原因是上年增值税留抵退税较多，基数较低，其中，税收收入为1369.9亿元，较上年增长9%，非税收入为574.3亿元，较上年下降4%，税收收入占比为70.5%，较上年提升2.7个百分点。全年一般公共预算支出为2971.66亿元，较上年下降1.4%（见图15）。

民生保障扎实有力，2023年广州市民生领域的支出占一般公共预算支出比重近七成，市级财政中，民生保障和改善类投入合计达821亿元，同比增长5.9%，其中教育、社保、医疗卫生领域分别投入272.7亿元、204.5亿元、187.6亿元。

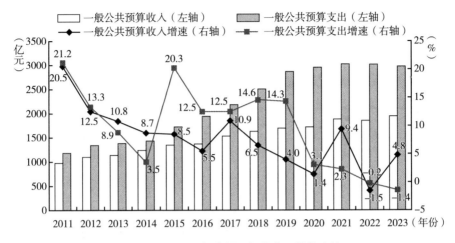

图 15   2011～2023 年广州一般公共预算收支情况

（五）对外贸易基本持平，实际使用外资压力较大

1. 商品进出口基本持平

2023 年，广州实现商品进出口总值 10914.28 亿元，同比增长 0.1%，增速较 2022 年回落 1.0 个百分点（见图 16）。其中，实现商品出口总值 6502.64 亿元，同比增长 5.8%，增速比上年（-1.8%）提高 7.6 个百分点；实现商品进口总值 4411.64 亿元，同比下降 7.2%，增速比上年（5.3%）回落 12.5 个百分点。

从贸易方式看，一般贸易（7.1%）保持增长而保税物流（-10.4%）、加工贸易（-3.7%）有所下降。从市场结构看，对欧盟（6.6%）、美国（5.1%）进出口保持增长，对日本（-13.6%）、中国香港（-5.2%）、东盟（-4.3%）进出口均下降。从商品结构看，机电产品出口低位增长、进口下降明显，出口同比增长 1.0%、进口同比下降 14.0%；农产品进出口表现较好，出口同比增长 15.8%、进口同比增长 4.9%；高新技术产品进出口表现不佳，出口同比下降 17.4%、进口同比下降 13.5%。

2. 实际使用外资压力较大

2023 年，广州实际使用外资 69.17 亿美元，同比下降 15.8%，增速低

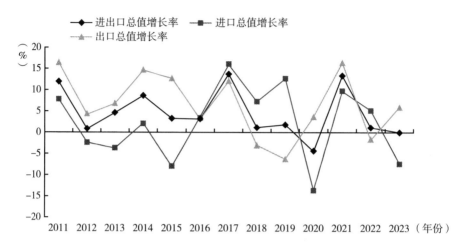

图16　2011~2023年广州商品进出口增长情况

于全国（-8.0%）、全省（-12.5%）、深圳（-12.3%），增速较上年回落22.1个百分点（见图17）。分行业来看，科学研究和技术服务业以及信息传输、软件业和信息技术服务业表现较好，实际使用外资同比分别增长37.5%、20.9%，租赁和商务服务业、制造业实际使用外资同比分别下降74.6%、31.3%。

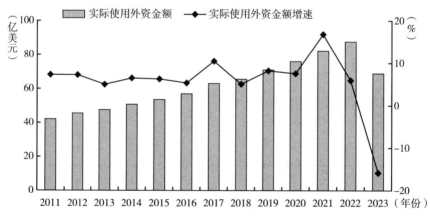

图17　2011~2023年广州实际使用外资情况

（六）消费价格温和上涨，生产价格回落明显

1.消费价格温和上涨

2023 年，广州城市居民消费价格指数（CPI）上升 1.0%，高于全国（0.2%）和全省（0.4%），也高于全国其他 35 个大中城市（见图 18）。

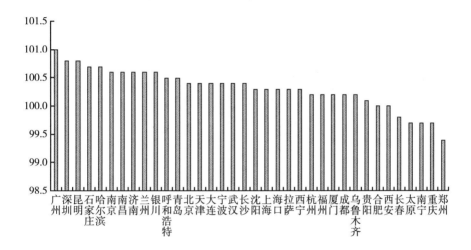

图 18　2023 年全国 36 个大中城市居民消费价格指数

资料来源：国家统计局。

从构成 CPI 的八大类消费品的居民消费价格指数来看，教育文化和娱乐（4.2%）、其他用品和服务（3.4%）、衣着（2.2%）、食品烟酒（2.0%）四类消费品的价格较上年明显回升；医疗保健（0.5%）、生活用品及服务（-0.4%）、居住（-0.4%）三类消费品的价格总体稳定；交通和通信类消费品的价格明显回落，下降 1.5%（见图 19）。占 CPI 权重较大的食品烟酒类消费品的价格在 2022 年上涨 3.3%，2023 年继续上涨，其中，上涨的细类有在外餐饮类（4.2%）、禽肉类（2.3%）、水产品类（1.6%），在外餐饮类价格上涨的主因是人工和食材成本上涨；下降的细类有畜肉类（-4.5%）、鲜菜类（-2.2%）、粮食类（-1.9%），

生猪过高产能去化缓慢，导致畜肉价格在上年下降8.3%的基础上继续下降。

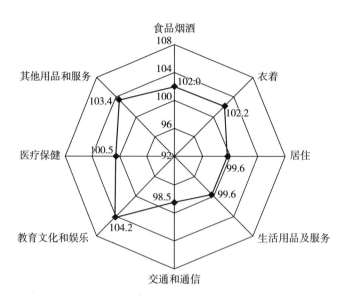

图19 2023年广州居民消费价格分类指数

2. 工业价格回落明显

2023年，广州工业生产者购进价格指数（PPIRM）回落4.3%，出厂价格指数（PPI）回落2.4%，主要原因是国内市场需求不足、部分行业产能过剩、房地产市场不振、全球大宗商品价格总体下行等。

出厂价格中，生产资料价格降幅（-3.4%）大于生活资料价格降幅（-0.9%）2.5个百分点。购进价格中，燃料、动力类（-6.1%）和化工原料类（-5.2%）价格下降幅度较大，主要由于全球原油和煤炭价格回落；建筑材料及非金属矿类（-3.8%）、有色金属材料和电线类（-5.6%）、黑色金属材料类（-7.3%）价格回落明显，主要由于房地产投资下降；纺织原料类（0.3%）、木材及纸浆类（0.3%）价格总体稳定；农副产品类（-3.5%）、其他工业原材料及半成品类（-3.0%）也有所回落（见图20）。

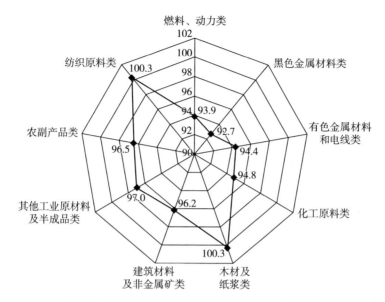

图20　2023年广州工业生产者购进价格分类指数

二　2024年广州经济发展环境分析

（一）国际发展环境分析

1.2023年全球经济增长情况

2023年，全球经济缓慢复苏，面临高通胀和高利率压力，叠加地缘政治冲突和贸易保护主义冲击等困难和挑战，导致地区分化显著、全球贸易萎缩、大宗商品低迷、外商直接投资（FDI）不景气。世界贸易组织统计数据显示，2023年全球货物出口总值下降4.6%。大宗商品总体表现低迷，除黄金和铜等特殊品种有所上涨，全球金属和能源受实际利率走高和经济疲软影响总体表现惨淡，2023年，LME综合指数下跌逾5%，原油、天然气全年分别下跌10%、40%。主要发达经济体CPI涨幅已从高位明显回落，但离2%的目标仍有一定距离（见图21）。地缘政治风险和融资成本上升对全球FDI造成负面影响，联合国贸发会议《全球投资趋势监测》估计，2023 年全球 FDI 总流量小幅增长 3%，排除欧洲"中转国"卢森堡和荷兰 FDI 大幅波动的影响，全球 FDI 流量下降 18%。

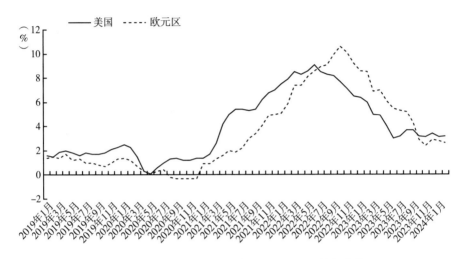

图 21　2019 年以来美国和欧元区 CPI 同比涨幅走势

资料来源：WIND。

发达经济体总体表现弱于发展中经济体。发达经济体因高通胀而持续收紧利率政策，影响了整体经济增长，2023 年发达经济体增速只有 1.6%，比上年回落 1.0 个百分点。各国表现分化明显，美国增长 2.5%，比上年提升 0.4 个百分点；日本增长 1.9%；其他主要发达经济体总体低迷，欧元区和英国分别增长 0.4%、0.1%，比上年分别回落 2.9 个、4.0 个百分点（见图 22）。高利率的全球金融环境导致发展中经济体的融资成本提高，经济恢复受到影响，IMF 预计新兴和发展中国家 2023 年增速小幅下降至 4.0%，比上年回落 0.1 个百分点。2023 年，各国经济表现差异较大，印度经济表现突出，增长 7.8%，比上年提高 0.6 个百分点；其次是中国，增长 5.2%；随后是俄罗斯和巴西，分别增长 3.6%、2.9%；南非经济较为低迷，仅增长 0.6%（见图 23）。

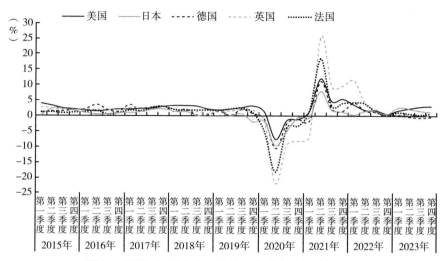

图22　2015～2023年主要发达国家季度经济增长情况

资料来源：WIND。

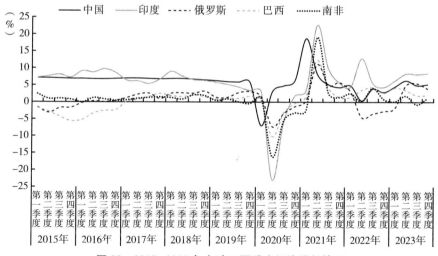

图23　2015～2023年金砖五国季度经济增长情况

资料来源：WIND。

2.2024年全球经济增长的主要影响因素

2024年全球经济增长的主要影响因素包括各国宏观经济政策、大宗商

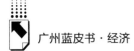

品价格以及地缘政治风险等。此外，AI、新一代通信技术、生物科技、新材料、新能源等科技成果不断涌现，其推广应用对世界经济运行模式产生深远影响。

（1）各国宏观经济政策

发达经济体宏观经济政策大概率稳中略松。在全球经济逐渐复苏的背景下，2024年发达经济体的货币政策预计将呈现稳健且适度的调整态势，各国央行将更加注重平衡经济增长、通胀控制及风险防范之间的关系。从短期看，由于全球经济复苏的不确定性以及潜在的金融市场波动，各国央行可能会保持利率相对稳定，避免突然的政策变动给市场带来冲击。美国经济增长、就业和通胀数据表现出韧性，美联储仍将维持5.25%的较高利率水平（见图24）；欧元区于2024年1月1日将再融资利率下调了150个基点到3.00%，瑞士央行利率也于2024年3月1日下调了25个基点到1.50%；但日本央行为阻挡日元跌势，于2024年3月19日结束了2016年导入的负利率政策。从中期看，发达经济体的货币政策将更加注重平衡经济增长和通胀控制之间的关系，随着经济复苏，各国央行可能会逐步调整利率水平，以促进经济增长并防范潜在的通胀风险，但如果通胀风险仍高企，降息行动很可能推迟。从长期看，面对全球经济格局的变化和新技术的发展，各国央行可能会探索更加灵活和创新的货币政策工具，以支持经济结构的优化和升级，同时密切关注国内外经济形势的变化，灵活调整货币政策，以应对可能出现的风险和挑战。

发展中经济体宏观经济政策趋于稳健审慎。2024年，面对复杂多变的国内外经济环境，发展中经济体为了维持经济稳定增长、防范金融风险，货币政策预计将呈现稳健而审慎的态势。很多国家面临较高的债务风险，联合国发布的《2023年可持续发展目标报告：特别版》显示，全球有52个国家处于或濒临债务违约。[①] 然而，为了缓解资本外流和货币贬值的压力，大部

---

① 《国际金融体系失衡加重南方国家负债》，人民网，2023年8月1日，http：//m.people.cn/n4/2023/0801/c23-20700466.html。

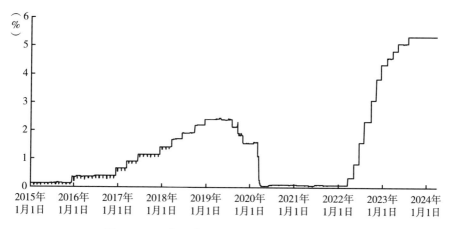

图24 2015年以来美国联邦基金利率变动情况

资料来源：WIND。

分国家利率仍将维持在较高水平，2024年3月，印度、南非、俄罗斯、巴西央行基准利率分别为6.50%、8.25%、16.00%、10.75%，企业融资成本高企，加重了本已偏重的债务负担，导致债务风险加大。此外，发达经济体金融市场的波动也会通过利率、汇率、资本跨境流动等渠道对发展中经济体产生溢出效应，进而影响发展中经济体的货币政策走向。

（2）大宗商品价格

大宗商品价格总体将波动回升。2023年全球大宗商品价格特别是能源价格经历了一定的波动（见图25），预计2024年大宗商品价格将总体波动回升。

从需求看，随着各国政策逐步放松、刺激措施持续实施，企业投资和居民消费将逐渐回暖，进而推动大宗商品的需求增加。尤其是在新兴市场和发展中国家，随着基础设施建设和工业化加速推进，对大宗商品的需求将持续增加，推动价格总体回升。全球贸易环境的复杂性和不确定性可能对大宗商品需求产生一定影响，贸易保护主义抬头、贸易壁垒增加可能导致部分大宗商品需求受限。

从供给看，一方面，一些地区可能受政策调整、环境保护等影响开采和

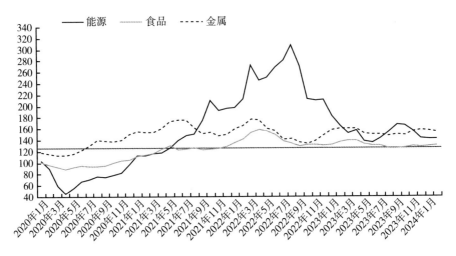

图25 2020年以来全球大宗商品价格指数走势

资料来源：WIND，2015年1月=100。

生产受限，将影响部分大宗商品的供应；"欧佩克+"同意将自愿减产协议延长至2024年6月底，对油价起到暂时支撑作用；地缘政治风险仍对全球供应链造成威胁，对大宗商品流通和价格产生重大影响。另一方面，随着技术的不断进步和生产效率的提高，部分大宗商品如金属和矿产的供应能力有望增强；市场需求持续增加以及大宗商品价格回升，可能刺激产能投资增加，不过，近年来大宗商品价格过度波动在一定程度上影响产能投资意愿，总体供需不至过度偏离，价格波动趋缓。

从品种看，随着世界经济逐步恢复，2024年原油价格可能温和上涨，地缘政治冲突、供应中断等风险可能导致油价进一步上涨，但目前原油库存仍处高位，加上电动汽车快速发展对油车产生替代效应，油价上涨幅度有限；受新能源替代冲击、炼钢需求增速减缓、煤炭产能释放等因素影响，煤炭价格预计总体低于2023年；全球天然气需求上升，一方面由于供应环境改善，另一方面由于前期价格已处高位，预计2024年天然气价格将保持稳定或有所回调；粮食和食用油由于总体供应充足预计价格有所下降，但如果受气候、政策等因素的影响，价格也可能随之波动，世界银行预测，大米价格将因出口大国的供应限制而平均上涨6%；[①] 金属价格受全球经济复苏、制造业恢复的影响可能会有所上涨，铜、铝等价格已明显上涨，但并非所有金属价格都会上涨，如钢铁价格承压明显。

（3）地缘政治风险

地缘政治风险阻碍全球经济增长。目前俄乌冲突仍未结束，巴以冲突再起，世界多地热点不断，对全球经济产生深远影响。一是地缘政治风险可能直接导致全球大宗商品市场的不稳定，冲突地区往往涉及全球重要的能源和粮食的生产和运输，一旦发生冲突，就可能导致能源和粮食供应中断，进而引发能源和粮食价格的剧烈波动，不仅直接影响能源和粮食出口国和进口国的经济，也对全球产业链和供应链造成冲击。二是地缘政治风险可能加剧全球贸易保护主义倾向，不仅冲突双方会采取各种贸易限制措施，而且一些非当事方特别是部分发达经济体也会为实现地缘政治目标采取提高关税和非关税壁垒、供应链回流和友岸化、将外企排除出某些市场等非市场化措施，以促进本土生产、实现自给自足，这不仅引发贸易摩擦，还可能破坏全球贸易体系的稳定。三是地缘政治风险可能对全球对外直接投资产生冲击，部分发达经济体为了保护本国产业、减少外国干预风险，纷纷采取收紧投资审查、要求数据存储和处理本地化等投资限制措施，导致投资者信心下降，资本流动受到限制，部分国家甚至采取控制资本、劳动力、知识和技术流动等措施，这将进一步扩大全球发展鸿沟。

3.2024年全球经济增长趋势展望

综上所述，预计2024年全球经济增长仍较缓慢。主要机构预测结果显示，2024年全球经济增长2.4%~3.2%，多数机构最新预测值略有提高（见表1）。

---

① 《俄罗斯会展基金会：2024年全球粮食市场只有大米价格会暴涨》，"财联社"百家号，2024年2月28日，https://baijiahao.baidu.com/s？id=1792122296508655009&wfr=spider&for=pc。

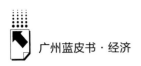

表1　主要机构对2024年全球经济增长的预测

单位：%

预测机构名称	最新预测值	最新预测时间	上次预测值	上次预测时间
国际货币基金组织	3.2	2024年4月	3.1	2024年1月
世界银行	2.4	2024年1月	2.4	2023年6月
联合国经济和社会事务部	2.7	2024年5月	2.4	2024年1月
经济合作与发展组织	3.1	2024年5月	2.9	2024年2月
中国社会科学院	2.9	2024年4月	2.7	2024年1月

资料来源：课题组根据相关机构资料整理。

（二）国内发展环境分析

1.2023年中国经济增长情况

2023年，我国实现国内生产总值126.06万亿元，同比增长5.2%（见图26）；人均GDP为89358元，同比增长5.4%。从产业来看，第一产业、第二产业、第三产业实现增加值分别为8.98万亿元、48.26万亿元、68.82万亿元，同比分别增长4.1%、4.7%、5.8%；新动能发展较快，高技术制造业增加值同比增长2.7%，新能源汽车、太阳能电池产量同比分别增长30.3%、54.0%，电子商务交易额、网上零售额同比分别增长9.4%、11.0%。从需求来看，最终消费支出、资本形成总额、货物和服务净出口分别拉动国内生产总值增长4.3个、1.5个、-0.6个百分点；固定资产投资和货物出口分别达到50.97万亿元、23.77万亿元，同比分别增长2.8%、0.6%；消费与上年基本持平，完成社会消费品零售总额47.15万亿元，同比增长7.2%。从价格来看，全年居民消费价格上涨0.2%；工业生产者价格中，出厂价格和购进价格均下降，分别下降3.0%和3.6%，农产品生产者价格下降2.3%。

2.2024年中国经济增长的主要影响因素

2024年，我国将注重围绕支持和推动高质量发展、培育新质生产力的目标，通过跨周期和逆周期调节，增强宏观政策取向一致性，解决经济发展中的周期性和结构性问题。

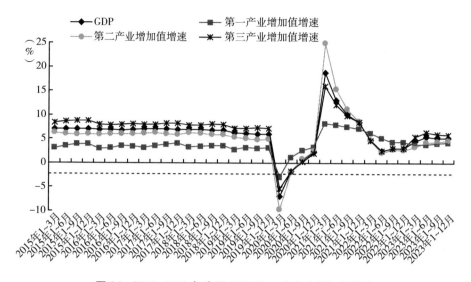

图26 2015～2023年我国GDP和三次产业增加值增速

资料来源：WIND。

（1）积极的财政政策将适度发力和提质增效

2024年，我国财政政策将适度发力、提质增效，以支持经济社会的平稳健康发展，重点在五个方面展开工作。一是支持培育发展新质生产力，将科技创新作为优先保障领域，通过财政资金引导，全社会研发经费投入持续增长，年均增幅超过10%。强化政策集成，加大创新发展支持力度，推动科技自立自强，塑造新动能和新优势。二是扩大有效需求，将继续结合扩大内需战略和供给侧结构性改革，扩大有效益的投资和激发有潜能的消费，增强内需对经济增长的拉动作用，支持大规模设备更新和消费品以旧换新，促进全国统一大市场建设，支持巩固外贸外资基本盘。三是增进民生福祉，将财政资源更多地用于教育、医疗、社保和环境保护等民生领域，稳步提升民生保障水平。四是深化财税体制改革，建立健全与现代化相适应的现代财政制度，防范财政风险，增强财政可持续性。五是从2024年开始拟连续几年发行超长期特别国债，2024年先发行1万亿元，用于国家重大战略实施和重点领域安全能力建设。

（2）稳健的货币政策将灵活适度和精准有效

2024年，我国稳健的货币政策将更加灵活适度、精准有效，以支持经济稳定增长和高质量发展。一是通过综合运用多种货币政策工具,保持流动性合理充裕,确保货币信贷总量适度、节奏平稳。二是持续深化利率市场化改革,引导商业银行有序降低存量首套房贷利率,降低融资成本。三是进一步优化信贷结构,强化对科技创新、先进制造、绿色发展等重点领域的精准支持,引导资金更多流向民营小微企业、乡村振兴等薄弱环节,注重新增信贷均衡投放,提高存量资金使用效率。四是保持人民币汇率在合理均衡水平上的基本稳定,进一步推动人民币在跨境贸易投资中的使用,优化人民币国际使用和货币合作网络,推进本外币一体化资金池试点,稳妥开展数字人民币试点。五是优化金融市场融资结构、市场体系、产品体系,为实体经济提供高质高效的融资服务。六是加强金融市场制度建设,构建与高水平开放要求相适应的监管体系,稳妥化解重点领域金融风险,加强对金融风险的监测评估,稳步推进金融机构改革,加强国家金融基础数据库数据共享。

（3）通过科技创新促进产业创新,加快培育发展新质生产力

在以科技创新推动产业创新方面,2023年10月,国务院出台《专利转化运用专项行动方案（2023—2025年）》;2024年1月,工业和信息化部、国家发展改革委发布《制造业中试创新发展实施意见》;2024年1月和4月,国家知识产权局联合多部门印发《高校和科研机构存量专利盘活工作方案》《知识产权保护体系建设工程实施方案》;2024年3月,财政部等四部门联合编写《我国支持科技创新主要税费优惠政策指引》,有效推动我国科技创新、产业创新及科技与产业融合发展。

在培育发展新质生产力方面,相关政策正在不断推出,《无人驾驶航空器飞行管理暂行条例》自2024年起施行,《新产业标准化领航工程实施方案（2023—2035年）》（2023年8月）、《民用无人驾驶航空器运行安全管理规则》（2024年1月）、《关于推动未来产业创新发展的实施意见》（2024年1月）、《工业领域碳达峰碳中和标准体系建设指南》（2024年2月）、《关于新形势下配电网高质量发展的指导意见》（2024年2月）、《绿色低碳转型产业指导目录（2024年版）》（2024年2月）、《关于加快构建废弃物循环利用体系的意见》（2024年2月）、《信息化标准建设行动计划

（2024—2027年）》（2024年5月）等政策陆续出台实施。

（4）加大政策支持力度，扩大有效需求

在扩大国内有效需求方面，自2023年下半年以来，国家层面相继出台《中共中央　国务院关于促进民营经济发展壮大的意见》（2023年7月）、《关于强化金融支持举措　助力民营经济发展壮大的通知》（2023年11月）、《关于开展个体工商户分型分类精准帮扶提升发展质量的指导意见》（2024年1月）、《推动大规模设备更新和消费品以旧换新行动方案》（2024年3月）等政策文件，2024年我国还将加快推进《中华人民共和国民营经济促进法》立法工作，大力支持民营经济，促进民间投资恢复，大幅提高国民经济循环质量和水平。

在促进外贸外资国际循环方面，自2023年下半年以来，国务院和各部委相继出台《关于进一步优化外商投资环境　加大吸引外商投资力度的意见》《关于加快内外贸一体化发展的若干措施》《扎实推进高水平对外开放更大力度吸引和利用外资行动方案》《关于提升加工贸易发展水平的意见》《关于支持新能源汽车贸易合作健康发展的意见》《稳外贸稳外资税收政策指引》《关于支持横琴粤澳深度合作区放宽市场准入特别措施的意见》《关于支持广州南沙放宽市场准入与加强监管体制改革的意见》《全面对接国际高标准经贸规则推进中国（上海）自由贸易试验区高水平制度型开放总体方案》等政策文件，享受我国免签入境政策的国家数量逐步增加，入境人员支付服务进一步优化，这些政策将有力促进我国外贸外资高质量发展。

3.2024年中国经济增长趋势展望

（1）2024年经济增长趋势展望

展望2024年，经济发展面临的不稳定、不确定、难预料因素仍然较多。从外部环境来看，地区热点问题频发，产业链、供应链仍受干扰冲击，全球经济增长动能不足，发达经济体前期紧缩政策外溢效应显现，金融市场风险大。从国内情况来看，一方面，我国经济持续回升向好的基础还不稳固，有效需求不足，社会预期偏弱，就业总量压力和结构性矛盾并存，国内大循环存在堵点，国际大循环存在干扰，科技创新能力还不强，风险隐患仍然较多；另一方面，我国经济回升向好、长期向好的基本趋势没有改变，在显著的制度优势、市场规模优势、产业体系优势、高素质劳动力优势支撑下，科技创新能力持续提升，发展内生动力不断积聚，新产业、新模式、新动能加快壮大，保持经济平稳发展的有利条件不断增加。从总体来看，随着宏观政策、产业和创新政策持续落地见效，2024 年我国经济发展有望保持稳定。

（2）主要机构对中国经济增长预测

主要机构预测结果显示，2024 年中国经济增长率为 4.5%~5.3%（见表 2），与上次预测值相比有所调整。

表 2　主要机构对 2024 年中国经济增长的预测

单位：%

预测机构名称	最新预测值	最新预测时间	上次预测值	上次预测时间
国际货币基金组织	5.0	2024 年 5 月	4.6	2024 年 4 月
世界银行	4.5	2024 年 1 月	4.6	2023 年 6 月
联合国经济和社会事务部	4.8	2024 年 5 月	4.7	2024 年 1 月
经济合作与发展组织	4.9	2024 年 5 月	4.7	2024 年 2 月
国家信息中心	5.0 左右	2024 年 3 月	—	—
中国社会科学院	5.0 左右	2024 年 4 月	5.0 左右	2023 年 12 月
中国科学院预测科学研究中心	5.3	2024 年 1 月	—	—

资料来源：课题组根据相关机构资料整理。

三　2024 年广州经济增长主要指标预测

（一）预测思路

本文采取定量建模预测和定性综合判断相结合的方法，对 2024 年广州经济增长的主要指标进行预测。首先，将广州经济宏观指标（GDP、三大需求、价格等）划分为不同的行业或项目，运用时间序列分析、回归分析等方法，对每个部分分别建立预测模型，再加总合并得到 GDP、投资、消费、进出口、居民消费价格指数等指标的预测结果；其次，在建模预测的基础上，结合发展环境变化、增长动力变化、新的挑战风险等实际情况，对各指标的模型预测结果进行微调，综合判断，得到最终预测结果。

（二）预测过程

1. 构建数学模型

分析 2010~2023 年广州经济主要指标，包括各行业增加值、三大需求细分指标、价格指标的增长趋势，以此为基础构建数学模型（见表3）。

表3 广州经济主要指标预测模型

序号	因变量(y)	预测模型
1	农业增加值指数	$y = 0.5742t^2 - 0.3023t + 185.99$
2	工业增加值指数	$y = 358.78t + 3537.9$
3	建筑业增加值指数	$y = 1.6882t^2 + 0.4237t + 390.04$
4	批发零售业增加值指数	$y = 178.166t + 1245.1$
5	交通运输业增加值指数	$y = 78.095t + 714.81$
6	住宿餐饮业增加值指数	$y = 0.6951t + 319.93$
7	金融业增加值指数	$y = 126.49t + 552.55$
8	房地产业增加值指数	$y = -3.4239t^2 + 111.86t + 634.47$
9	其他服务业增加值指数	$y = 388.77t + 2009.5$
10	建设改造投资	$y = 295.76t + 983.06$
11	房地产开发投资	$y = 869.72t^{0.5262}$
12	批发零售业零售额	$y = -11.497t^2 + 695.68t + 2560.1$
13	住宿餐饮业零售额	$y = 369.42t^{0.3182}$
14	商品进口总值	$y = -3.4452t^3 + 88.229t^2 - 555.78t + 4460.8$
15	商品出口总值	$y = -8.9692t^2 + 376.15t + 2852.9$
16	消费品价格指数	$y(t) = 101.3216[y(t-1)/100]^{0.5}$
17	服务价格指数	$y(t) = 98.665718[y(t-2)/100][y(t-1)/100]^{0.5}$

注：上述方程中时间 t 为自变量，$t=1,2,\cdots,N$，分别对应 2000 年开始的年份；第16、17 号为变量自回归方程，$y(t-1)$ 为上一年价格指数。

2. 进行模型预测

根据表3的预测模型，计算各项指标拟合值，得到各主要指标的模型预测值。

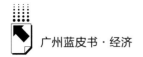

3. 实施综合判断

考虑发展环境变化、增长动力变化、新的挑战风险等实际情况对预测指标可能产生的影响，对 2024 年各指标潜在增长率进行适当微调，得到预测增长率。利用 2023 年各指标绝对值及 2024 年预测增长率，计算得到各指标 2024 年预测增加值（2020 年不变价）。根据 2023 年权重汇总测算 2024 年广州 GDP 以及投资、消费、进出口、价格等主要指标的预测值及增长率。

（三）预测结果

预计 2024 年广州地区生产总值增长率为 4.6%~5.5%，其中第一产业增加值增长率为 3.5%~4.2%，第二产业增加值增长率为 4.9%~5.8%，第三产业增加值增长率为 4.5%~5.4%；固定资产投资增长率为 8.0%~16.0%，社会消费品零售总额增长率为 5.7%~6.5%，进出口总值增长率为 2.0%~4.1%；消费价格总体稳定，城镇居民消费价格指数增长率为 2.1%~2.7%（见表 4）。

从预测结果来看，2024 年广州经济有望保持平稳增长态势。从产业来看，第一、第二、第三产业增长将更为均衡，明显缓解 2023 年"三产强二产弱"的不利局面；从需求来看，增长动力偏重于投资和消费增长，其中投资增长最被看好；此外，居民消费价格将保持总体稳定。

表 4   2024 年广州经济主要指标预测结果

单位：亿元，%

| 类别 | 2023 年 | | 2024 年预测 | | | |
| | | | 低方案 | | 高方案 | |
	实际值	增长率	预测值	增长率	预测值	增长率
地区生产总值	30355.73	4.6	31655	4.6	31961	5.5
第一产业增加值	317.78	3.5	329	3.5	331	4.2
第二产业增加值	7775.71	2.6	7994	4.9	8081	5.8
第三产业增加值	22262.24	5.3	23332	4.5	23550	5.4
固定资产投资	8623.66	3.6	9314	8.0	10003	16.0
社会消费品零售总额	11012.62	6.7	11640	5.7	11728	6.5
进出口总值	10914.28	0.1	11133	2.0	11362	4.1
城镇居民消费价格指数	101.0	1.0	102.1	2.1	102.7	2.7

四　对策建议

2024年是实现"十四五"规划目标任务的关键一年，要坚持稳中求进的工作总基调，积极探索中国式现代化的广州路径，着力推动高质量发展，全面深化改革开放，持续推动经济实现质的有效提升和量的合理增长。

（一）强化科技引领、人才赋智，培育新质生产力

大力推进科技创新强市建设。打造科技创新策源地，推动大湾区国家技术创新中心总部落地更多直属创新平台，加快建设各类大科学装置，实施各类国际大科学计划，推动国家新型显示技术创新中心等平台加强核心技术攻关。促进科技创新成果转化孵化，加快修订专利管理条例，出台促进科技成果转化"1+N"政策①，完善产业需求"揭榜挂帅"体系，加快建设琶洲智数创新区、环大学城科技成果转化基地等科技成果转化平台。深化科技体制改革，实施财政科技经费"包干制+负面清单"改革，完善创新成果首购首用支持机制，完善职务科技成果权属改革配套政策体系，加快广州职务科技成果权属改革。

积极打造大湾区高水平人才高地。加快集聚战略科学家、一流科技领军人才和创新团队，深入实施"广聚英才"人才工程。推进博士、博士后科研工作平台建设，实施基础研究人才"启航""续航""领航"计划，支持青年人才挑大梁、唱主角。深化人才发展体制机制改革，建立以信任为前提、以激励为根本的人才使用机制，构建以应用基础研究和技术研发产业化为导向的分类评价模式，鼓励科技人才勇闯"无人区"。对标对表浦东新区、前海合作区、横琴合作区等平台的人才政策举措，优化提升与《广州南沙深化面向世界的粤港澳全面合作总体方案》要求相适应的人才引进、

---

① 科技成果转化"1+N"政策的"1"是指《广州市进一步促进科技成果转移转化的若干措施》，"N"是指N个配套政策。

人才激励、人才跨境便捷流动、境外职（执）业资格认可、专业人才职称评审、人才服务保障、港澳青年创新创业等政策措施，将南沙打造为粤港澳大湾区人才政策创新高地。

加快培育壮大新产业新动能。持续完善"3+5+X"战略性新兴产业体系政策①，加快构建生物医药产业"1+N"专项政策体系②，加快出台《广州低空经济发展规划》《广州低空经济发展实施方案》等政策。发展壮大数字经济，建设数字城市创新实验室，完善公共数据开放利用平台功能，做大做强广州数据交易所，高水平建设广州人工智能与数字经济试验区、国家数字服务出口基地。加快发展海洋经济，发展壮大海洋电子信息、海洋生物医药、海洋新材料等新兴海洋产业。加快发展人形机器人、人工智能、无人驾驶等未来产业，加快建设生物医药与新型移动出行未来产业科技园，探索打造未来产业先导区。积极培育壮大市场主体，优化创新型中小企业、专精特新中小企业、单项冠军企业梯度培育机制，支持有条件的单项冠军企业和大企业集团发展成为产业链领航企业。

（二）扩大有效益的投资、激发有潜能的消费，增强市场需求动力

积极扩大有效益的投资。加快推进基础设施、新动能、民生保障和消费领域重点项目建设。强化现代化综合立体交通网络建设，高标准谋划重点交通枢纽经济区产业发展，推动交通枢纽向产业枢纽迈进。加大产业投资力度，聚焦关键核心技术攻关、新型基础设施等领域，有力推动战略性新兴产业集群发展，大力发展数字经济，以提高技术、能耗、排放等标准为牵引开展技术改造和设备更新投资。加快补短板惠民生，大力推进保障性住房、"平急两用"公共基础设施、能源、水利、城市地下管网等基础

---

① "3+5+X"战略性新兴产业体系是指稳步发展三大新兴支柱产业，即新一代信息技术、智能与新能源汽车、生物医药与健康产业；加快发展五大新兴优势产业，即智能装备与机器人、轨道交通、新能源与节能环保、新材料与精细化工、数字创意产业；培育发展若干未来产业，包括量子科技、区块链、太赫兹、天然气水合物、纳米科技等。
② 生物医药产业"1+N"专项政策体系的"1"是指《广州促进生物医药产业高质量发展的若干政策措施》，"N"是指N个配套政策。

设施建设。强化资金保障，用足用好政策性、开发性金融工具等政府投资，有效发挥带动放大效应，积极稳妥推动基础设施REITs健康发展。加快推进项目建设，在用地、环评、用能、资金等要素保障方面抓好项目前期工作，推动项目加快落地、建设、投产、达产。加大招商引资力度，大力吸引央企、国企来穗投资发展，努力扩大民间投资，积极开展更大力度吸引外资行动。

充分激发有潜能的消费。深入推进新一轮消费品以旧换新，大力开展汽车、家电产品以旧换新，推动家装消费品换新，鼓励小鹏汽车、广汽等汽车企业通过开展促销、发放置换补贴、赠送充电桩等形式提供购车优惠让利，鼓励京东等龙头家电企业开展以旧换新促销活动，开设线上与线下活动专区。加强商文旅展流量型消费融合，创新消费场景，大力发展首店首发经济，培育城市度假、潮流活动、亲子研学、露营经济等新兴消费模式。扩大医疗、康养、文体等服务型消费，办好国际购物节、美食节、时尚消费节、直播电商节，做强"Young城Yeah市"品牌，培育一批都会级羊城夜市先行区。激活电商消费新活力，建设国家电子商务示范基地和示范企业。优化国际消费中心城市整体布局，促进城市商圈建设提档升级，做优做强天河路—珠江新城、广州塔—琶洲、长隆—万博商圈，高品质提升北京路—海珠广场、上下九—永庆坊商圈，推动南站环球贸易广场、北站免税综合体等商业载体建设。增强专业市场枢纽功能，打造一批特色产业消费集聚区。

全面促进外贸平稳发展。加速高端制造出海布局，实施汽车出口促进措施，推动新能源汽车、锂电池、光伏产品等"新三样"以及更多"广州智造"扬帆出海、走向世界。做强服务贸易，扎实开展全面深化服务贸易创新发展试点、服务业扩大开放综合试点，推动放开专业服务、健康医疗等重点领域准入限制，大力发展软件信息、知识产权等服务贸易新业态，争创国家级服务贸易创新发展示范区。推动贸易新业态提质增效，进一步探索跨境电商"广州模式"，打造全球跨境电商卖家服务中心、超级供应链中心、生态创新中心，推进增城东部枢纽保税物流平台、黄埔全球中心仓等重点项目建设。健全企业出海综合服务体系，加快建设中国企业"走出去"综合服务基地等服务平台，为企业提供政策咨询、市场调研、风险评估等一系列服务。

（三）做实产业第一、制造业立市，厚植实体经济根基

加快制造业高质量发展。推动汽车产业提质增效，支持燃油车企转型突破，扎实推进小鹏科技园、采埃孚汽车电子工厂、广汽自主电驱等项目建设，积极打造"4+3+2"汽车产业发展格局[①]；支持乐金显示产能扩张，加快粤芯半导体项目三期、维信诺第 6 代模组项目、12 英寸先进 MEMS 传感器等项目建设，推进华星光电、增芯、越海、广芯半导体、中航光电等项目竣工投产达产；加快构建生物医药领域"1+N"政策体系，构筑"一核两极"生物医药产业空间布局；提升新能源与节能环保产业能级，推动高景 16GW 光伏组件制造项目产能爬坡，加快推动广晟氢能、雄川氢能、恒运等项目纳统，着力构建新能源利用、能源新业态等产业链集群；规划建设新材料与精细化工产业发展平台，积极推进增城高端电子信息新材料产业园规划建设，打造具有国际竞争力的新材料和绿色石化产业集群；出台低空经济发展实施方案，打造低空物流航线，丰富低空飞行应用场景，加快建设低空经济产业园。

做优做强现代服务业。大力发展研发设计、检验检测、人力资源、跨境租赁等专业服务业，提质发展广州设计之都、民间金融街等功能性平台。推进湾区中央法务区建设，深化打造国际商事仲裁中心。高标准建设国家知识产权保护示范区，加强海外知识产权纠纷应对指导广州分中心建设。加快发展基于大数据、云计算、物联网、区块链等新技术的信息服务，打造"中国软件名城"。支持互联网龙头企业做大做强，促进平台经济健康发展。推进国家现代流通战略支点城市建设，实施国家综合货运枢纽补链强链，积极

[①] "4+3+2"汽车产业发展格局即打造 4 个自主品牌创新基地、建设 3 个汽车核心零部件产业园、对口共建 2 个汽车零部件产业园。

发展航运物流、航空货运、全球快递、多式联运等服务，完善现代物流服务体系。培育壮大新业态新模式，提高直播电商、社交电商、跨境电商发展水平，推动品牌营销、市场推广、技能培训、供应链管理等服务机构集聚发展，积极发展数字互娱产业，培育数字会展发展新动能，有序推动无人机、无人车等无人配送运载工具在特殊场景应用。

（四）抓好"百千万工程"、实施城市更新，促进城乡统筹发展

提速推进"百千万工程"。聚焦产业发展，坚持立足特色、发挥优势，实施"强区促镇带村"策略，推动各区产业差异化、品质化发展，"一镇一策"建强中心镇、专业镇和特色镇，做大做强都市现代农业，大力发展乡村民宿、休闲观光等新业态，着力加大金融支持力度，持续推动农村三次产业融合发展，不断提升城乡综合实力。聚焦城乡建设和人居环境改善，推动农村公路高质量发展，加强镇村电力、通信、燃气、消防、生活垃圾收集处理等基础设施改造，提升养老、教育、医疗等民生服务供给和质量，深化美丽圩镇建设和乡村建设行动，扎实开展城乡一体绿美提升工作，全力打造宜居宜业宜游和美城镇乡村。聚焦体制机制改革，扎实推进国家城乡融合发展试验区广东广清接合片区、全域土地综合整治、农村综合性改革等国家和省重大改革试点行动，持续深化扩权赋能、农村"三块地"、集体林权制度、农村金融等改革，强化科技成果入乡转化机制、生态产品价值实现机制等制度创新，释放区镇村发展活力。

深化实施城市更新行动。全力推进城中村改造，坚持"拆、治、兴"并举、"留、改、拆"并进，深入实施"依法征收、净地出让"新模式，积极推动"房票"安置工作，加快推进广州新中轴（海珠）、广州火车站、罗冲围、环五山创新策源区四大片区改造，有序推进149个城中村改造项目建设，加大城中村改造筹建保障性住房力度。加快推动村级工业园区升级改造，推进实施旧厂"工改工"类微改造项目，打造集体经济发展高质量"凤巢"。有序推进老旧小区成片连片高质量品质提升，加大城镇危旧房屋改造，完善配套设施，改善群众居住条件。努力拓宽改造融资渠道，探索多

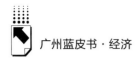

元化的资金筹措方式，积极争取国家融资优惠政策，用好中央预算内资金等政府资金，大力吸引社会资本参与城市更新。积极推动城市更新与"新城建"融合发展，大力推进数字技术、应用场景和商业模式融合创新，探索打造一批典型应用场景，以点带面全面提升城市更新片区新型城市基础设施建设水平。

（五）推动南沙开发开放和东部中心、北部增长极建设，做强粤港澳大湾区核心引擎

推动南沙开发开放取得新突破。加快三大先行启动区产业导入和功能提升，推进万顷沙南部片区开发建设。完善轨道交通网络，加快南沙港铁路、深圳—江门铁路广州段、南沙—珠海（中山）广州段、轨道交通18号线建设。织密路桥交通网络，扎实推进狮子洋通道、广澳高速南沙至珠海段扩建、明珠湾跨江通道等路桥项目建设。大力推进南沙国际港航中心建设，加快国际通用码头工程、粮食及通用码头筒仓三期工程等项目建设。全力构建现代化产业体系，支持广汽丰田导入新车型稳产增产，加快中船高端海洋装备基地落户，提升汽车和高端装备产业能级；推动巨湾技研、润尔眼科、晶泰科技智能CXO等项目开工，壮大人工智能、半导体、生物医药、新型储能、商业航天五大战略性新兴产业；积极开辟未来产业新赛道，抢先布局海洋经济、空天经济。以出台实施《南沙深化面向世界的粤港澳全面合作条例》为契机，以发展为导向，争取更多权限下放，积极出台各项政策举措，补齐发展机制体制短板。

加快打造广州东部中心。加快东部中心产业集聚与升级，依托黄埔、增城两大国家级开发区，构建"3+2+X"现代产业体系①，重点发展半导体与

---

① "3+2+X"现代产业体系的"3"指以半导体与集成电路（芯）、新型显示（显）为核心的新一代信息技术、智能与新能源汽车（车）、生物医药与健康（药）产业；"2"指以现代物流、研发设计服务、智造金融、总部商务为核心的生产性服务业，以纺织服装、智能家居、食品饮料、日用化工为核心的都市消费工业；"X"指培育发展新材料、新能源、智能装备与机器人等新兴潜力型产业和人工智能、元宇宙等N个未来产业。

集成电路、新型显示等先进制造业，提升生产性服务业和都市消费工业。打造东部中心技术创新策源基地，推进新型实验室体系和技术创新平台体系建设，建设颠覆性技术创新中心，高水平建设科创产业联动发展平台。优化城市空间发展格局，推动海丝城、东江城两大核心城区高质量发展，促进科学城、南香山、荔湖新城三大新兴产业片区的要素集聚，构建"一带四轴，双城三片"的空间发展格局。强化交通与物流枢纽功能，以新塘站、增城西站等为枢纽，以中老班列、中欧班列等国际班列为依托，打造大湾区国际班列集结中心，建设广州通达全国乃至世界的重要交通门户。切实做好生态环境和历史文化保护与利用，把东部中心打造成一座山水之城、市民亲近自然的最佳目的地。

着力推动广州北部增长极建设。大力构建"3+5+4"重点产业体系①，巩固提升枢纽运输与现代物流、航空运营与服务保障、先进交通装备制造三大空铁核心产业，做大做强汽车智造、时尚智造、新一代信息技术、生物医药与健康、新能源与储能五大先进智造业，升级发展现代会展、跨境电商与数字贸易、特色金融、现代都市消费四大现代服务业。以"白云国际机场—广州北站—广州国际港"为支点，努力打造空铁融合经济示范区。围绕白云国际机场，大力发展航空物流、信息技术、人工智能、生物医药、高端装备制造、物流仓储等临空产业，贯通新老白云国际机场南北带状走廊，串联广州白云国际机场综合保税区（中区）、空港中央商务区、白云新城片区等形成临空商务轴；围绕广州北站，重点发展金融、租赁和商务服务业、酒店业等产业，打造绿色金融邻里中心；围绕广州国际港，积极引入国际商贸、智慧物流等产业，建设链接"一带一路"、畅通多元贸易的中欧班列融合创新产业园。

做强大湾区"一点两地"核心引擎。推进广湛高铁、广南联络线等轨

---

① "3+5+4"重点产业体系的"3"指枢纽运输与现代物流、航空运营与服务保障、先进交通装备制造三大空铁核心产业；"5"指汽车智造、时尚智造、新一代信息技术、生物医药与健康、新能源与储能五大先进智造业；"4"指现代会展、跨境电商与数字贸易、特色金融、现代都市消费四大现代服务业。

道交通项目建设，打造"轨道上的大湾区"。大力推进海龙围科创区、大学城粤港澳大湾区创新创业集聚区、粤港澳生态环境科学中心（一期）项目、清华珠三角研究院粤港澳大湾区创新基地等重大合作平台建设。抓好重点产业项目建设，推进粤港澳大湾区战略科技产业示范区、粤港澳大湾区高端医疗器械研发和交易展示中心等项目动工建设，加快粤港澳大湾区（广州）科技金融中心、从化马场二期、广州从化国际赛马发展中心等项目建设。大力推进穗港澳深度融合，以"湾区通"工程深入实施为契机，加强穗港澳在社保、医药与器械、就业资质等生活工作方面的衔接，积极拓展金融、产权等新兴领域的规则衔接。主动强化南沙、横琴、前海三大平台的合作交流，复制推广相关发展经验。全力建设广州都市圈，推动广佛全域同城化提速，提高广清经济特别合作区建设水平。

（六）做好民生保障、提升营商环境，培育优越企业生态

建设国际一流营商环境。抓好国家营商环境创新试点建设。树立"产业友好型"理念，推出新一轮"产业版"营商环境改革举措，全面推行首席服务官制度，鼓励更多企业家、专业人士参与营商环境政策制定。深化要素市场化配置综合改革试点，推进建设高标准市场体系。持续深化商事制度改革，深化完善商事登记"穗港通""穗澳通"等"跨境通"服务体系，加快推动南沙有序开展市场主体登记确认制立法。推动出台支持民营经济发展和外资发展的政策和条例，让国企更敢干、民企更敢闯、外企更敢投。推进"中小企业能办大事"创新示范区建设，加大对个体工商户和小微企业的扶持力度，落实好"个转企"相关政策，加大"个转企"支持力度。加快建设企业合规体系，实施新业态、新行业包容审慎监管。深化"一区一品牌"信用建设工程和信用街镇（园区）建设，健全以信用为基础的新型监管机制，推进网络市场监管和服务示范区建设。

做好民生保障。突出就业优先，抓好高校毕业生、退役军人、农民工等重点群体就业，推进"一区一特色"零工市场建设，开展特殊工时管理制度改革试点，努力促进高质量充分就业。强化"三项工程"羊城行动战略

品牌，多渠道增加居民收入。深化"穗救易"社会救助服务改革，加强特殊困难群体动态监测、精准帮扶、协同救助。扩大新业态等灵活就业人员参保覆盖面，推广小微企业劳动关系事务托管服务，加强新就业形态劳动者权益保障。优化退役军人"阳光安置"办法，培育一批退役军人创业孵化示范基地。完善以按病种付费为主的多元复合式医保支付体系，促进"穗岁康"稳定可持续发展。制定居家社区养老服务机构星级评定等地方标准，发展多层次、多支柱养老保险体系，扩大社会保险覆盖面，稳步提升养老待遇水平。

参考文献

《中华人民共和国 2023 年国民经济和社会发展统计公报》，国家统计局网站，2024 年 2 月 29 日，https：//www. stats. gov. cn/sj/zxfb/202402/t20240228_ 1947915. html。

《2023 年广州市国民经济和社会发展统计公报》，广州市统计局网站，2024 年 3 月 30 日，http：//tjj. gz. gov. cn/stats_newtjyw/tjsj/tjgb/qstjgb/content/post_9567759. html。

《政府工作报告》，中国政府网，2024 年 3 月 12 日，https：//www. gov. cn/yaowen/liebiao/202403/content_6939153. htm。

《2024 年 1 月 23 日广东省省长王伟中在广东省第十四届人民代表大会第二次会议上作政府工作报告》，广东省人民政府网站，2024 年 1 月 27 日，http：//www. gd. gov. cn/zzzq/gdyw/content/post_4341268. html。

《2024 年广州市政府工作报告》，广州市人民政府网站，2024 年 1 月 26 日，https：//www. gz. gov. cn/zwgk/zjgb/zfgzbg/content/post_9462719. html。

World Bank，Global Economic Prospects 2024，https：//www. worldbank. org/en/publication/global-economic-prospects.

International Monetary Fund（IMF），World Economic Outlook Update：Moderating Inflation and Steady Growth Open Path to Soft Landing，https：//www. imf. org/-/media/Files/Publications /WEO/2024/Update/January/English/text. ashx.

经济运行篇 〉〉

B.2
2023年广州工业发展情况
及2024年展望

周圣强　唐碧海*

摘　要：　2023年，面对经济波浪式恢复、曲折式前进的新形势新挑战，广州工业承压前行，全年完成工业增加值6728.88亿元，同比增长1.6%，汽车制造业加速分化，电子产品制造业逐步企稳，石油化工制造业持续低迷，新产业、新动能日趋活跃，优质市场主体持续涌现，项目投资建设成效突出，产业发展空间优化提升，工业强区支撑稍显不足。展望2024年，机遇与挑战并存，广州完全可以抢抓机遇实现工业发展高质量跃升。本文从筑牢工业经济增长基本盘、培育壮大战略性新兴产业、推动产业项目大干快上、推进专业化招商引资、开创外贸发展新格局五大维度提出对策建议。

---

* 周圣强，博士，广州市社会科学院经济研究所副研究员，研究方向为宏观经济、产业经济、企业创新、粤港澳大湾区等；唐碧海，博士，广州市社会科学院经济研究所副所长、副研究员，研究方向为宏观经济、数量经济等。

关键词： 工业　制造业　广州

一　2023年广州工业发展情况

2023年是全面贯彻党的二十大精神的开局之年，也是经济恢复发展的一年，面对经济波浪式恢复、曲折式前进的发展形势，广州工业承压前行、全力以赴保增长，相继出台实施《广州市促进消费提档升级若干措施》《关于支持市场主体高质量发展促进经济运行率先整体好转的若干措施》等政策，着力扩大消费需求，促进企业降本增效、提振信心，有效稳定工业基本盘。全年完成工业增加值6728.88亿元、规模以上工业总产值23849.1亿元，同比分别增长1.6%、3.0%，增速较2022年分别提高了0.6个和2.9个百分点（见图1）。但与国内重点城市规模以上工业对比，发展动力稍显不足，2023年广州规模以上工业增加值增速为1.4%，在11个重点城市中排名倒数第二，仅高于北京（0.4%），明显低于重庆（6.6%）、深圳（6.2%）、武汉（4.6%）等城市（见图2），甚至明显低于全国（4.6%）、广东省（4.4%）平均水平。

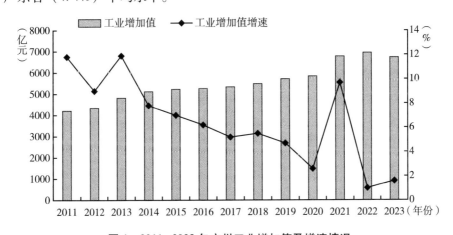

图1　2011~2023年广州工业增加值及增速情况

资料来源：广州市统计局。本文后续图表若未注明资料来源，均来源于广州市统计局。

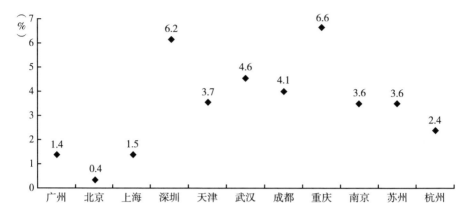

图 2 2023 年国内重点城市规模以上工业增加值增长情况

资料来源：各市统计公报。

（一）汽车制造业加速分化

2023 年，广州汽车产量达 317.92 万辆（其中新能源汽车超 65 万辆），连续五年居全国城市之首。2023 年，广州汽车制造业完成规模以上工业增加值和规模以上工业总产值分别为 1296.53 亿元、6406.80 亿元，同比分别增长 1.5%、1.6%，增速较 2022 年分别下降了 3.3 个、4.7 个百分点（见图 3）。车企表现明显分化。一方面以广汽乘用车、广汽埃安、小鹏汽车为

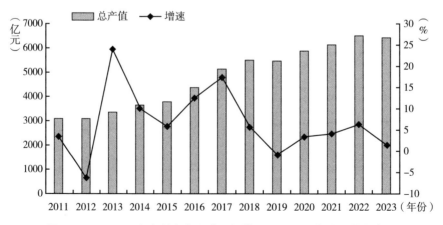

图 3 2011~2023 年广州汽车制造业规模以上工业总产值及增速情况

代表的本土品牌和新能源汽车发展较好，其中广汽乘用车全年产销量为40.43万辆和40.65万辆，分别增长8.2%、12.1%；广汽埃安全年产销量为50.01万辆和48.00万辆，分别增长82.8%、77.0%；小鹏汽车全年完成交付141601.00辆，增长17.0%。另一方面以广汽本田、广汽丰田、东风日产三大日系车企为代表的燃油车产销量下滑明显，其中广汽丰田全年产销量均为95.00万辆，分别下滑5.9%、5.6%；广汽本田产销量为65.12辆和64.05万辆，分别下滑15.2%、13.7%；东风日产产销量为65.4辆和72.43万辆，分别下滑19.7%、21.2%。

（二）电子产品制造业逐步企稳

2023年，广州电子产品制造业实现微增长，完成规模以上工业总产值和规模以上工业增加值分别为3342.20亿元和714.70亿元，分别增长0.3%和0.4%，增速比上年分别提升0.6个和5.7个百分点（见图4），但明显低于全市规模以上工业平均水平。增速低的主要原因是龙头企业乐金显示受市场竞争激烈、价格下降的影响产销量大幅下滑，进而拖累全行业。但积极因素明显增多，一是广州市新型显示器新增量正在发力，维信诺、华星光电等项目已投产，2023年全市显示器产量增长29.3%；二是高端电

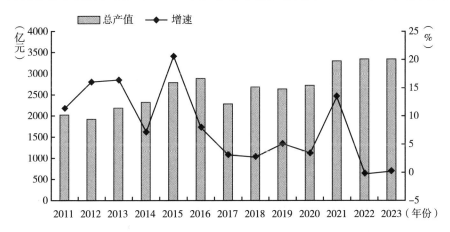

图4　2011~2023年广州电子产品制造业规模以上工业总产值及增速情况

子信息制造业稳步增长，全年实现规模以上增加值 513.07 亿元，增长
3.2%，增速比上年提升 9.8 个百分点，占规模以上电子产品制造业增加
值和规模以上先进制造业增加值的 71.8% 和 16.5%；三是集成电路产业
实现较快发展，在粤芯半导体、芯聚能、芯粤能和越海等项目带动下，全
年芯片产量增长 21.6%。

（三）石油化工制造业持续低迷

2023 年，广州石油化工制造业产值继续下滑，完成规模以上工业增
加值和规模以上工业总产值分别为 532.12 亿元、1953.84 亿元，增速较
2022 年同比分别下降 2.4 个和 2.8 个百分点（见图 5）。其中，石油、
煤炭及其他燃料加工业降幅较大，全年完成规模以上工业增加值 204.77
亿元，下降 6.5%，这主要缘于行业龙头中国石油化工股份有限公司广
州分公司加工量持续下降以及国内成品油价格下行；化学原料及化学制
品制造业在立邦涂料、天赐高新材料、星际悦动、白云化工、呈和科技
等企业支撑下表现较为平稳，全年完成规模以上工业增加值 327.46 亿
元，同比增长 0.4%，但宝洁、威莱等日用品化工企业由于市场需求不
足表现欠佳。

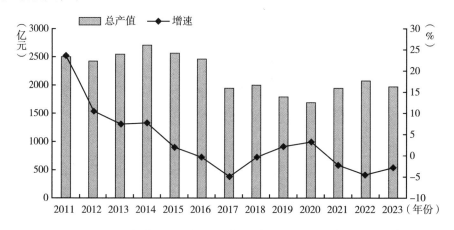

图 5　2011~2023 年广州石油化工制造业规模以上工业总产值及增速情况

（四）新产业新动能日趋活跃

一是新兴产业支持政策不断出台，相继出台《广州市工业和信息化局关于加快推动新型储能产品及应用高质量发展的若干措施》《广州市人民政府办公厅关于推动化妆品产业高质量发展的实施意见》等政策。二是战略性新兴产业稳定增长，2023年，广州八大战略性新兴产业实现增加值9333.54亿元，增长2.9%，增速较2022年提高1.2个百分点，占全市地区生产总值比重达30.7%。其中，新一代信息技术、智能与新能源汽车两大新兴支柱产业增长平稳，增加值分别增长4.4%、2.3%；五大新兴优势产业均保持稳步增长，轨道交通以16.4%的增速引领增长。三是新产品产量实现快速增长，新能源汽车、太阳能电池（光伏电池）、风力发动机组产量分别增长110%、80.0%和38.2%；工业机器人、服务机器人、显示器和集成电路等新一代信息技术产品产量分别增长47.1%、43.8%、29.3%和21.6%，智能电视、影像投影仪等视听设备产量分别增长29.5%、15.1%。

（五）优质市场主体持续涌现

广州深入实施专精特新中小企业培育三年行动方案、优质中小企业梯度培育方案，以工业企业、科技创新企业为主要对象，从辅导培育、人才培养、产学研对接、融资促进等方面全方位支持专精特新中小企业发展，2023年，广州新增国家级专精特新"小巨人"企业125家，实现翻倍增长，截至2023年已累计培育58家专精特新上市企业、248家国家级专精特新"小巨人"企业、3585家省级专精特新中小企业。工业企业不断做大做强，广汽埃安、粤芯半导体、极飞科技、国鸿氢能等8家工业企业成功入选胡润研究院发布的"2023年全球独角兽榜"。上市工业企业不断增多，2023年，广州广钢气体能源股份有限公司、广州新莱福新材料股份有限公司、润本生物技术股份有限公司、广州凌玮科技股份有限公司、广州多浦乐电子科技股份有限公司等工业企业成功在上交所和深交所上市。

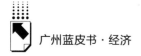

（六）项目投资建设成效突出

一是工业投资再创新高。2023 年，广州完成工业投资 1505.44 亿元，增长 21.4%，连续 5 年突破千亿元大关（见图 6）。其中，汽车制造业投资 173.98 亿元，增长 18%；电子产品制造业投资 513.5 亿元，增长 18.5%；石油化工制造业投资 78.44 亿元，增长 19.7%；电力、热力、燃气及水生产和供应业投资 286.01 亿元，增长 12.0%。二是投资结构不断优化。高技术制造业投资增势较好，增长 19.2%，其中电子及通信设备制造业、医药制造业两大重点行业投资分别增长 15.5% 和 26.6%。工业技改投资增长 25.9%。三是产业项目建设与投产加快。大力推进粤芯半导体项目三期、维信诺第 6 代柔性 AMOLED 模组、12 英寸先进 MEMS 传感器、广汽本田新能源车、IGBT 封测等项目建设，推动华星光电 t9、芯粤能、鸿利光电 LED、小鹏汽车、因湃电池、现代氢燃料电池、北京精雕数控机床等竣工项目试产、投产、达产。

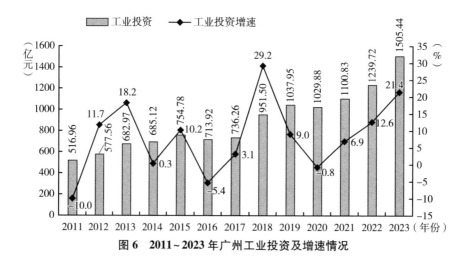

图 6　2011~2023 年广州工业投资及增速情况

（七）产业发展空间优化提升

一是强化特色产业集聚和产业生态培育，推动高端电子信息新材料产业园、再制造产业园、增城泛半导体产业园等重点园区建设。二是大力推进村镇工业园改造升级，制定 2023 年村镇工业集聚区更新改造试点项目清单，共涉及 6 个区 7 个项目，总占地面积为 204 公顷，预计可提供建筑面积为 471 万平方米的新增产业载体，实现工业总产值 311 亿元，贡献税收 15 亿元。三是促进产业集约用地，延长《广州市新型产业用地（M0）准入退出实施指引（试行）》有效期，提高工业用地利用效率。四是加快制定《广州市化工园区建设标准和认定管理实施办法（试行）》，规范新设立化工园区建设和认定管理程序，促进化工产业高质量发展。

（八）工业强区支撑稍显不足

2023 年，广州规模以上工业总产值实现正增长的有 9 个区，负增长的有 2 个区（见图 7）。其中，黄埔区、南沙区、番禺区、花都区、增城区作为广州五大工业强区，表现差异较大。黄埔区、南沙区、花都区规模以上工业总产值占全市比重分别为 36.2%、16.2%、9.7%，是全市第一、第二和第四大工业区，受传统燃油车和电子信息制造业下行的影响，规模以上工业总产值增速分别为-0.8%、2.9%、-3.5%，均低于全市平均水平；番禺区、增城区规模以上工业总产值占全市比重为 12.3%、7.9%，是全市第三和第

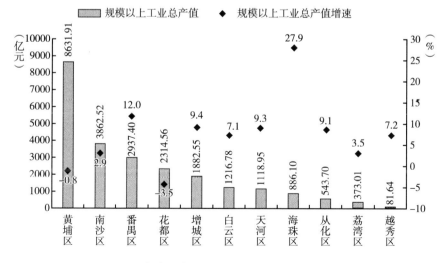

图 7　2023 年广州各区规模以上工业总产值及增速情况

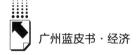
五大工业区，受益于自主品牌汽车企业、新型显示企业的支撑实现了较好增长，规模以上工业总产值增速分别为 12.0%、9.4%，为全市工业稳增长发挥了较好支撑作用。此外，海珠区、天河区、从化区、越秀区、白云区等规模以上工业总产值增长良好，规模以上工业总产值合计占全市比重为16.1%，对广州市工业增长形成了一定支撑。

二 2024年广州工业面临形势及展望

（一）面临机遇

1. 产业转型升级加快

近年来，随着我国高质量发展深入推进，产业转型升级步伐明显加快。从产业成长上看，2023 年半导体器件专用设备制造、航天器及运载火箭制造、飞机制造等高端制造业增加值分别增长 31.5%、23.5%、10.8%，智能车载设备制造、电子元器件与机电组件设备制造、智能无人飞行器制造、集成电路制造等智能制造业增加值分别增长 60.0%、29.8%、20.5%、10.3%；从产品上看，我国太阳能电池、新能源汽车、发电机组（发电设备）产品产量分别增长 54.0%、30.3%、28.5%；从投资上看，高技术制造业投资增长 9.9%，其中航空、航天器及设备制造业，计算机及办公设备制造业，电子及通信设备制造业投资分别增长 18.4%、14.5%、11.1%；从出口上看，电动载人汽车、锂离子蓄电池和太阳能电池"新三样"产品合计出口 1.06 万亿元，增长了 29.9%。这表明支撑我国产业高质量发展的要素正集聚增多，为广州工业稳定发展提供了良好的发展环境。

2. 对实体经济的重视程度正在提升

近年来，中央围绕实体经济发展进行了多次重要部署，强调"着力振兴实体经济""夯实实体经济根基""把发展经济着力点放在实体经济上"。为贯彻落实中央战略部署，省、市逐步把发展经济的着力点放在实体经济上。比如广东省委"1310"具体部署强调要始终坚持实体经济为本、制造业当家，广州市委"1312"思路举措强调要坚持产业第一、制造业立市。工业是实体经济的主体、主战场，加快工业发展、推动工业加快转型升级，很大程度上就等于做强、做优、做大实体经济，这意味着未来国家、省、市将在政策扶持、资源投入上给予更高、更全、更大的支持，从而为全市工业提供难得的发展契机。

3.新技术、新产业、新模式蓬勃发展

当前全球科技创新进入空前密集活跃期，信息科技、生物医药、新材料、新能源、航空航天等技术不断进步，以新一代信息技术为基础，互联网、大数据、区块链等数字经济正快速兴起，人工智能、5G通信及应用、工业互联网等新兴技术实现多点突破，数据要素赋能作用持续显现，正在引发系统性、革命性、群体性的技术突破和产业变革，不断催生新技术、新产业、新模式、新业态。比如机器人制造、3D打印、智能电网、物联网、可穿戴设备等产业，在线教育、在线医疗、在线娱乐等在线经济，生物工程、新能源、新材料、海洋产业等领域孕育着巨大变革，制造业与信息技术加速融合迈向"智能制造"，家居家电、出行等转向智能化、绿色化、网络化。这些技术突破和产业变革为广州工业高质量发展提供了重要历史机遇。

（二）存在挑战

1.三大支柱产业发展偏弱

三大支柱产业发展态势持续走弱，2019~2023年三大支柱产业规模以上工业总产值年均增速仅为2.8%，较同期全市规模以上工业总产值平均增速低0.7个百分点，占全市规模以上工业总产值比重由2019年的51.4%下降到2023年的49.0%。分行业来看。石油化工制造业已连续3年下滑，原油加工量连续3年下降。电子信息制造业发展后劲不足，一方面全球消费电子需求不强，另一方面缺乏重大产业项目支撑。汽车制造业正面临国内汽车市场三大挑战：一是新能源汽车与传统燃油车分化加剧，新能源乘用车销量占全国乘用车销量比重由2020年的6.2%提升到2023年的31.6%；二是合资

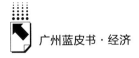

品牌发展转弱，日系合资品牌市占率由2020年的23.1%逐年下滑到2023年的17.0%左右；三是汽车价格战此起彼伏，2024年1月特斯拉开降价序幕，2024年2月比亚迪秦PLUS定价7.98万元震撼市场，并引发多家汽车厂商加入，引发降价潮。

2. 新动能成长不足、支撑力不够

一是规模不大、占比偏低。2023年，广州规模以上高技术制造业增加值不足千亿元，占规模以上工业的比重为18.0%，大幅低于深圳（60.6%）、惠州（39.7%），较全省平均水平低12个百分点。此外，石油化工制造业、先进轻纺制造业、新材料制造业、生物医药及高性能医疗器械四大先进制造业，增加值均不超过500亿元。二是成长速度偏慢。2021~2023年，五大新兴优势产业增加值年均增速仅为2.5%，其中智能装备与机器人年均增速为-0.5%，新能源与节能环保、新材料与精细化工年均增速不到2.0%。三是新增产能释放不足、达产慢。部分项目虽然早已竣工，但受各种因素影响，产能爬坡周期长，迟迟未能达产。

3. 国内外贸易投资不确定性加大

国内经济稳增长压力较大。一是消费需求减弱，2022~2023年，全国社会消费品零售总额年均增长3.4%，同期住户存款余额增速连续两年超过两位数；二是投资增速持续放缓，2023年全国固定资产投资仅增长2.8%，其中民间投资、房地产投资均呈负增长；三是制造业企业信心不足，近期每月制造业采购经理指数（PMI）多处于枯荣线以下；四是区域竞争白热化，各地对于科技、产业、人才、政策等资源的竞争更趋激烈。

国际贸易和投资面临多重挑战。一是地缘政治导致产能外迁和订单转移，较多工业企业将产能和订单转移至境外，2023年广州工业出口产品交货值下滑6.5%；二是大国博弈抑制科技与产业全球化，给广州引资引技带来挑战；三是贸易保护主义抬头筑高贸易壁垒，对广州产品出口构成较大挑战。

（三）发展展望

2024 年，面对国内外复杂严峻的发展形势，广州工业依旧具有较好的发展前景。从细分行业来看，汽车产业的广汽埃安、广汽乘用车、小鹏汽车以及汽车零配件厂商还存在较大的上升空间和新增产能，同时广汽丰田、广汽本田、东风日产转型升级步伐在加快；全球电子消费市场正在复苏，电子信息制造业已现回暖迹象，乐金显示将在 OLED 等产品领域重新发力，国显、超视界等企业正加快释放产能；广石化加工量有望增加，并在油价上升的推动下，实现产值增加，进而推动石油化工制造业止跌回升；生物医药产业的高基数因素已被消化，国内外对生物医药与健康产品的需求旺盛，将为广州医药制造业增长提供良好的契机；新能源、高端装备等产业在新增量的支撑下，有望实现稳定增长；随着社会经济活动日趋活跃，食品制造、家具制造、家电制造、烟草制造等消费品工业发展稳定。

2024 年是新中国成立 75 周年，也是广州"大干十二年、再造新广州"的开局之年，广州工业发展锚定"排头兵、领头羊、火车头"标高追求，坚持稳中求进、以进促稳、先立后破，完整、准确、全面贯彻新发展理念，全面落实广东省委"1310"具体部署和广州市委"1312"思路举措，在"产业第一、制造业立市"的战略部署安排下，多措并举筑牢工业基本盘，努力构建现代化产业体系，以新质生产力为引领，推动工业高质量发展、迈上新台阶。综合以上分析，预计全年工业增长将处于 4.2%~5.1%。

三 2024年广州工业发展对策建议

（一）全力筑牢工业经济增长基本盘

一是着力稳住三大传统支柱行业发展势头，对广汽集团、东风日产、小鹏汽车、乐金显示、广石化等重点企业坚持"一企一策"、分类指导，着力协调解决制约企业发展的突出问题，千方百计支持企业增订单、提效益。二是巩固装备制造业、消费品工业发展良好的态势，推动在建项目尽快建成投产，支持企业积极参加各类展会、供应对接会，通过抢占市场以销促产。三是支持新投产和小升规企业贡献新增量，推动维信诺、华星光电、智鹏制造等新投产纳统企业产能爬坡。积极培育小企业发展壮大，促进产生更多新升规企业。四是积极推动工业智能化技术改造，持续开展"四化"平台赋能企业提升专项行动，发展一批典型场景和示范园区，推动工业企业数字化转型。五是实施质量强市战略，创建标准国际化创新型城市，打造更多国际知名品牌。

（二）积极培育壮大战略性新兴产业

一是做强智能与新能源汽车产业，近地化构建"432"汽车产业园区①，推动广汽集团电池科技有限公司项目、东风日产新能源产线改造项目建成投产，打造具有国际竞争力的万亿元级"智车之城"。二是实现新一代信息技术产业高质量发展，加快推进维信诺第6代柔性AMOLED模组、兴森半导体、12英寸先进MEMS传感器、艾佛光通滤波器等项目建设，打造全国领先的新一代信息技术产业集群。三是壮大生物医药与健康产业，推进以广州国际生物岛为园区品牌创建国家生物经济先导区，加大对一类新药，尤其是进入临床三期的一类新药的支持力度，提升"研发—临床—中试—制造"全产业链协同创新水平。四是集中力量发展智能装备与机器人产业、轨道交通、新能源与节能环保产业、新材料与精细化工产业、数字创意产业五大新兴优势产业。五是前瞻布局未来产业，结合广州基础和优势，前瞻布局商业航空、新型储能、量子科技、区块链、太赫兹、天然气水合物、纳米科技等一批面向未来的前沿产业。

（三）着力推动产业项目大干快上

一是加大产业投资力度。实施工业投资跃升计划，推动900家以上工业

---

① "432"汽车产业园区是指打造4个自主品牌创新基地、建设3个汽车核心零部件产业园、对口共建2个汽车零部件产业园。

企业开展技术改造，加快推进粤芯半导体三期等重大项目建设。充分发挥广州产业投资母基金等国有资本的引导作用，启动一批带动力强的新兴产业项目，夯实实体经济发展后劲。二是积极谋划重大产业项目。瞄准重点产业链的企业需求，组织实施一批创新类"揭榜挂帅"项目。密切跟踪国家重大产业战略布局和近期产业政策导向，谋划一批引领广州中长期产业发展的重大战略性、前瞻性项目。三是做好项目建设服务。按照"资源要素跟着项目走"的原则，强化用地指标、财政资金安排、项目审批、配套设施等方面的协同，减少资源错配，推动工作流程、要素配置、工作进度、公共服务等形成同频共振，降低项目协调的难度和时间成本。四是充分调动民间产业投资积极性。聚焦先进制造业、新兴产业等领域，选择一批市场空间大、发展潜力强、符合国家重大战略和产业政策要求的细分行业，制定好相关规划、投资管理要求、财政金融支持等政策，向社会公开发布，帮助民营企业更好投资决策。

（四）切实推进专业化招商引资

按照建链、补链、延链、强链的全产业链发展思维，用好投资机构、招商中介、龙头企业等多方资源，绘制产业链图谱，建立目标企业库，聚焦"3+5+X"战略性新兴产业体系，优化存量、做大增量，精准开展靶向招商，引进和培育一批具有生态主导力和核心竞争力的"链主"企业，全面构建龙头引领、链条延伸、产业聚集发展的现代化产业体系。按照"一企一策"原则实打实服务企业，抓好重大发展平台、重点行业企业，抓住重要时间节点，做到精准留商促商。不断拓宽招商引资渠道，紧扣优势产业，谋划项目抓招商。针对产业链短板弱项，强化与专业策划公司、平台智库合作，结合招商引资重点产业和方向，推进产业集群加速形成。健全产业链招商引资优惠政策，加大产业政策资金扶持力度，打造产业链延伸和产业集群培育的产业生态体系。

（五）努力开创外贸发展新格局

一是以新产品塑造新优势。探索制订促进汽车出海计划，从品牌塑造、市场销售、产品分布、技术支撑、配套服务等维度做好总体布局，大力支持广汽乘用车、广汽埃安、小鹏汽车、广汽本田等企业出口。积极推动电子、电池、新型储能等产品出口。二是以新市场开拓新空间。加大东南亚、中东、南美等市场开拓力度，深耕"一带一路"新市场，积极组织企业包机出海参展。三是以新业态激发新功能。积极开展离岸贸易先行先试，推进市场采购扩区拓品类，打造全球跨境电商卖家服务中心、超级供应链中心、生态创新中心，完善工业企业出口生态。加快建设中国企业"走出去"综合服务基地等服务平台，为企业提供政策咨询等服务，为企业拓展国际市场提供支撑。

参考文献

《2024 年广州市政府工作报告》，广州市人民政府网站，2024 年 1 月 26 日，https：//www. gz. gov. cn/zwgk/zjgb/zfgzbg/content/post_9462719. html。

《广州市工业和信息化局 2023 年工作总结及 2024 年工作计划》，广州市人民政府网站，2024 年 1 月 12 日，https：//www. gz. gov. cn/zfjg/gzsgyhxxhj/zjgb/content/post_9435689. html。

《两会受权发布丨政府工作报告》，新华网，2024 年 3 月 12 日，http：//www. news. cn/politics/20240312/bd0e2ae727334f6b9f59e924c871c5c2/c. html。

《中华人民共和国 2023 年国民经济和社会发展统计公报》，国家统计局网站，2024 年 2 月 29 日，https：//www. stats. gov. cn/sj/zxfb/202402/t20240228_1947915. html。

B.3
2023年广州商贸流通业发展情况
及2024年展望

欧江波　伍晶　陈璐[*]

摘　要： 2023年，广州消费市场恢复向好，实体消费回暖特征更加明显，文化娱乐消费持续上涨，总体来看，批发和零售业稳定恢复，交通运输业明显向好，商品出口表现好于进口。展望2024年，扩大内需仍然是宏观政策的主要着力点，现代流通体系建设持续发力，商贸业态分化更加明显，数字化转型走向深入，跨境电商进出口保持向好发展势头，商贸流通领域机遇与挑战并存。本文建议从充分激发消费潜能、提升城市交通枢纽能级、进一步扩大高水平对外开放、持续优化营商环境等方面促进广州商贸流通业进一步发展。

关键词： 批发和零售业　交通运输业　广州

一　2023年广州商贸流通业发展状况

2023年，广州消费市场恢复向好，实体消费回暖特征更加明显，文化娱乐消费持续火爆。批发和零售业实现增加值4248.59亿元，同比增长7.4%（见图1），交通运输、仓储和邮政业实现增加值2029.96亿元，同比

* 欧江波，博士，广州市社会科学院经济研究所所长、研究员，研究方向为宏观经济、城市经济、房地产经济等；伍晶，广州市社会科学院经济研究所副研究员，研究方向为城市经济、人口与劳动经济等；陈璐，博士，广州市社会科学院经济研究所助理研究员，研究方向为金融经济、房地产经济等。

增长 12.2%（见图 2），住宿和餐饮业实现增加值 515.99 亿元，同比增长 10.5%（见图 3），增速较 2022 年分别提高 6.3 个、17.7 个、17.7 个百分点，占地区生产总值的比重分别为 14.0%、6.7%、1.7%。商贸流通业增加值在五大城市中总量规模较大，占地区生产总值的比重相对较高，广州相对其他几大城市的交通枢纽特征、流量经济优势较为明显。

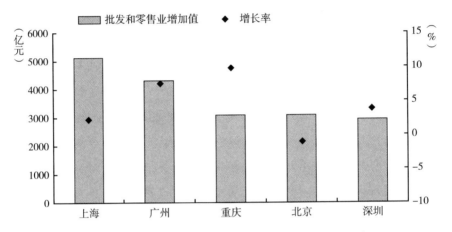

图 1 五大城市 2023 年批发和零售业增加值及其增长率情况

资料来源：各市统计局。

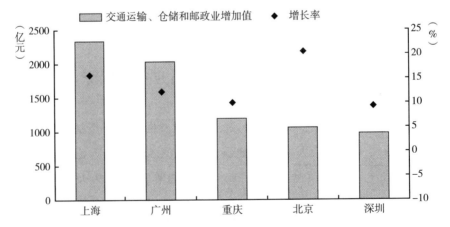

图 2 五大城市 2023 年交通运输、仓储和邮政业增加值及其增长率情况

资料来源：各市统计局。

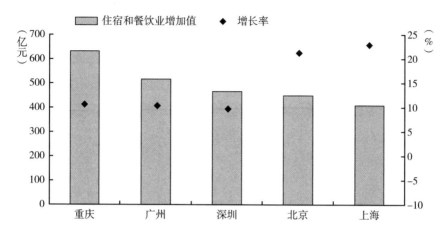

图3 五大城市2023年住宿和餐饮业增加值及其增长率情况

资料来源：各市统计局。

（一）批发和零售业稳定恢复，住宿和餐饮业保持快速增长

2023年，广州实现社会消费品零售总额11012.62亿元，连续三年突破万亿元，规模居全国第四，同比增长6.7%（见图4），增速高于广东省（5.8%）和北京（4.8%），不及全国（7.2%）和上海（12.6%）、重庆（8.6%）、深圳（7.8%）、天津（7.0%）等城市（见图5）。

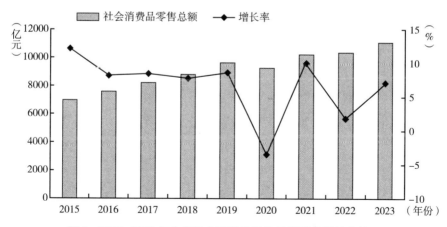

图4 2015～2023年广州社会消费品零售总额及其增长率情况

资料来源：广州市统计局。

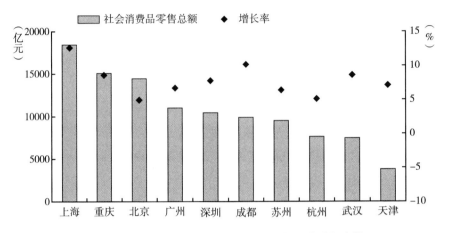

图5　2023年主要城市社会消费品零售总额及其增长率情况

资料来源：各市统计局。

时尚消费氛围更浓，实体消费回暖特征更加明显。限上百货和大型商超销售额稳步增长，以罗森为代表的网红鲜食便利店频频"出圈"，带动便利店零售企业销售额两位数增长。"食在广州"的烟火气更足，咖啡、奶茶等连锁茶饮依旧表现亮眼，星巴克、瑞幸、灵感之茶、奈雪的茶等头部企业保持较好增势。从业态结构看，广州限额以上批发和零售业通过公共网络实现商品零售额2835.20亿元，同比增长8.9%，占全市社会消费品零售总额的比重为25.7%。从消费类型看，商品零售额为10105.53亿元，同比增长5.5%；餐饮收入为907.09亿元，同比增长23.7%。

批发和零售业零售额增长较为平稳，住宿和餐饮业零售额保持快速增长（见图6）。批发和零售业增速低开高走，1~2月增速为1.3%并快速提升，1~5月达到年内峰值，增速为7.8%，之后有所回调，1~8月增速回落至5.9%，其后稳定在5.3%~5.5%，全年平均增长5.4%。住宿和餐饮业在振荡波动中保持快速增长，1~2月增速为11.0%，在1~4月达到年内峰值（26.9%），之后逐月回落，至1~9月为年内次低点（17.8%），其后逐月回升，全年平均增长23.3%。

2023年，广州11个区中社会消费品零售总额超过1000亿元的有5个区，分

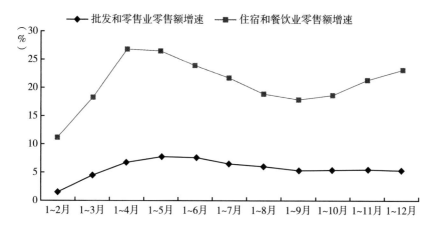

图6　2023年广州批发和零售业零售额及住宿和餐饮业零售额增速情况

资料来源：广州市统计局。

别为天河（2152.79亿元）、黄埔（1552.46亿元）、越秀（1329.57亿元）、番禺（1317.91亿元）、白云（1163.99亿元），合计占全市社会消费品零售总额的68.3%。从各区增长情况来看，南沙、荔湾、白云、越秀、花都、黄埔增速高于全市平均水平，增速分别为12.8%、9.9%、8.8%、8.7%、8.0%、7.3%。

（二）交通运输业明显向好，客运量保持高位运行

2023年，随着民众探亲访友、观光旅游、外出务工等需求快速释放，叠加上年基数较低等原因，全年客运量高位运行特征明显，旅客运输量显著回升。其中，航空枢纽建设成效显著，全年白云国际机场旅客吞吐量迈上6000万人次台阶。货运量增长稳定，铁路、航空货运量增势较好，港口生产稳步恢复。

客运、货运均呈前低后高走势（见图7、图8）。货运量1~2月负增长（-5.5%），主要是受疫情及春节因素影响，1~3月基本稳定（0.1%），随后逐渐提升到1~7月的2.0%，其后小幅回落后再回升，全年达到最高值，增长2.6%。客运量一直在高位运行，1~2月为最低点（23.6%），随后走高，至1~5月为年内次高值（74.7%），之后回调至1~9月的65.6%，其后逐月回升，全年达到最高值，增长76.3%。

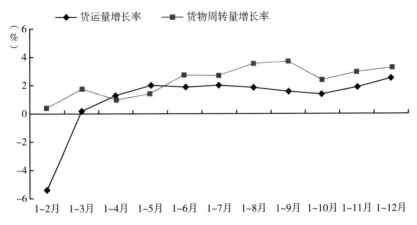

图7 2023年广州货运量和货物周转量增长情况

资料来源：广州市统计局。

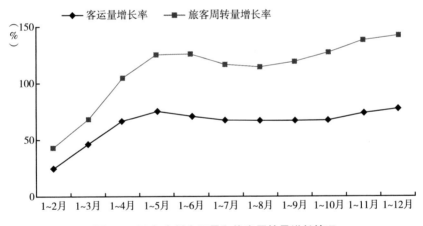

图8 2023年广州客运量和旅客周转量增长情况

资料来源：广州市统计局。

公路货运量、水路货运量合计占比约九成半。2023年，广州完成货运量9.29亿吨，同比增长2.6%，增速较2022年提高10.4个百分点（见图9）。公路货运量、水路货运量、铁路货运量、管道货运量、航空货运量分别完成50516.43万吨、37316.84万吨、2524.63万吨、2370.94万吨、133.08万吨，分别占全市货运量的54.4%、40.2%、2.7%、2.6%、0.1%，其中，公路货运量占比较上年提高 0.4 个百分点，水路货运量占比较上年下降 0.6 个百分点。从增长情况看，航空货运量快速增长，增速为 21.1%；铁路货运量、管道货运量较快增长，增速分别为 7.0%、6.8%；公路货运量、水路货运量低位增长，增速分别为 3.4%、0.9%。2023 年，广州完成货物周转量 22908.32 亿吨公里，同比增长 3.3%，增速较 2022 年提高 1.9 个百分点。其中，水路货物运输周转量为 22045.47 亿吨公里，同比增长 3.2%，占货物周转量的 96.2%。

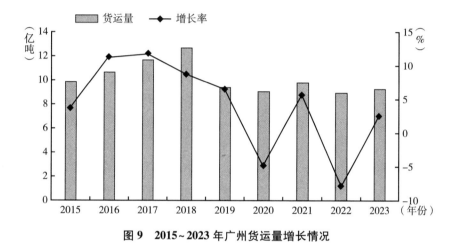

图 9　2015～2023 年广州货运量增长情况

资料来源：广州市统计局。

广州港保持货物吞吐量、集装箱吞吐量"双增长"，运输规模居全球前列。2023 年完成港口货物吞吐量 6.75 亿吨，同比增长 2.9%。其中，完成港口货物进口量 3.74 亿吨，同比增长 3.2%；完成港口货物出口量 3.01 亿吨，同比增长 2.5%。全年完成港口集装箱吞吐量 2541.44 万 TEU，同比增长 2.2%。

客运量和旅客周转量大幅增长。2023 年，广州完成客运量 3.05 亿人次，同比大幅增长 76.3%；完成旅客周转量 1860.37 亿人公里，同比增长 1.43 倍。其中，铁路客运量、航空客运量、公路客运量分别为 13092.96 万人次、9108.09 万人次、7838.00 万人次，分别占全市客运量的 42.9%、29.9%、25.7%。从旅客周转量来看，航空运输方式贡献了 89.2% 的旅客周

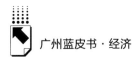

转量，完成航空客运周转量 1658.96 亿人公里。

航空枢纽快速恢复。2023 年完成机场旅客吞吐量 6317.35 万人次，同比增长 1.42 倍，旅客吞吐量单一机场全国排名第一，恢复至 2019 年的 86.1%；承担国际及地区旅客吞吐量 817 万人次，国内领先，恢复至 2019 年的 43.7%；国内旅客吞吐量为 5500 万人次，相比 2019 年增长 0.6%；货邮吞吐量再次攀上 200 万吨大关，达到 203 万吨，连续四年全国排名第二，相比 2019 年增长 5.8%。

（三）出口保持较快增长，进口下降较为明显

2023 年，广州实现商品进出口总值 10914.28 亿元，同比增长 0.1%，增速较 2022 年回落 1.0 个百分点（见图 10），规模位居全国第七，增速高于苏州（-4.6%）、东莞（-8.2%），不及全国（0.2%）、广东省（0.3%）和深圳（5.9%）、宁波（0.9%）、上海（0.7%）、北京（0.3%）。其中，出口总值 6502.64 亿元，增长 5.8%；进口总值 4411.64 亿元，下降 7.2%。

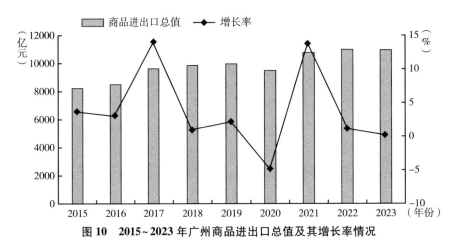

图 10 2015~2023 年广州商品进出口总值及其增长率情况

资料来源：广州市统计局。

一般贸易进出口保持正增长，保税物流、加工贸易进出口均下降。2023 年，一般贸易进出口实现 7539.91 亿元，同比增长 7.1%，占全市商品进出口总值的比重为 69.1%，比 2022 年提高 5.0 个百分点。受全球经济形势偏紧及产业转移

影响，订单量有所减少，加工贸易进出口实现 2139.15 亿元，同比下降 3.7%。受区域竞争加剧影响，保税物流进出口实现 1035.79 亿元，同比下降 10.4%。

机电产品出口低位增长、进口下降明显，高新技术产品出口、进口均下降明显。在出口方面，机电产品、高新技术产品、文化产品和服装及衣着附件出口总值较大，分别为 3007.61 亿元、724.96 亿元、532.62 亿元和 310.46 亿元，同比分别增长 1.0%、下降 17.4%、下降 2.1% 和下降 20.9%，合计占全市出口总值的比重为 70.4%。外贸"新三样"中，电动载人汽车出口增长 4.7 倍，锂电池出口增长 20.3%，太阳能电池出口下降 15.5%。在进口方面，机电产品、高新技术产品、农产品和食品进口总值较大，分别为 1445.87 亿元、934.65 亿元、721.06 亿元和 650.67 亿元，同比分别下降 14.0%、下降 13.5%、增长 4.9% 和增长 3.8%，合计占全市进口总值的比重为 85.1%。

对美国、欧盟进出口保持增长，对其他四大贸易伙伴进出口下降。2023 年，广州对美国进出口 1433.95 亿元，同比增长 5.1%；对欧盟进出口为 1805.71 亿元，同比增长 6.6%；对东盟进出口为 1654.75 亿元，同比下降 4.3%；对日本进出口为 817.58 亿元，同比下降 13.6%；对中国香港进出口为 648.63 亿元，同比下降 5.2%；对韩国进出口为 395.71 亿元，同比下降 26.2%。上述六个主要贸易伙伴进出口总值占同期全市外贸总值的 61.9%。

跨境电商进出口快速增长，大量明星企业集聚广州。2023 年，广州跨境电商进出口总值达 2000 亿元，同比增长超 45.0%，增速高于全国（15.6%）、广东省（25.0%）平均水平，跨境电商实现了进出口规模 9 年增长 136 倍。[①] 其中，全市跨境电商进口规模由 2014 年试点开展跨境电商业务时的 1.68 亿元增长至 2023 年的 293.7 亿元，年均增长约 77.5%，自 2015 年以来，广州市跨境电商进口规模已连续 9 年保持全国第一。[②] 广州集聚了大量跨境电商

---

① 《9 年增长 136 倍！狂飙中的广州跨境电商》，"羊城派"百家号，2024 年 3 月 13 日，https：//baijiahao.baidu.com/s?id=1793387742173159143&wfr=spider&for=pc；《今年前两月广东跨境电商进出口额同比增长超一倍》，"广州日报"百家号，2024 年 3 月 18 日，https：//baijiahao.baidu.com/s?id=1793832597463967688&wfr=spider&for=pc。

② 《广州跨境电商进口规模连续 9 年保持全国首位》，广州海关网站，2024 年 3 月 6 日，http：//guangzhou.customs.gov.cn/guangzhou_customs/381565/381566/5712717/index.html。

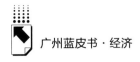

明星企业,不仅培育了 Shein、唯品会、洋葱、卓志、捷晟物流等一大批优质跨境电商企业,还吸引了 Temu、TikTok 等一大批头部平台和重点企业。

四区进出口总值超千亿元,增城区实现翻倍增长。2023 年,广州 11 个区中,南沙区、黄埔区、番禺区、增城区实现商品进出口总值超过 1000 亿元,分别为 2912.1 亿元、2761.6 亿元、1163.9 亿元、1052.6 亿元,其中,南沙区、黄埔区、番禺区同比分别下降 3.3%、9.9%、6.3%,增城区同比增长 1.1 倍,四区进出口总值合计占全市的 72.3%。

二　2024年广州商贸流通业发展环境分析和趋势展望

(一)行业发展环境

2024 年,广州商贸流通业发展面临诸多机遇。一是经济形势总体恢复向好,经济稳定增长,为商贸流通业发展奠定良好的基础并形成良好的支撑。二是国家和省市接连出台促消费政策,2024 年,扩大消费仍然是宏观政策的主要着力点,3 月国务院印发《推动大规模设备更新和消费品以旧换新行动方案》,同月中国对瑞士、爱尔兰、匈牙利、奥地利、比利时、卢森堡 6 个国家持普通护照人员试行免签政策,这些都将有利于进一步促进消费。三是数字技术变革促使商贸流通业数字化转型不断走向深入,线上与线下深度融合,商旅文体深度融合,功能性、情感化、精神化、体验感等融合消费逐渐成为新增长点。

2024 年,广州商贸流通业发展也存在不少挑战。一是经济形势总体偏紧的大环境并未发生根本性改变,经济恢复存在较多不确定、难预料因素,企业经营仍面临成本上升、订单不足、债务压力等困难,居民收入增长不及预期,购物消费活动更趋保守和理性。二是保护主义抬头,发达经济体加速"去风险"和"脱钩",全球经济碎片化正在加剧,全球贸易面临不断增多的贸易限制措施。三是供需错配,一方面普通消费供过于求,另一方面有潜力的消费供不应求，这意味着要在提升商品服务品质的同时合理控制甚至压缩成本，才能在激烈的市场竞争中吸引消费者。

（二）行业发展预测

从消费来看，一系列恢复和扩大消费的政策举措持续显效，国内需求恢复好于国外需求，投资需求稳定增长，消费需求特别是服务消费需求快速释放。线下消费场景有序恢复，系列调整优化政策将有利于释放购房需求，消费需求回归常态化增长，新兴消费、服务消费和升级类消费将保持快速增长势头。与此同时，我国经济回升向好的基础还有待夯实，内生动力还有待增强，社会预期还有待改善，一些企业经营困难，房地产、地方债、金融等重点领域风险隐患仍然较多，中低收入群体收入预期不稳，消费潜力的释放将受到一定制约。2024 年春节假期，居民探亲、出行意愿强烈，文旅消费需求井喷，根据文化和旅游部和国家电影局的数据，出游人次和出游总花费、电影票房和观影人次等多项指标创历史新高。2024 年 3 月，国家统计局制造业采购经理指数（PMI）显示，企业对春节后市场发展信心有所增强，非制造业商务活动指数扩张加快，服务业景气回升，受春节假日等因素带动，与节日出行和消费密切相关的行业生产经营较为活跃，多数服务业企业对市场发展继续看好，企业生产经营活动总体继续扩张。从广州情况来看，2024 年春节消费与新玩法、新体验相结合，持续激发消费新动能。根据商务部商贸系统对广州 45 家重点零售企业的监测，商品类消费不断增长，饮料、烟酒等基础类商品同比分别增长 37.8%、47.5%；出行类消费火热，石油类中石油广东广州、汽车类广物汽贸同比增速超过 10%；餐饮类消费持续旺盛，春节期间天河路商圈人流量约 1261.78 万人次，北京路步行街总客流 322.6 万人次，长隆—万博商圈客流量累计超 180 万人次。① 商务部门对广州企业摸查情况如下。一方面，受消费政策刺激带动，汽车零售向好，石油及制品

① 《迎新春年味浓 广州消费市场迎来"开门红"》，广州市人民政府网站，2024 年 2 月 20 日，https://www.gz.gov.cn/xw/zwlb/bmdt/sswj16/content/post_ 9496012.html。

消费有望增长，医药消费增速较高。另一方面，金属材料拉动效应减弱，可能拖累批发业销售额增长；煤炭类消费预期较差，市场行情、国资调控、企业控制风险关停业务等因素叠加，煤炭类销售可能会有较大降幅；百货、商超、便利店冷热不均，电商增长放缓甚至有所下降。综合考虑有利因素和不利因素，全年广州社会消费品零售总额等消费运行指标预计可保持较快增长。

从交通运输来看，与生活相关的交通需求明显好于与生产相关的交通需求，居民探亲、出行意愿强烈，客流大幅增加，2024 年春节期间，广州地区到发旅客同比增长 47.8%，已基本恢复到 2019 年同期水平；目的地为广州的整体旅游消费（含酒店民宿、景点门票、交通等）提前预订量较上年增长约 10 倍。广州作为国际综合交通枢纽，服务业占比超七成，人流客流等"流量"的恢复，对经济企稳回升将形成有力支撑。总体来看，随着国际航线恢复，旅游行业需求快速增长，客运量持续较快增长，货运保持与生产运输需求同步，预计全年交通运输行业有望保持快速增长。

从外贸来看，世界经济复苏仍然面临较大压力，国际环境、国际关系不确定性进一步加深，全球贸易投资增长仍然承压，总体趋紧的大环境没有改变，国际需求收缩压力仍然存在。全球产业链、供应链加速重构，外贸企业面临订单转移和产能转移的双重挑战。欧盟"碳关税"生效、启动对华新能源汽车反补贴调查等使得外贸出口压力依旧不减。2024 年，随着一揽子稳增长政策效能逐步释放，国内市场内生动力将逐步恢复，国内进口需求有望增加；共建"一带一路"国家合作共赢促进对外贸易多元化发展，对外贸产生一定支撑作用。跨境电商保持高速增长，在跨境电商的带动下，一般贸易进出口、加工贸易进出口有望保持较快增长。综合各方因素，预计外贸总体形势仍不容乐观，全年广州外贸很可能低位运行。

三 广州商贸流通业发展建议

（一）充分激发消费潜能

激发展会消费流、资金流，加快培育内外贸一体化试点企业，挖掘专业市场的流量，发挥服装、美妆等千亿元级产业流量带动效应，将"流量"转换为"能量"。加快推进 SKP、太古里、万象城等高端商业综合体建设，打造集国际消费目的地和标志性城市景观于一体的世界级消费地标。积极推进街区改造提升，充分发挥北京路、上下九步行街等特色街区作用，形成文商旅共振的国际化商业街区矩阵。运用新兴商业元素，推动"传统商业+场景融合"，突出数字化赋能，积极推广直播电商、新零售、智慧商圈等数字消费模式，做强"首店经济""首发经济"，支持高能级品牌和轻奢潮牌首店、旗舰店、概念店入驻。坚持"政府支持、企业让利"，深入推进新一轮消费品以旧换新，大力推动汽车、家电产品以旧换新和家具家装换新。以争创国家文旅消费示范城市为契机，推出"电竞+美食""电竞+酒店""电竞+数字艺术"等消费场景。发展新型消费，培育"国潮"消费，壮大"老字号"，推出广州十大消费 IP，打造都会级"羊城夜市"先行区。持续开展国际购物节、国际美食节、直播电商节等品牌活动。建立大宗商品供应链联盟，促进大宗商品供应链跨行业融合、纵深发展，推动石油类企业强化市内合作、加大外采力度，促进石油、金属、化工、煤炭、医药等重点品类消费。

（二）提升城市交通枢纽能级

大力推进交通基础设施项目建设，积极推进城市轨道交通项目、国铁项目、城际铁路建设，推进南中高速、增天高速等高速公路项目建设。提升国际航空枢纽能级，大力拓展航线网络，争取试点前置安检、托运人信任制及锂电池货物航空托运等政策，强化机场货运枢纽功能，高标准推进广州临空经济示范区建设。增强国际航运枢纽功能，积极开拓远洋航线，提升港口综合通过能力，提升腹地航运服务能力。高水平规划建设广州临港经济区，大力发展港口物流、航运金融等现代航运服务业，加快构建现代化临港产业体系。积极争取广州东部公铁联运枢纽获批生产服务型国家物流枢纽。优化铁路枢纽布局，拓展高铁通道，增强"高铁进城"能力。围绕广州南站、白云站、增城西站等重大铁路枢纽，打造集商贸会展、娱乐旅游、产业科创、

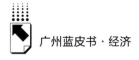

居住生态于一体的站城融合综合发展区。建设全球领先的轨道交通网络。提速城际轨道建设,织密地铁网络,推动外围城区开通更多地铁线路,强化广州地铁与佛山、东莞等周边城市互联互通。继续推进综合货运枢纽补链、强链工作。加快多式联运枢纽建设,不断提升广州公、海、铁综合枢纽能力。积极开拓海铁联运货源,推动中欧班列发展。

(三)进一步扩大高水平对外开放

精准施策、重点突破,实现外贸规模稳、结构优、业态强。升级货物贸易,加大东南亚、中东、南美等市场开拓力度,深耕"一带一路"新市场,推广"外综服+"新模式,拓展中间品贸易,大力推动汽车出口,推进市场采购扩区拓品类,进一步探索跨境电商"广州模式",实施好《广州市进一步推动跨境电子商务高质量发展若干政策措施》,夯实跨境电商规模并继续向上跃进,打造全球跨境电商卖家服务中心、超级供应链中心、生态创新中心,支持 Shein、Temu 等平台企业做大做强,加速锻造百亿元级、千亿元级贸易领军企业。创新服务贸易,统筹用好用足开放政策,扎实开展全面深化服务贸易创新发展试点、服务业扩大开放综合试点,高标准建设国家级服务外包示范城市,建好国家数字服务出口基地,推动放宽专业服务、健康医疗等重点领域准入限制,争创国家服务贸易创新发展示范区,扩大与港澳地区的经贸合作。发展数字贸易,建设跨境电商国际枢纽城市,建强三大数字服务出口基地(天河中央商务区、广州开发区、琶洲人工智能与数字经济试验区),促进数字贸易产业"出海"。

(四)持续优化营商环境

深化国家营商环境创新试点城市建设,聚焦营商环境最优城市目标定位,对标世界银行营商环境新评估体系,围绕市场主体关切,全面提升服务企业、服务项目、服务招商的专业水平,从融资支持、政策创新、要素保障、员工落户、子女教育等诸多方面主动靠前服务,做好引商、安商、稳商工作。探索全生命周期、全天候、全市域的政务服务新生态,推动惠企政策

"免申即享""即申即享",更好服务企业降本增效、赋能发展。打造一批更具标志性、更有获得感的战略性、创造性、引领性改革品牌,加快构建以对外开放机制、要素市场化配置机制、投融资机制等为核心的制度创新框架。全力提振民营经济和外企发展信心。积极稳定民营企业预期,建立健全支持民营企业发展的长效机制,完善企业专项培育计划和梯度培育体系,深入推进"中小企业能办大事"创新示范区、民营科技园等建设,打造民营企业高质量发展集聚平台。持续稳定外企预期,加强知识产权保护等制度建设。推进全国社会信用体系建设和示范城市创建,完善政府守诺、社会监督、失信问责的长效机制,擦亮信用广州品牌。

参考文献

《2024年广州市政府工作报告》,广州市人民政府网站,2024年1月26日,https://www.gz.gov.cn/zwgk/zjgb/zfgzbg/content/post_9462719.html。

许世英、李静:《数字化转型对商贸流通业高质量发展的影响研究》,《商业经济研究》2023年第24期。

中国商业联合会专家工作委员会:《2024年中国商业十大热点评述报告》,《中国商论》2024年第3期。

B.4
2023年广州房地产市场发展情况及2024年展望

欧江波　范宝珠　陈璐*

摘　要： 2023年，在调控政策显著放松的利好带动下，广州房地产市场景气度出现回升，土地市场有所回暖，一手房、二手房市场表现分化，房地产开发投资继续负增长。展望2024年，在调控政策持续优化的带动下，预计市场有望逐渐恢复，成交量或将略有增长。本文建议从落实促进房地产稳定发展的系列政策、努力促进市场销售、加快推进城市更新、积极做好住房保障工作等方面促进市场平稳健康发展。

关键词： 房地产市场　调控政策　广州

一　2023年广州房地产市场总体情况

（一）2023年房地产调控政策显著放松

2023年，中央多次强调房地产是国民经济支柱产业，明确提出我国房地产市场供求关系发生重大变化，通过建立首套住房贷款利率政策动态调整机制、持续下调房贷利率等措施更好满足居民刚性和改善性住房需求，提出

---

* 欧江波，博士，广州市社会科学院经济研究所所长、研究员，研究方向为宏观经济、城市经济、房地产经济等；范宝珠，广州市社会科学院经济研究所副研究员，研究方向为城市经济、房地产经济；陈璐，博士，广州市社会科学院经济研究所助理研究员，研究方向为金融经济、房地产经济。

"三个不低于""一视同仁"等房企纾困措施，压实地方政府责任，保交楼、保民生、保稳定，构建房地产发展新模式。根据克而瑞研究中心监测，2023年共有超273个省、市（县）出台房地产调控政策600多次，地方"四限"松绑主力军由三、四线城市转为一、二线核心城市。

广州房地产调控政策持续优化。一方面，广州按照国家安排及相关规定调整房贷政策，2023年持续下调房贷利率，年末首套、二套房贷款利率分别降至4.10%和4.50%，8月推动落实首套住房"认房不认贷"，11月下调首套房住房公积金贷款最低首付比例至20%。另一方面，优化限购、容积率计算等政策，2023年4月底在全国首创推出"一手房带押过户"服务，有效降低企业经营和制度性交易成本；9月放开番禺、花都、黄埔3区和白云区北部4镇限购，非户籍居民家庭购房社保或个税年限从5年缩短为2年，越秀等9个区个人销售住房增值税征免年限从5年调整为2年；11月优化建筑工程容积率计算办法，积极推动高品质住宅建设。

（二）2023年广州房地产市场景气度出现回升

土地市场有所回暖。2023年共挂牌出让居住用地63宗，成功出让43宗，溢价成交16宗（其中11宗需要摇号、1宗溢价率达到58.7%），溢价用地占比为37.2%，比上年高18.6个百分点。不过，市场分化明显，中心区和近郊区的优质地块受到房企追捧，增城、从化等远郊区地块以底价成交甚至流拍，拿地企业以央企和地方国企为主。

房地产市场呈现"一手弱、二手强"的态势。2023年，一手房市场供求均有所下降，全年批准预售面积（以下简称"预售面积"）为852.96万平方米，比上年下降22.5%，网上签约面积（以下简称"签约面积"）为1129.14万平方米，比上年下降2.9%，二手房交易登记面积（以下简称"登记面积"）为932.13万平方米，比上年增长30.2%。从物业类型看，住宅和商服物业市场均呈现"二手好于一手"的情况，全年一手住宅和一手商服物业（写字楼和商铺）成交面积比上年分别下降3.7%和12.3%，二手住宅和二手商服物业成交面积比上年分别增长30.5%和34.2%。

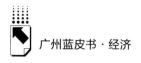

房地产开发投资连续两年负增长。受房地产市场下行、施工面积下滑、新开工面积大幅减少等因素影响，2023年广州房地产开发完成投资3134.40亿元，比上年下降8.7%，降幅较上年（-5.4%）扩大3.3个百分点；房地产开发投资占全市投资总量的比重为36.4%，占比较上年低4.9个百分点。全年商品房新开工面积为1127.16万平方米，比上年下降16.6%，其中住宅新开工面积为609.28万平方米，比上年下降25.8%，开工量分别仅为2018~2022年平均水平的55.6%和50.4%。

二 2023年广州一手住宅市场情况

（一）一手住宅市场供求出现不同程度下降

2023年，广州一手住宅预售面积为750.23万平方米，签约面积为840.34万平方米，分别比上年下降20.0%和3.7%。市场价格出现下行。2023年各月广州新建商品住宅销售价格同比持续负增长且降幅有所扩大，12月同比降幅达到3.0%，比1月（-0.3%）扩大2.7个百分点（见图1）。

（二）全年市场成交呈现"前高、中低、后稳"走势

从成交量看，2023年第一季度在前期积压的购房需求集中释放的带动下出现"小阳春"行情，其中3月一手住宅成交量突破100万平方米。受宏观经济复苏趋缓、人民币汇率走低、房企债务风险持续发酵、房价下降预期增强等因素影响，买家入市信心有所动摇，4月开始市场走弱，5~8月成交量逐月下降，其中8月成交量降至49.05万平方米的全年最低位。随着房地产调控政策持续优化，市场热度有所回升，9月、10月在"认房不认贷"政策落地、黄埔和番禺等区取消限购等利好带动下成交量分别回升至57.46万平方米和82.15万平方米，11月、12月宽松政策的拉动作用有所弱化，成交量有所回落（见图2）。从价格走势看，2023年2~5月价格有所上升，各月新建商品住宅销售价格环比涨幅为0.1%~0.3%；6月开始价格持续下

跌，且降幅有所扩大，12月环比降幅达到1.0%，比6月（-0.1%）扩大0.9个百分点（见图1）。

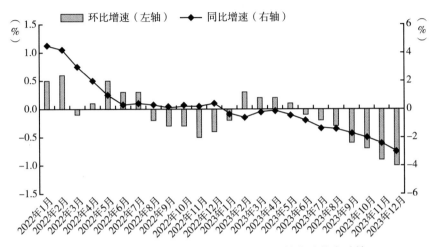

图1 2022~2023年各月广州新建商品住宅销售价格变动情况

资料来源：国家统计局。

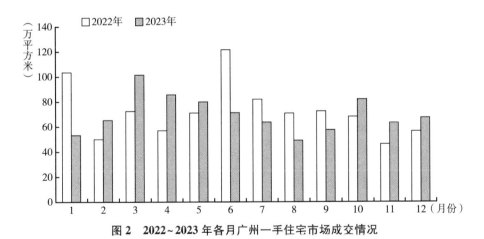

图2 2022~2023年各月广州一手住宅市场成交情况

资料来源：广州市住房和城乡建设局，下同。

（三）中心五区市场表现好于外围四区和从增二区

2023年，中心五区一手住宅供求均实现正增长，预售面积为255.27万平方米，比上年增长 8.0%，其中白云、荔湾和天河预售面积均为 70 万平方米左右；签约面积为 209.62 万平方米，比上年增长 11.0%，其中天河、海珠、荔湾和白云成交量出现不同程度增长。2023 年，外围四区供求出现分化，一手住宅预售面积为 364.35 万平方米，比上年大幅下降 27.5%，其中黄埔和南沙供应量降幅较大；签约面积为 430.47 万平方米，比上年增长 3.1%，其中花都和南沙成交量增长较快。2023 年，从增二区供求大幅减少，一手住宅预售面积为 130.61 万平方米，签约面积为 200.26 万平方米，分别比上年下降 34.2%和 24.6%（见图 3）。

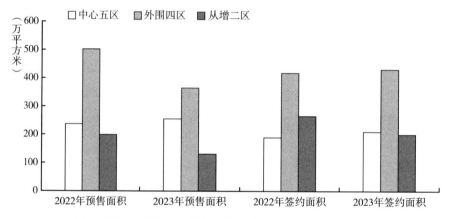

图 3 2022~2023 年广州市不同区域一手住宅市场供求情况

注：中心五区为越秀、海珠、荔湾、天河和白云，外围四区为黄埔、花都、番禺和南沙，从增二区为从化和增城，下同。

（四）市场库存量有所减少

2023 年末，广州一手住宅可售面积为 1164.95 万平方米，同比下降 8.3%；去库存周期为 16.6 个月，较上年末（17.5 个月）有所缩短。从各区域情况看，受新增供应量增加等因素影响，2023 年末，中心五区一手住宅可售面积达到 302.34 万平方米，同比大幅增长 22.2%，去库存周期延长至 17.3 个月；外围四区可售面积为 570.61 万平方米，受新增供应减少影响同比下降 16.2%，去库存周期缩短至 15.9 个月；从增二区可售面积为

292.00 万平方米，同比下降 14.5%，但受市场成交低迷影响，去库存周期延长至 17.5 个月（见图 4）。

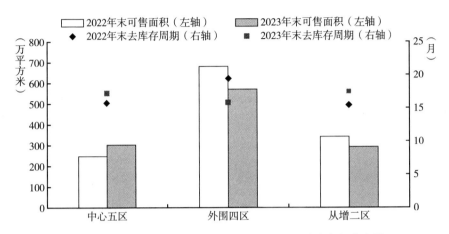

图4 2022年末、2023年末广州市不同区域一手住宅市场库存情况

注：去库存周期＝年末可售面积/当年月均成交面积。

（五）热销项目情况

从成交量看，2023 年广州销售面积前 10 位的房地产项目合计成交 102.70 万平方米，占全市总量的 12.2%，主要位于黄埔区（3 个）、番禺区（2 个）和增城区（2 个）。其中，销售面积超 10 万平方米的项目有 3 个，分别是番禺区的越秀·和樾府，成交面积为 15.2 万平方米；海珠区的琶洲南·TOD，成交面积为 13.0 万平方米；黄埔区的万科黄埔新城，成交面积为 11.8 万平方米（见表 1）。

表1 2023年广州销售面积排名前10的房地产项目情况

单位：万平方米

排名	区域	所属板块	项目名称	成交量
1	番禺区	汉溪万博板块	越秀·和樾府	15.2
2	海珠区	琶洲板块	琶洲南·TOD	13.0
3	黄埔区	区府板块	万科黄埔新城	11.8
4	黄埔区	区府板块	万科城市之光	9.9

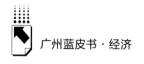

排名	区域	所属板块	项目名称	成交量
5	番禺区	石基板块	亚运城	9.6
6	天河区	东圃板块	珠江花城	9.5
7	增城区	荔湖板块	国贸学原	8.7
8	黄埔区	区府板块	富颐华庭	8.4
9	白云区	白云湖板块	品实·云湖花城	8.4
10	增城区	新塘板块	金茂万科都会四季	8.2

资料来源：中指研究院。

三 2023年广州二手住宅市场情况

（一）二手住宅市场成交量升价跌

2023 年，广州二手住宅登记面积为 831.05 万平方米，比上年增长 30.5%，成交情况明显好于一手住宅。二手住宅成交量占全市住宅成交总量的 49.7%，比重较上年（42.2%）提高 7.5 个百分点。成交量增长较快的原因有四个：一是调控政策总体宽松，房贷利率持续下行，2023 年 8 月末"认房不认贷"落地，9 月黄埔、番禺等区取消限购以及非广州户籍购房社保或个税要求从 5 年降至 2 年；二是受部分房企爆雷等因素影响，一手住宅不确定性增加，二手住宅以现楼交付、区位条件较好、生活配套完善、价格水平相对较低等优点承接了部分市场刚性需求；三是二手住宅挂牌量持续增加，特别是增值税征免年限改为 2 年后，大量次新房源上市，购房者有更多的选择；四是业主信心普遍偏弱，议价空间加大，"以价换量"促进成交。市场价格出现下行，2023 年各月广州二手住宅销售价格同比持续负增长且降幅有所扩大，12 月降幅达到 5.2%，比 1 月（-0.5%）扩大 4.7 个百分点（见图5）。

（二）全年市场呈现"前高、中低、后稳"走势

从成交量看，在前期积压的购房需求集中释放的带动下，2023 年 1～4

月二手住宅成交量逐月增加，其中4月成交量达到89.47万平方米的全年最高水平。受宏观经济复苏趋缓、优质房源不足等因素影响，5月市场开始走弱，5~9月成交量逐月下降，其中9月成交量降至57.47万平方米，比4月下降35.8%。随着调控政策的持续优化，第四季度市场走出低谷，10月在"认房不认贷"等利好政策落地的带动下成交量略有回升，11月、12月在限购政策优化、业主议价空间加大、优质次新房源增多、学位房需求回升等带动下市场表现较好，成交量均超过80万平方米（见图6）。从价格走势看，2023年初市场价格有所上升，2~4月二手住宅销售价格指数环比涨幅在0.2%~0.5%；5月开始价格持续下跌，且降幅有所扩大，12月环比降幅达到1.5%，比5月（-0.2%）扩大1.3个百分点（见图5）。

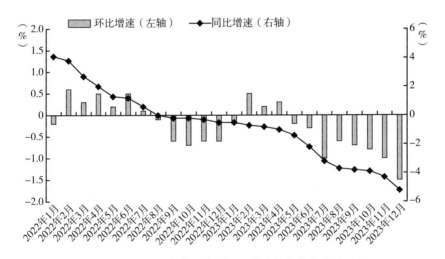

图5 2022~2023年各月广州二手住宅销售价格变动情况

资料来源：国家统计局。

（三）各区域市场成交量均实现大幅增长

2023年，中心五区登记面积为367.39万平方米，比上年增长25.9%，其中荔湾增幅超过30.0%、海珠和越秀增幅超过25.0%。外围四区登记面积为316.20万平方米，比上年增长36.8%，其中黄埔增幅超过65.0%、南沙增幅

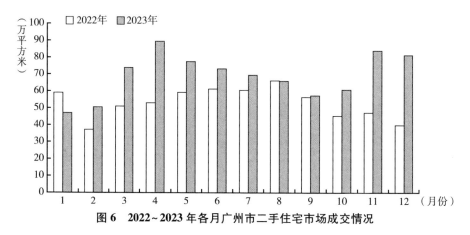

图6 2022~2023年各月广州市二手住宅市场成交情况

超过40.0%。从增二区登记面积为147.46万平方米，比上年增长29.2%，其中增城增幅超过30.0%（见图7）。

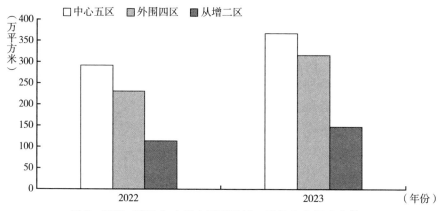

图7 2022~2023年广州市不同区域二手住宅市场成交情况

四 2024年广州房地产发展环境分析与市场展望

（一）2024年广州房地产发展环境分析

1. 宏观经济

2023年，广州经济运行平稳向好，全年地区生产总值突破3万亿元，比上年增长 4.6%。展望 2024 年，在宏观政策维持宽松、"二次创业"再出发的背景下，广州经济有望保持向好态势，《2024 年广州市政府工作报告》提出 2024 年经济增速不低于 5%的目标。不过，广州经济发展仍面临不少困难和挑战，如全球经济增长放缓且不均衡，我国处于新旧动能转换关口期、外部环境深刻变化调适期叠加阶段，广州发展面临经济韧性不够强、产业转型升级的结构性问题依然突出、创新能力亟待增强等问题。

2. 房地产调控政策

中央要求促进房地产市场平稳健康发展。2024 年国务院《政府工作报告》提出"优化房地产政策""促进房地产市场平稳健康发展"。全国住房和城乡建设工作会议明确"稳定房地产市场，坚持因城施策、一城一策、精准施策""稳妥处置房企风险，重拳整治房地产市场秩序"。预计 2024 年房地产政策将以化解行业风险为首要任务，确保市场平稳健康发展，同时加快构建房地产发展新模式。

供应端切实满足房地产企业合理融资需求。2024 年国务院《政府工作报告》强调"对不同所有制房地产企业合理融资需求要一视同仁给予支持"。2023 年下半年以来，支持房地产企业融资的利好政策频出。2023 年 7 月央行、金融监管总局发布通知延长"金融 16 条"适用期限，8 月证监会明确上市房企再融资不受破发、破净、亏损限制，10 月中央金融工作会议强调"一视同仁"满足各类房地产企业合理融资需求，11 月央行、金融监管总局、证监会提出"三个不低于"；2024 年 1 月住房和城乡建设部、金融监管总局提出建立城市房地产融资协调机制。广州市于 2024 年 2 月和 3 月分别发布了两批房地产融资协调机制项目清单，包括万汇天地等 163 个项目，涉及广州市溪楹房地产有限公司等房地产开发企业。预计 2024 年对供给端的金融支持政策将进一步落实落细，着力改善房地产企业资产负债状况，力促行业向新发展模式过渡。

需求端精准施策支持刚性和改善性住房需求。2024 年 1 月，住房和城乡建设部提出"充分赋予城市房地产调控自主权，各城市可以因地制宜调整房地产政策"。2024 年 2 月，央行下调五年期以上贷款市场报价利率（LPR）25 个基点至 3.95%，房贷利率接近历史最低点。《2024 年广州市政府工作报告》提出"推进房地产优化措施落地见效，更好支持刚性和改善性住房需求"。2024 年 1 月，广州进一步调整限购政策，120 平方米以上住房不纳入限购范围、优化住房套数认定标准，支持"租一买一""卖一买一"。预计 2024 年需求端的支持政策将进一步优化，通过降低购房成本、下调住房交易税费、提高住房品质等方式促进购房需求释放。

加快推进"三大工程"建设。2024 年央行工作会议提出抓好"金融 16条"、推动落实金融支持"三大工程"等各项政策。《2024 年广州市政府工作报告》提出加快推进"三大工程"，建立健全租购并举的住房保障体系，加快保障性住房规划建设。预计 2024 年，广州将出台更多"三大工程"建设支持政策，以"三大工程"建设为重要抓手，推动构建房地产发展新模式。

3. 市场预期

市场预期有望逐渐趋好。2023 年，广州经济恢复不如预期，房地产复苏进程受阻，房企爆雷频发，3 月"小阳春"后市场热度急速回落，住宅市场成交量出现下降，市场价格不断下行且降幅有所扩大，悲观情绪持续发酵。不过，积极变化正在发生：一是整体经济回升向好，工业生产逐步好转，消费文旅市场持续活跃；二是市场不确定性正在减弱，城市房地产融资协调机制加快建立，"保交楼"工作取得一定成效，项目复工和建设交付有序进行；三是二手住宅市场活跃度提升，2023 年成交量增长 30.5%，10 月以来二手住宅签约量基本保持在 1 万套左右的较高水平。预计 2024 年以上因素将持续发挥作用，市场预期有望逐渐趋好。

（二）2024 年广州房地产市场展望

2024 年市场整体供应量仍较充足。目前市场库存量保持高位，2023 年末，广州一手住宅可售面积为 1164.95 万平方米，是 2018~2022 年末平均水平的 1.17 倍，去库存周期为 16.6 个月。不过，受近两年居住用地成交量大幅下降、市场销售恢复缓慢、房企放缓项目开发进度等因素影响，2023年广州住宅新开工面积下降25.8%，预计2024年市场新增供应量大概率保持低位。

2024年市场成交有望逐步回升。一方面，广州作为粤港澳大湾区发展核心引擎、国家重要中心城市，2023年经济总量超3万亿元，拥有实有人口超2300万人，住房刚性需求长期存在；另一方面，受多孩家庭增加、收入水平提高等因素影响，人们对居住空间和住房品质的要求逐步提高，随着广州住房限购政策的优化和容积率新政的实施，未来多样化的住房改善性需求有望持续释放。随着广州房地产调控政策的持续优化以及宏观经济环境的逐步好转，购房者首付门槛和月供压力有所降低，本地居民、新广州人等符合资格的购房人群数量将有所增加，刚需性和改善性需求有望被激活，买家入市积极性有望提高，未来市场将逐步复苏，2024年成交量或将略有增长，区域分化、产品分化的情况将延续。不过，市场复苏仍面临不少挑战，如房地产市场供求关系发生重大变化、新增供应量减少、居民预期偏弱、外围区域去化难度较大等。

五　促进广州房地产市场平稳健康发展的对策建议

（一）落实促进房地产稳定发展的系列政策

建立健全房地产融资协调机制，精准支持房地产项目合理融资需求，继续出台可以给予融资支持的房地产项目"白名单"，加快建立房企贷款审批绿色通道，积极推动房企和金融机构精准对接，切实做好相关贷款发放和监管工作。加快落实已出台的"920""127"等宽松政策，进一步明确相关操作细则和指引，做好政策宣传和落实工作。持续优化房地产调控政策，如探索下调房贷利率和首付比例、优化房贷相关的住房套数认定标准、提高住房公积金贷款额度、给予一定比例或额度的购房契税补贴等，通过降低购房成本激活市场需求。

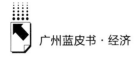

（二）努力促进市场销售

进一步做好楼市促销工作，充分利用限购等行政管制政策持续优化、宏观经济回升向好、市场氛围有所好转等有利时机，积极举办"羊城购房节"、区域楼盘推介会等系列促销活动，努力活跃市场氛围，鼓励房企通过提高购房折扣等方式吸引买家入市，促进市场销售。加强对房地产市场的正面舆论引导，积极发挥官方媒体作用，通过政策解读、专家观点等形式，为大众提供真实、准确、客观的房地产市场信息，合理引导市场预期，做好自媒体管控工作，规范房地产开发商及中介机构行为，消除各类不合理的唱衰楼市声音，着力增强市场信心。

（三）加快推进城市更新

持续完善城中村改造政策体系，推动出台城中村改造条例，科学合理编制城中村改造中长期建设计划和年度计划，做好城市更新释放的住宅和商服物业供给监测和有序上市工作。深入实施"依法征收、净地出让"新模式，加快推进广州新中轴（海珠）等四大片区改造。坚持"拆、治、兴"并举、"留、改、拆"并进，有序推进149个城中村改造项目建设，积极推动"房票"安置工作，探索实施"旧村用地-集体留用地-政府储备用地"联动改造开发，推动改造区域高质量发展。拓宽改造融资渠道，积极争取国家融资优惠政策，充分利用中央预算内资金、政策性开发性金融工具等政府资金，探索成立城中村改造发展基金。有序推进老旧小区成片连片高质量品质提升，加大城镇危旧房屋改造，完善配套设施，改善群众居住条件。

（四）积极做好住房保障工作

建立健全购租并举的住房保障体系，加快保障性住房规划建设，努力解决城市户籍人口和引进人才住房困难问题。按照"以需定建"的原则合理确定保障性住房筹集和建设规模，支持多主体、多渠道筹集建设保障性住房，加大城中村改造和筹建保障性住房的力度，探索回购外围区域已竣工的商品住房，用于保障性住房储备。积极探索社会资金参与政策性住房筹建，推进保障性租赁住房 REITs 试点工作，研究设立保障性租赁住房 REITs 孵化基金，积极吸引社会资本参与保障性租赁住房建设。做好各类保障性住房建设及分配管理工作，加强资格审核，强化供后监管，完善退出机制。

参考文献

《2024 年广州市政府工作报告》，广州市人民政府网站，2024 年 1 月 26 日，https：//www. gz. gov. cn/zwgk/zjgb/zfgzbg/content/post_9462719. html。

《广州市住房和城乡建设局 2023 年工作总结和 2024 年工作计划》，广州市住房和城乡建设局网站，2024 年 1 月 19 日，http：//zfcj. gz. gov. cn/zwgk/xxgkml/qt/ghjh/content/post_9448866. html。

《2023 年广州房地产市场总结报告》，中指云网站，2024 年 1 月 25 日，https：//www. cih-index. com/report/detail/67665. html。

任荣荣、路雅文：《当前我国房地产市场形势、走势及对策研究》，《中国物价》2024 年第 1 期。

B.5
2023年广州人力资源市场发展情况
及2024年展望

广州市人力资源市场供求信息调查评估小组*

摘　要： 2023年，广州市人力资源市场服务中心对广州人力资源市场供需现状、重点行业用工需求、重点人力资源服务机构监测信息进行了多维供求调查统计分析，认为广州人力资源市场供需特征和行业用工向好的常态化恢复态势明显，劳动力供需总量均衡稳步上扬，供需双方对人力资源市场运行前景信心明显恢复，劳动力供给质量与产业用工结构持续优化。展望2024年，广州将持续以人力资源市场高质量发展为首要任务，以进促稳，常态化稳定提振人力资源市场发展信心，深化人力资源市场数字化服务改革，用更高效、更精准的才智支撑助推广州高质量发展迈上新台阶。

关键词： 人力资源市场　供需总量　广州

2023年是全面贯彻党的二十大精神的开局之年，是经济恢复发展的

---

* 课题组组长：谌新民，博士，华南师范大学人力资源研究中心主任、博士研究生导师、二级教授，研究方向为人力资源管理、劳动经济；李汉章，广州市人力资源市场服务中心主任，研究方向为人力资源管理。课题组成员：汪志红，博士，广东金融学院教授，研究方向为经济统计；辛晓宁，广州市人力资源市场服务中心副主任，研究方向为人力资源管理；冯颖晖，广州市人力资源市场服务中心部长，研究方向为人力资源管理；李世超，广州市人力资源市场服务中心九级职员，研究方向为人力资源管理；林小瑄，广州市人力资源市场服务中心见习人员，研究方向为人力资源管理；周蕾，华南师范大学经济与管理学院硕士研究生。执笔人：汪志红、李世超。

一年。广州坚持稳中求进工作总基调，全力以赴推动稳增长政策发力见效，在动能转换中推动高质量发展迈出新步伐，稳就业效果持续显现。2023年，广州地区生产总值突破3万亿元，同比增长4.6%，城镇新增就业超过33万人。

一 2023年广州人力资源市场总量特征

（一）供需总量情况

2023年，广州人力资源市场劳动力供需总量回升，均衡向好稳步上扬，人力资源市场岗位竞争压力有增大趋势。

调查资料显示，1000家监测机构登记供需总量为1952.81万人次（见表1），其中，求职总量959.57万人次，需求总量993.24万人次，岗位空缺与求职人数比率为1.04。

表1 人力资源服务业机构登记供需情况

单位：万人次

项目	求职总量	需求总量	供需总量	岗位空缺与求职人数比
本期有效数（总计）	959.57	993.24	1952.81	1.04
其中:公共就业服务机构	31.51	109.36	140.87	3.47
经营性人力资源服务机构	928.06	883.88	1811.94	0.95

注：1. 本期数据统计限为2022年12月21日至2023年12月20日；2. 岗位空缺与求职人数比=需求总量/求职总量。

资料来源：课题组调查数据。

2023年登记供需总量较2022年增长4.35%。其中，求职总量较2022年增长5.58%，需求总量较2022年增长3.27%，供需总量同比呈现双升态势，人力资源市场基本处于常态化均衡向好的发展态势。

（二）市场供给情况

1.持证技能者供给和需求占比双降，以市场为导向的技能人才培养使用机制效能逐渐显现

在需求方面，2023 年对劳动者的技术等级或专业技术职称有明确要求的占比为 1.70%，占比相对于 2022 年微降 0.04 个百分点；在劳动力供给方面，具有技术等级或专业技术职称的劳动力占比为 3.20%，占比相对于 2022 年下降 1.80 个百分点（见图 1）。持证技能者供给和需求占比均有不同程度的下降，持证技能者供给下降幅度明显高于持证技能者需求下降幅度，二者占比差距缩小，持证求职者能够满足人力资源市场技能用工需求。

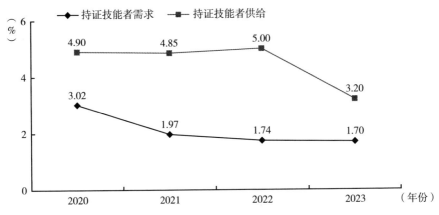

图 1　2020～2023 年广州持证技能者供需技能结构变化趋势

资料来源：课题组调查数据。

从 2020～2023 年广州持证技能者供需技能结构变化趋势来看，具有技术等级或专业技术职称的劳动力供给占比长期下降态势明显；劳动力市场的持证技能者需求占比三连降。随着以市场为导向的技能人才培养使用机制逐渐完善，市场在技能人才资源配置中的决定性作用得到充分发挥，广州持证技能者供需会逐渐达到常态化均衡。

2. 高学历求职者占比创新高，人力资源市场劳动力供给质量结构持续向高学历水平优化

从受教育程度看，2023年，求职者中初中及以下、高中、大专、大学本科、研究生及以上学历占比分别为37.91%、26.37%、20.72%、14.07%、0.93%。其中大专及以上学历占比为35.72%，比重相对于2021年和2022年分别提高10.33个百分点和5.40个百分点，与之相反，高中及以下学历占比为64.28%，比重相对于2021年和2022年分别下降10.33个百分点和5.40个百分点，呈现高学历求职者稳定增长的态势（见图2）。

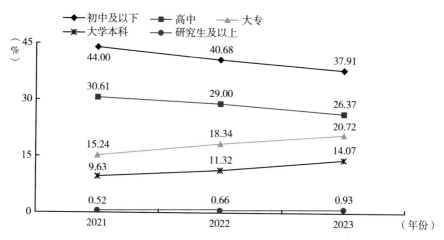

图2 2021~2023年广州劳动力供给的受教育程度结构变化趋势

注：由于统计口径的变化，为了具有可比性，此处未列出2021年前的统计结果。
资料来源：课题组调查数据。

从2021~2023年广州劳动力供给的受教育程度结构变化趋势来看，2023年大专及以上学历劳动力供给占比均有所增长，劳动力供给质量和就业优势进一步提升，体现"广聚英才计划"、"岭南英杰工程"人才政策、粤港澳大湾区个税优惠补贴政策、"人才绿卡"、"菁英计划"等一系列现行和接续人才政策在人才培养、人才引进和人才认定等方面的政策效应持续有效显著，为广州经济高质量发展提供厚基石、高塔尖的人力资源支撑。

3. 人力资源市场劳动力供给年龄结构呈年轻化发展态势，中年劳动力是人力资源市场劳动力供给主力

公共就业服务机构的数据显示，2023年16~24岁、25~34岁、35~44岁、45岁及以上的求职者占比分别为8.91%、30.63%、25.54%、34.92%。其中，35岁及以上求职者占比达60.46%，持续保持人力资源市场劳动力供给主体地位，比重与2021年和2022年相比分别下降6.50个百分点和5.44个百分点；34岁及以下的求职者占比为39.54%，比重与2021年和2022年相比分别提高6.50个百分点和5.44个百分点，人力资源市场年龄结构呈逐年年轻化的态势（见图3）。

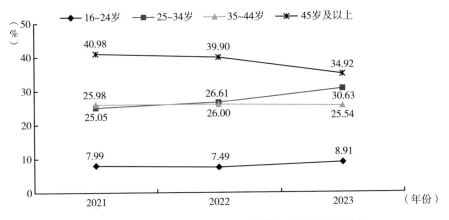

图3　2021~2023年广州劳动力供给的年龄结构变化趋势

资料来源：课题组调查数据。

从2021~2023年广州劳动力供给的年龄结构变化趋势来看，45岁及以上劳动力供给占比下降幅度较大，25~34岁的劳动力供给增长幅度较大，在一定程度上体现了广州强大的经济活力、丰富的文化和生活品质、开放的人才政策以及创新的创业氛围对新生代年轻劳动力的吸引力呈持续上升态势。

4. 劳动力供给男女性别占比波动小，多年持续均衡发展

公共就业服务机构的登记求职数据显示，2023年男性劳动力供给占比为46.55%，较2022年微降0.72个百分点，较2021年微增0.26个百分点；

女性劳动力供给占比为53.45%，较2022年微升0.72个百分点，较2021年微降0.26个百分点，多年处于常态化微小幅度波动状态（见图4）。

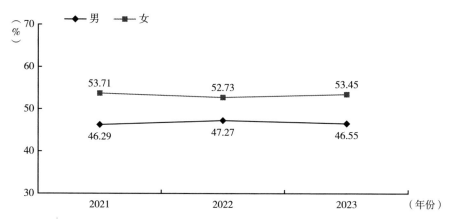

图4 2021~2023年广州劳动力供给的性别结构变化趋势

注：由于统计口径的变化，为了具有可比性，此处未列出2021年前的统计结果。

资料来源：课题组调查数据。

从2021~2023年广州劳动力供给的性别结构变化趋势来看，女性劳动力供给占比持续高于男性劳动力供给占比，其性别占比差距在8.00%的波动幅度内，男、女劳动力供给性别结构比较均衡，女性就业意愿较强，但就业难度相对较高。

（三）市场需求情况

1. 三次产业用工需求情况

第三产业是人力资源市场用工主体，第二、第三产业用工需求占比差距逐年扩大，产业用工结构持续优化。

从产业用工需求所占比重看，2023年广州第一、第二、第三产业用工需求占比分别为0.29%、29.17%、70.54%。与2022年相比，第一、第二产业用工需求占比分别微降0.17个百分点和1.58个百分点，第三产业用工需求占比提高1.75个百分点（见图5）。产业用工需求结构保持1∶3∶6的优质状态，并呈现持续优化态势，体现广州产业结构转型升级、制造业立市等一系列重大产业战略部署成效显著，广州经济活力足，发展潜力大。

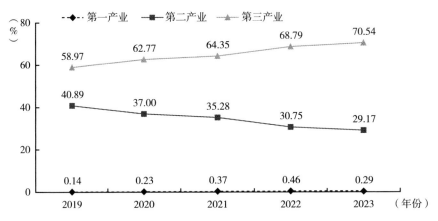

图5　2019～2023年广州三次产业用工需求结构变化趋势

资料来源：课题组调查数据。

从2019～2023年广州三次产业用工需求结构变化趋势来看，2019～2023年，第二产业用工需求占比四连降，第三产业用工需求占比四连升，第二、第三产业用工需求占比差距扩大，呈现"剪刀口"逐年扩大的发展趋势，第一产业用工需求占比波动平稳，产业用工结构持续优化。这种发展态势在一定程度上体现了产业结构转型升级和数产融合度提升等多因素持续推动广州第二产业用工需求向集约、高效态势发展，作为"绿色引擎"崛起的现代服务业助推第三产业的劳动力吸纳能力不断增强。

2.重点行业用工需求情况

从2022年起，广州市人力资源市场服务中心开始对部分重点行业进行季度跟踪监测，通过监测分析结果更好推动公共就业服务工作。

（1）制造业用工需求分析

制造业用工需求占比逐年下降，信息传输、软件和信息技术服务业与制造业深度融合，助推制造业向高端化转型，用工需求更集约、更高效。

从2019～2023年广州信息传输、软件和信息技术服务业及制造业用工需求变化趋势来看（见图6），2023年制造业用工需求占比为27.64%，与2022年相比下降1.58个百分点，与2019年相比下降12.11个百分点，2019~2023年制造业用工需求占比逐年下降。同时，与制造业智能化和数字化转型升级密切关联的信息传输、软件和信息技术服务业用工需求占比逐年上升，2023年用工需求占比为7.29%，占比相对2022年提高1.64个百分点，相对于2019年提高4.54个百分点。制造业以及信息传输、软件和信息技术服务业用工需求的逆向合拢变化趋势在一定程度上体现了《广州市推进制造业数字化转型若干政策措施》和《广州市进一步促进软件和信息技术服务业高质量发展的若干措施》等一系列措施持续释放效能，助推制造业与信息传输、软件和信息技术服务业融合度持续提升，制造业用工需求不断向高效化、集约化方向发展。

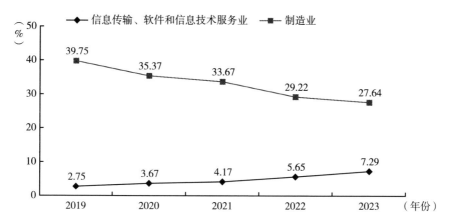

图6　2019~2023年广州信息传输、软件和信息技术服务业及制造业用工需求变化趋势

资料来源：课题组调查数据。

（2）交通运输、仓储和邮政业用工需求分析

交通运输、仓储和邮政业用工需求恢复态势强劲，基本回归常态化水平。

从2019~2023年广州交通运输、仓储和邮政业用工需求变化趋势来看，交通运输、仓储和邮政业用工需求对线下客流量依赖性较强，其用工需求在

2019~2022 年波动较大，2023 年用工需求恢复较为强劲。2023 年交通运输、仓储和邮政业用工需求占比为 3.94%，相比 2022 年提高 0.54 个百分点，相对于 2019 年提高 0.15 个百分点，基本恢复至用工需求常态化水平（见图 7）。

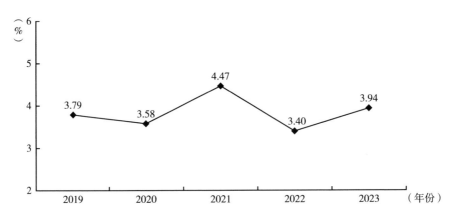

图 7　2019~2023 年广州交通运输、仓储和邮政业用工需求变化趋势

资料来源：课题组调查数据。

（3）住宿和餐饮业用工需求分析

住宿和餐饮业客流量强势回升，用工需求回升态势强劲，但与 2019 年用工需求相比仍有回升空间。

从 2019~2023 年广州住宿和餐饮业用工需求变化趋势来看，住宿和餐饮对线下客流量依赖性较强，其用工需求在 2019~2022 年呈现较大幅度的波动，2022 年用工需求占比为 4.85%，是监测以来的最低点，2023 年住宿和餐饮业客流量大幅增加，其用工需求强劲回升，用工需求占比为 6.13%，相对于 2022 年提高 1.28 个百分点，相对于 2020 年和 2021 年同期分别提高 0.70 个百分点、0.32 个百分点，相对于 2019 年同期下降 1.14 个百分点，距离 2019 年的用工需求高占比水平仍有一定的回升空间（见图 8）。

随着《广州市促进商务高质量发展专项资金居民服务业专题（住宿餐饮转型升级）》和《广州市加快推进商务领域居民生活服务业品质化发展的若干措施》等一系列现行和接续措施的落地、经济发展稳中求进的持续

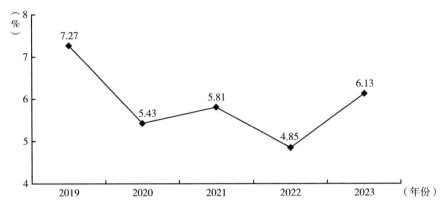

图8 2019～2023年广州住宿和餐饮业用工需求变化趋势

资料来源：课题组调查数据。

推进和消费市场预期进一步提升，住宿和餐饮业用工需求有望回升到常态化高水平。

（4）租赁和商务服务业用工需求分析

租赁和商务服务业用工需求增势韧性不改，用工需求逐年增加，增长幅度稍有放缓。从用工需求变化趋势来看，2019～2023年租赁和商务服务业用工需求呈逐年上涨态势，展现了长期持续的强韧性和发展活力。2023年该行业用工需求占比为15.58%，相对于2019年、2020年和2021年分别提高3.93个百分点、1.78个百分点和1.76个百分点，相对于2022年用工需求占比微升0.04个百分点，用工需求远超过2019年同期，但增长幅度稍有放缓（见图9）。

租赁和商务服务业用工需求强劲发展，一定程度上是该行业与广州"制造业立市"相互融合发展推动其向高附加值产业服务升级、向专业化和价值链高端延伸的高质量发展的外在体现，随着该融合发展的持续推进，租赁和商务服务业用工需求有望迈向新台阶。

3. 不同性质用人单位用工需求情况

（1）行业用工需求常态化波动稳定，服务业相关行业用工需求呈普增之势，制造业与信息传输、软件和信息技术服务业在更深程度和更高水平上

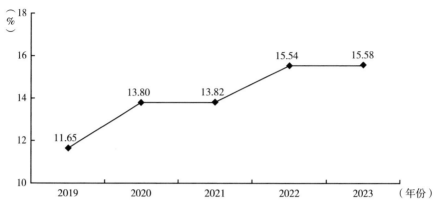

图9 2019~2023年广州租赁和商务服务业用工需求变化趋势

资料来源：课题组调查数据。

持续融合发展

公共就业服务机构行业用工需求统计显示，2023年行业用工需求占比居前五位的依次是制造业（27.64%）、租赁和商务服务业（15.58%）、科学研究和技术服务业（10.34%）、批发和零售业（8.29%）以及居民服务、修理和其他服务业（7.82%），五大行业用工需求合计占比近七成（69.67%）。

与2022年相比，2023年行业用工占比排名的轮换波动稳中有变，服务业相关行业用工需求呈现普增态势，租赁和商务服务业用工需求占比提高0.04个百分点，批发和零售业用工需求占比提高0.47个百分点，住宿和餐饮业用工需求占比提高1.28个百分点，交通运输、仓储和邮政业用工需求占比提高0.54个百分点，服务业相关行业用工需求基本全面恢复。2023年，用工需求高占比的制造业下降幅度较大，占比较2022年下降1.58个百分点，但与制造业高质量发展关联密切的信息传输、软件和信息技术服务业用工需求占比增加明显，占比同比提高1.64个百分点，制造业与信息传输、软件和信息技术服务业在更深程度和更高水平上持续融合特征明显。

值得关注的是，2023年金融业用工需求占比较2022年提高0.58个百分点，用工需求排名提升幅度较大，从2022年的第14位提升到2023年的第 10 位，体现了广州在着力推动金融"三中心、一标杆、一高地"[1] 建设中劳动力需求强度增加。

从 2019~2023 年广州行业用工占比变化趋势来看，各行业用工需求占比变化差异较大，制造业用工需求占比波动下降趋势明显，租赁和商务服务业用工需求以及信息传输、软件和信息技术服务用工需求占比均四连升，科学研究和技术服务业用工需求占比三连降，批发和零售业用工需求占比先降后升，经过 2023 年的稳步发展，各行业用工需求基本恢复到常态化水平。

（2）有限责任公司是人力资源市场劳动力吸纳主力，其他新业态用工需求增势强劲，外商和港、澳、台商投资企业用工需求恢复不明显

公共就业服务机构用人单位用工需求统计显示，2023 年用工单位用工需求占比居前五位的依次为有限责任公司（67.34%），港、澳、台商投资企业（6.12%），外商投资企业（6.04%），股份有限公司（5.46%）和其他（5.27%）。

与 2022 年相比，2023 年各用人单位用工需求占比波动变化幅度不大，但用工需求恢复态势差异较大。有限责任公司用工需求占比较 2022 年下降 1.43 个百分点，持续保持高占比，劳动力吸纳能力较强。与之相反，其他新业态用工需求占比较 2022 年提高 2.58 个百分点，比重明显提高，灵活用工等相对较为灵活的用工需求增长态势明显。同时，国有企业和私营企业用工需求恢复态势明显，用工需求占比较 2022 年分别提高 2.41 个百分点和 0.71 个百分点。受国际局势变化影响，外商投资企业和港、澳、台商投资企业用工需求占比虽然较大，但用工需求恢复态势不明显，2023 年外商投资企业和港、澳、台商投资企业用工需求占比较 2022 年分别下降 2.70 个百分点和 1.23 个百分点，外商投资企业和港、澳、台商投资企业用工需求复苏回暖较为缓慢。

从 2019~2023 年不同用人单位用工占比变化趋势来看，各用人单位用工需求占比变化差异较大，外商投资企业和港、澳、台商投资企业用工需求

---

[1] "三中心、一标杆、一高地"即高标准建设广州期货交易所，打造风险管理中心以及建设面向全球的财富管理中心、国际化金融资源配置中心；创建数字金融标杆城市；建设引领全国、影响全球的绿色金融创新发展高地。

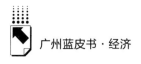

占比持续下降，国有企业用工需求表现出较强韧性，其他新业态用工需求增长迅猛，个体经营用工需求先升后降。

二 重点人力资源服务机构监测信息分析

为进一步了解广州人力资源市场供、需匹配特征的微观状况，从2022年第二季度开始，广州市人力资源市场服务中心开始对一些代表性较强的经营性人力资源服务机构进行季度跟踪调查。2023年第四季度，从企业经营情况、人力资源市场信心和匹配情况、企业与求职者培训供需匹配情况三个方面对10家代表性较强的重点经营性人力资源服务机构进行分析。

（一）企业经营情况分析

企业经营状况稳中向好，经营信心恢复态势初显。2023年第四季度，10家重点人力资源服务机构共服务调查企业3726家。将企业经营状况按照很差、差、中等、好和很好5个等级划分，跟踪调查结果显示，各等级占比分别为0.16%、0.62%、75.93%、13.07%和10.22%。其中，经营状况中等及以上的占比为99.22%，占比环比提高2.66个百分点，较2022年第四季度微增0.47个百分点，经营状况好及很好的占比为23.29%，占比环比提高4.75个百分点，同比下降9.84个百分点（见图10）。

综合来看，相比第三季度，2023年第四季度企业经营状况中等的高占比逐渐下降，企业经营状况好的低占比逐渐上升，企业经营状况明显改善，这在一定程度上体现了广州企业在前期较长时间的承压前行后，经营压力开始逐渐缓解，企业经营信心恢复态势开始显现。

（二）人力资源市场信心和匹配情况分析

劳动力供需双方对人力资源市场发展前景信心明显增强，求职者求职信心相较于企业招聘信心的回升强度更为显著。针对人力资源市场求职者求职

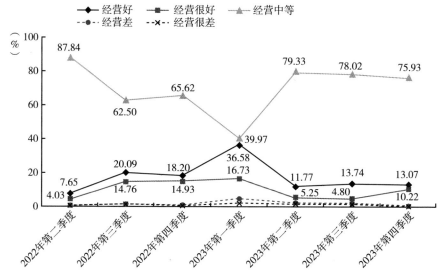

图10 2022年第二季度至2023年第四季度企业生产经营状态变化趋势

资料来源：课题组调查数据。

信心与企业招聘难易度的匹配特征，广州市人力资源市场服务中心分别按照5个等级对524584人次求职者和3727家企业进行了调查。调查数据显示，2023年第四季度，在求职者求职信心方面，"有信心"和"很有信心"的占比分别为78.61%、10.65%，两者合计为89.26%，占比环比、同比分别提高1.80个百分点和13.49个百分点，求职者求职信心有明显的回升态势，显著高于2022年第四季度同期求职者求职信心水平。在企业招聘难易度方面，"中等""容易"和"很容易"占比分别为75.69%、10.36%和4.32%，合计占90.37%，占比环比微降0.29个百分点，同比提高10.56个百分点，同时，"难""很难"合计占比为9.63%，占比环比提高0.29个百分点，同比下降10.56个百分点，企业招聘难易度与第三季度水平基本相当，但招聘难度远低于2022年同期水平（见表2）。

综合来看，2023年第四季度求职者和企业对广州人力资源市场信心较第三季度均有明显改善，求职者对人力资源市场信心恢复明显，求职者对人力资源市场发展前景信心提振效果显著，企业对人力资源市场发展前景有企稳回升态势，信心回升强度不及求职者信心回升强度，但求职者和企业对人力资源市场信心均显著高于 2022 年第四季度水平，体现了当前广州经济处于全面稳中求进过程中，企业经营承受的经济下行压力在逐渐缓解，人力资源市场活跃度和自主调节能力提升，劳动力求职信心和企业招聘信心开始逐渐恢复。

表 2　2022 年第四季度至 2023 年第四季度求职者求职信心与企业招聘难易度情况

单位：%

季度	求职信心					企业招聘难易度				
	很没信心	没信心	信心不足	有信心	很有信心	很难	难	中等	容易	很容易
2022 年第四季度	2.05	5.12	17.06	70.90	4.87	3.64	16.55	57.29	18.52	4.00
2023 年第一季度	0.67	5.02	24.94	63.65	5.72	6.35	14.15	49.49	21.89	8.12
2023 年第二季度	1.22	3.87	7.55	78.99	8.37	5.09	4.71	83.47	3.98	2.75
2023 年第三季度	1.15	3.47	7.92	78.96	8.50	4.33	5.01	82.89	5.55	2.22
2023 年第四季度	0.96	3.48	6.30	78.61	10.65	3.57	6.06	75.69	10.36	4.32

资料来源：课题组调查数据。

（三）企业与求职者培训供需匹配情况分析

企业新员工培训服务和求职者培训意愿保持常态化高匹配状态，劳动力供需双方的强培训意愿常态化保持。针对人力资源市场培训需求，广州市人力资源市场服务中心对 524585 人次求职者和 16929 人次新员工的培训需求进行了调查分析。调查结果显示，2023 年第四季度，在求职者方面，期望新员工培训的占比为 91.26%，占比同比提高 21.23 个百分点，环比下降 1.24 个百分点，期望直接上岗工作的占比为 8.74%，环比提高 1.24 个百分点，求职者培训意愿占比远高于 2022 年同期水平，环比处于常态化波动态势。在企业培训服务实施方面，有新员工培训的占比为 99.22%，占比环比微增 0.94 个百分点，同比提高 19.69 个百分点，企业新员工培训服务工作持续保持高占比水平（见图 11）。

综合来看，2023 年新员工培训意愿和企业新员工培训要求持续处于高占比状态，广州企业新员工培训服务意识和求职者培训意愿基本匹配，劳动力供需双方培训意愿处于较为稳定的常态化高占比状态。

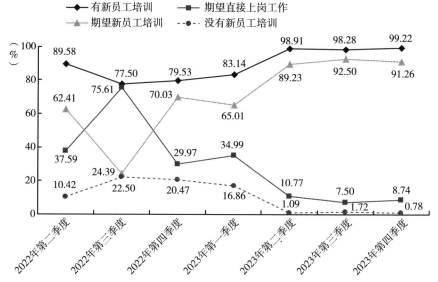

图 11 2022 年第二季度至 2023 年第四季度企业员工培训情况变化趋势

资料来源：课题组调查数据。

三 2024年广州就业形势展望与对策建议

展望 2024 年，一方面，顺应当前人力资源均衡向好发展态势，以人力资源市场持续高质量发展为首要任务，针对人力资源市场上不同监测特征固强补弱，夯实人力资源市场全面向好发展的基础，稳中求进、以进促稳、先

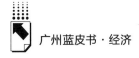

立后破，进一步提振人力资源市场发展信心，为广州经济高质量发展提供强有力的才智支撑。另一方面，进一步深化人力资源市场数字服务改革，以数据为核心驱动，夯实人力资源市场服务基础平台和公共支撑两大基础，构建更为畅通循环和智能集约的数据资源体系，基于数字技术持续改善提升广州人力资源市场服务效能，为广州人力资源服务高质量发展提供更高效和更精准的人力资源决策信息支持。

（一）保障人力资源市场供需双方信心提振的稳定性和持续性

从企业角度激发活力，扩大就业容量，加大劳动力需求市场主体稳岗扩岗支持力度，强化重大项目和重点企业用工支持，加强创业培训和创业孵化，发挥技能培训促进就业效应，强化多元就业形态培育；从劳动力角度拓宽渠道促进劳动力就业，鼓励企业吸纳劳动力就业和引导基层就业，支持劳动力到粤东、粤西、粤北地区就业；从人力资源市场服务角度强化帮扶兜牢民生底线并夯实基础提升服务效能，强化失业人员就业帮扶，保障困难群体基本生活，完善基层就业服务网络，以提升就业服务信息化水平，并加强业务协同数据共享。多市场、多主体、多方位和多策略保障提振广州人力资源市场信心的稳定性和持续性，为广州经济全面高质量发展提供可持续的人力资源保障。

（二）持续完善新业态用工需求的劳动权益保障机制

持续监测新业态企业用工需求发展态势的走向，根据发展特征持续完善和落实一系列措施，同时，持续关注越来越多的新业态就业群体的劳动权益保障，加大公共服务、社保补贴、税收优惠、职业培训、创业担保贷款和创业孵化等政策落实力度，使新业态企业就业人员更加自信，并能安心择业，推动新业态就业成为就业新常态。

（三）提升供求信息成果服务于人力资源公共服务机制的质量和效能

加速完善前期周期性人力资源市场供求信息调查报告研究成果发布机

制，提升其效用、数字化和智能化水平，形成广州市人力资源市场供求信息分析与预测系统，从宏观上搭建服务人力资源市场劳动力供需双方和人力资源服务部门的数字化平台，以数字化形式推动人力资源公共服务政策的精准落实，用高、精、准的人力资源供需信息逐步完善广州人力资源市场的公共服务机制，更加精准地促进人力资源宏观流动配置，提升供求信息成果服务于人力资源公共服务机制的质量和效能。

参考文献

广州年鉴编纂委员会编《广州年鉴》（2009~2023年）。

广州市人力资源市场服务中心：《广州市人力资源市场供求分析报告》（2009~2023年）。

产业经济篇

B.6
推进"工业上楼"助力广州实体经济
高质量发展的对策研究

广州市发展与改革研究中心博士后创新实践基地课题组*

摘　要：　"工业上楼"作为一种新型产业空间模式，具有促进土地集约
利用、降低企业成本、推动产业转型升级等优势。2019年，广州开始积极
推动"工业上楼"，成功打造了一批示范样板，但仍存在项目数量不够多、
中心城区不够"热"、市场主体参与意愿不够强等问题。因此，广州应学习
借鉴先进城市推动"工业上楼"的经验做法，坚持"着眼长远、积极稳健、
国企带头、差异发展"的总体思路，坚定有序推进"工业上楼"，助力实体
经济高质量发展。

---

　*　课题组成员：潘其胜，广州市发展与改革研究中心主任，研究方向为产业经济、科技创新；蒋
　　国学，广州市发展与改革研究中心一级调研员、博士后创新实践基地主任，研究方向为产业升
　　级、社会发展；陈铟楠，广州市城市规划勘测设计研究院规划师，研究方向为产业经济；吴凯
　　滔，广州市城市规划勘测设计研究院规划师，研究方向为产业经济；李欣建，华南理工大学博
　　士后，研究方向为产业经济；林思仪，华南理工大学博士研究生。执笔人：蒋国学。

关键词： "工业上楼"　产业空间　广州

产业是国民经济的命脉，是城市经济发展的根基和综合实力的体现。党的二十大报告指出，要坚持把发展经济的着力点放在实体经济上，推进新型工业化。广州近十年产业规模和竞争力稳居全国第一方阵，新兴产业提速发展，一批优质企业持续领跑。2022 年，广州提出"坚持产业第一、制造业立市"，加快构建现代化产业体系。当前，广州产业发展正处于动力转换、优势再造、新一轮大发展的关键时期，但与国内外很多城市一样，产业用地资源紧缺成为"制造业立市"战略实施的制约因素。"工业上楼"作为一种新型产业空间模式，具有促进土地集约利用、降低企业成本、推动产业转型升级等优势，是推动广州实体经济高质量发展的有效举措和重要助力。

一　广州推进"工业上楼"的现实意义

"工业上楼"作为一种新型产业空间模式，是国内外大都市缓解产业用地紧张、强化产业聚集、促进产城融合的重要举措，也是广州推进"制造业立市"战略实施的必要路径。

（一）"工业上楼"的内涵与特征

"工业上楼"是在高层楼宇中进行工业生产、研发、设计、办公的新型产业空间模式。作为一种新型产业载体，该模式具有以下特征：一是用地属性为工业用地，近年来国内很多城市为发展"工业上楼"，特别推出新型工业用地 M0；二是向天空要发展空间，即产业楼宇高度一般超过 24 米或楼层达到 6 层及以上，容积率一般不低于 2.5；三是"上楼"对象一般为轻型生产、环保型和低能耗型的高端制造业，如新一代信息技术、生物医药、智能制造、工业互联网、大数据等战略性新兴产业。上述特征使"工业上楼"

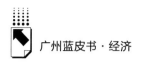

具有以"向上的力量"推动生产、生活、生态"三生"融合，创新、创业、创投"三创"结合，进而推动工业高质量发展的作用。

（二）广州推进"工业上楼"具有重大现实意义

广州作为超大城市，产业发展面临用地紧张、中心城区制造业外流、产业转型升级难度较大等现实问题，"工业上楼"是破解这些难题的有效方法之一。

1. 集约节约用地，拓展产业承载空间

广州工业用地供给在工业强市中处于中游水平，产业承载空间有限。2020~2022年，全市工矿仓储用地公开出让面积为1881.94公顷，占出让总量的45.31%，与其他工业强市相比，少于重庆（7349.5公顷）、上海（2754.4公顷）、武汉（2218.5公顷）和佛山（1941.4公顷）；工矿仓储用地成交均价为83万元/亩，仅次于深圳（341万元/亩）、上海（173万元/亩），高于佛山（82万元/亩）、苏州（40万元/亩）、重庆（21万元/亩）。2020~2022年，全市先进制造业企业迁出304家、迁入64家，净流出240家，"用地难、用地贵"是企业迁出的主要原因之一。推动"工业上楼"，可实现高强度、集约化工业用地开发，大幅提高厂房面积和亩产效益，降低企业用地成本，缓解城市增量发展和建设用地供应紧张之间的矛盾，拓展制造业高质量发展承载空间。

2. 强化产业集聚，助推产业转型升级

广州制造企业分布呈现"头部尖、腰部细、基底粗"的特点，全市工业企业中，大型企业约占3%，中型企业约占10%，余下的87%都是小微企业。截至2023年9月，在全市制造业企业中占比67.9%的都市消费工业（包括纺织服装、美妆日化、食品饮料、家电设备、家居用品、珠宝首饰六大产业板块）企业共有7.63万家，其中规模以上企业仅有2928家。广州市重点扶持发展的先进制造业（包括高端电子信息制造业、先进装备制造业、石油化工产业、先进轻纺制造业、新材料制造业、生物医药及高性能医疗器械制造业）企业共有6.52万家，其中规模以上企业仅有3004家。小微企业数量多、分布散,一方面难以形成集群效应,另一方面也增加了企业拿地、用工成本,制约企业扩大生产规模和产业转型升级。"工业上楼"通过在较小空间内形成密集优质的产业载体,集中提供企业发展需要的高质量配套服务,大量吸纳中小微企业入驻,既有利于快速形成产业集聚、成链发展,也有利于企业间资源共享、协同发展,形成"一栋楼就是一条生产链""'上下楼'就是'上下游'""楼上楼下创新创业综合体"的产业生态,助力产业转型升级。

3. 优化产业生态,助推产城融合

2023年,广州工业增加值占GDP比重为22.2%,高于北京,低于深圳、重庆、苏州、杭州、上海等城市;特别是越秀、天河、海珠三个中心区,第二产业占比分别为3.6%、7.2%、17.9%,产业空心化态势明显。制造业用地难、用地贵导致大量中小企业集聚在村镇工业集聚区。广州村镇工业集聚区用地效率低、贡献值低,面积占工业用地总面积的1/3,却仅贡献全市工业总产值的10%、总税收的6%,且内部配套不足、周边环境较差,难以吸引优质企业和高素质人才。当前,"95后""00后"已成为产业园区的主体工作人群,该群体对生产环境有更高的要求。调查发现,广州超六成制造业企业表示缺乏足够数量的专业技术人员,约两成企业表示缺乏基层员工;近半数(43%)企业表示,住房、教育、医疗等公共服务配套不到位是人才短缺的主要原因。"工业上楼"通过提高容积率,可在较小面积的产业地块建成较大面积的产业载体,有利于产业用地少、产业地块小的中心城区吸引制造业回归,增强中心城区的经济韧性。特别是M0新型工业用地允许配置行政办公空间、配套宿舍及公共服务设施,有利于引进从事研发、设计、创意等的先进制造业企业进驻,让制造业园区有城市味道、城市有产业气息。此外,工业楼宇设计建造标准较高、外观形象较好、内部配套较全,"高大上"的工作环境有利于提升产业人才职业自豪感、幸福感,增强引人留人能力。

二 广州推进"工业上楼"的做法、成效及存在问题

近年来,广州在市、区层面相继出台政策,积极推动"工业上楼",取

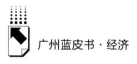

得有效进展，但仍存在落地项目不够多、外围热中心温、市场主体观望心态重等问题。

（一）广州推进"工业上楼"的做法和成效

1. 主要做法：政策引领积极推动

广州在市、区层面密集出台政策措施，鼓励建设标准厂房，推动"工业上楼"。在广州市层面，2019年4月印发《广州市提高工业用地利用效率实施办法》，并于2022年4月进行修订，提出大力发展高标准立体化厂房，提高标准厂房用地开发强度，建立新型产业用地（M0）制度，明确M0容积率不低于3.0、不高于5.0；2023年8月出台《广州市建设国际一流营商环境标杆城市助力产业高质量发展行动方案》，提出强化先进制造业工业用房保障，因地制宜、因业制宜推进"工业上楼""园区上楼"。在各区层面，在市级政策指引下，各区跟进出台涉"工业上楼"政策文件20余份，内容涵盖发展目标、规划管理、供地管理、监督管理、招商补贴等具体内容，积极推动"工业上楼"（见表1）。在市、区两级积极推动下，广州已成功建设运营一批"工业上楼"项目，吸引众多国企和民企参与项目投资建设运营。

表1　广州各区推动"工业上楼"相关工作及部署

行政区	政策名称	出台时间
越秀区	《广州市越秀区科技创新与战略性新兴产业发展"十四五"规划》	2021年11月
海珠区	《广州市海珠区科技工业商务和信息化局关于印发广州市海珠区促进都市工业高质量发展实施办法的通知》	2022年7月
	《海珠区"十四五"产业发展规划（2021—2025年）》	2022年11月
荔湾区	《荔湾区第一批新型产业用地（M0）控制性详细规划修正》	2019年11月
	《广州市荔湾区先进制造业发展"十四五"规划》	2021年7月
	《广州市荔湾区促进现代都市工业高质量发展鼓励措施》	2023年4月
天河区	《广州市天河区现代都市工业"十四五"发展规划》	2023年12月
	《广州市天河区加快推动现代都市工业高质量发展的若干政策措施》	2024年3月
白云区	《白云区第一批新型产业用地（M0）控制性详细规划优化》	2019年11月

行政区	政策名称	出台时间
黄埔区	《广州市黄埔区　广州开发区提高工业用地利用效率实施办法》	2022 年 11 月
番禺区	《番禺区存量国有普通工业用地提高容积率工作指引》	2022 年 12 月
南沙区	《关于普通工业用地集约节约利用的通知》	2022 年 12 月
增城区	《广州市增城区科技工业商务和信息化局关于印发关于推动产业园区提质增效的政策措施的通知》	2020 年 7 月
	《广州市增城区人民政府办公室关于印发增城区推进存量工业用地高质量利用实施办法的通知》	2022 年 7 月

2. 主要成效：一批示范项目落地运行

在市、区两级的引领推动下，众多"工业上楼"项目在各区落地运行，为进一步推动"工业上楼"起到了示范促进作用。黄埔作为工业强区，"工业上楼"项目数量最多，建成并运营湾区专精特新产业园、生物医药摩天工场、保盈大道摩天工坊、京广协同创新中心、联东 U 谷·广州黄埔科技总部港等项目。白云、增城依托特色产业集群积极推动"工业上楼"，多个项目已建成投用，如白云的高新区·产业创新园、通达电气车联网产业园、芭薇创新中心＆智慧工厂、益云科创中心等项目，增城的宝盛国际 ICC 创新中心、平安（增城）科技硅谷等项目，同时增城的岭南 V 谷·IMC 产业基地等项目已开工建设。南沙、花都、番禺作为工业大区也积极推动标准厂房建设和"工业上楼"入园，但起步稍晚，已建成项目数量少于黄埔、白云等区。荔湾凭借整体规划打造海龙科创区的契机，2020 年推出 4 个 M0 项目，已将 12 个地块纳入 M0 选址，是全市 M0 项目数量最多的区，其中多个"工业上楼"项目已成功运营。

（二）广州"工业上楼"存在的问题

广州"工业上楼"虽已取得较好成效，但总体效果相比先进城市还不够理想，主要体现在以下三个方面。

1. 项目数量和标准厂房面积仍然不足

截至 2023 年上半年，广州已建成标准厂房约 360 万平方米，仅占全市

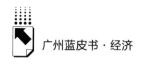
工业仓储用房的 1%；M0 落地项目仅批准 34 个。相比之下，深圳在 2023 年《政府工作报告》和"高质量发展十大计划"中均明确提出实施"工业上楼"，截至 2023 年 3 月末共推进 72 个"工业上楼"项目，用地面积为 854.8 万平方米，平均容积率为 4.2，厂房面积为 2306.5 万平方米。珠海市已开工 5.0 产业新空间项目超 35 个，建筑面积超 821 万平方米。

2. 中心城区推进力度还需加大

广州已落地运营的项目主要集中在黄埔、白云、增城等外围城区。中心城区除荔湾已有项目运营外，海珠、天河还没有建成项目，而越秀还没有落地项目。同时，中心城区项目引进总部、设计、研发、创意类企业较多，在制造环节更注重"研发+制造""品牌+代工"等模式，主要生产环节不在楼内，对制造类企业，特别是中心城区现有的大量都市消费工业企业的吸纳力度不够，化解产业"空心化"的作用有限。为进一步吸引制造业回流，推进产城融合，中心城区需加大力度推进"工业上楼"。

3. 市场主体参与动力有待提升

广州自 2019 年开始推动"工业上楼"，但至今还未就"工业上楼"单独出台专项政策，"工业上楼"拿地手续、建设标准、企业入驻条件、激励措施等事项还不够详细具体，导致"工业上楼"供给侧观望、需求侧畏难。从供给侧看，推动"工业上楼"在用地、投资等方面存在一定阻力，如国企开发商因资产保值增值需求对投资产业地块的意愿不强，社会资本因收益的不确定性投资园区运营的意愿不强，村镇工业聚集区往往因固守传统"收租"思维提质升级的意愿不强。从需求侧看，"成本高""配套弱"致使企业入驻意愿不强，如"工业上楼"园区建设前期投入大，租金体系多以商业楼宇为参照，作为"工业上楼"主要需求方的众多战略性新兴产业初创企业和部分小散工业企业普遍反映租金过高；高层工业建筑的维护成本高于单层厂房，涨租频繁，入驻企业多反映缺乏稳定的经营环境；"工业上楼"项目多呈点状分布，普遍存在科创资源分布少、公共服务配套弱等问题，导致入驻企业难以大范围开展上下游产业链联动，也难以吸引顶尖人才。

三　重点城市推进"工业上楼"的经验借鉴

近年来,上海、深圳、青岛、佛山等国内城市出台一系列政策文件,大力推动"工业上楼";新加坡则从工业化之初就高度重视"工业上楼"。这些先行城市在"工业上楼"方面的成功实践为广州提供了可借鉴的经验和做法。

（一）鼓励园区转型

上海存量工业用地提升容积率项目无须补缴土地价款;推出产业综合用地,允许混合配置工业、研发、仓储、公共服务配套等功能;对经认定的优质"智造空间"项目,单个奖励最高达 3000 万元,并鼓励商业银行通过银团贷款、专项贷款支持项目建设。青岛鼓励综合开发,由区层面牵头,通过税收返还等举措鼓励和引导开发商与国有平台企业合作开发"工业上楼"园区;政府与开发商签订产业计划协议,根据投资强度、建设规模等约定一定期限内的产值、税收等效益指标,制定相对应的土地、规划、产业等政策,激发平台活力。苏州对新上或改建的高层厂房项目所配建的行政办公、生活服务、生产服务设施地上建筑面积占比的上限由 15% 提高到 30%,鼓励配套设施集中设置、共用共享;重点鼓励多种资本合作,推动老旧产业园区转型,打造多层、高层厂房,鼓励国资引导新建的产业园区整体打造多层、高层厂房,鼓励社会资本主导的单个工业项目打造多层、高层厂房;注重整合现有相关财政奖补资金,在产业基地、产业社区和工业区块规划范围内,对推进"工业上楼"成效突出的镇（街道、开发区等）在政策范围内予以及时奖补。深圳遵循"土地+资本"的经济驱动模式,实行资产证券化,通过提高单位土地面积的运营效率,增加单位土地的产值和税收。

（二）激励企业上楼

青岛对因"工业上楼"需要易地搬迁入驻园区的工业项目按照新招引

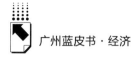

企业政策给予补贴，对"工业上楼"项目亩均税收达到履约监管协议约定的，按区级实得财力部分给予园区开发运营单位差异化奖励，如崂山区"工业上楼"企业主营税收达到 2500 万元、5000 万元和 8000 万元及以上的，按区级实得财力部分连续 3 年分别给予园区开发运营单位 40%、60%、80%的奖励。深圳允许并鼓励银行为民营企业开展"工业上楼"工作设置更优的信贷条件。

（三）严选上楼企业

苏州按照轻型生产、高科技低耗能、产能大、利润率高的要求，优先选择电子信息、生物医药、智能装备制造、节能环保、纺织服装等类型的轻工业"上楼"。深圳注重吸引"链主"企业入驻，利用"链主"企业在产业集群中的领航作用带动上下游企业集聚，实现"上下游就在上下楼"；鼓励建立可持续发展的"灯塔工厂"，推动制造业的高端化、智能化和绿色化发展，为产业发展搭建良好平台。新加坡利用堆叠式厂房推动生产环节烦琐、占用空间大的各类工业"上楼"，有效整合产业链，并使其环环相扣。

（四）规范楼宇建设

苏州在提供足够产业用房保障生产的基础上，在工程设计阶段进行必要的方案优化，增加高层研发楼与高层综合配套楼等功能空间，为生物医药企业提供研发、交往与生活空间，进而打造资源更聚集、功能更复合的产业"生态雨林"。深圳注重产业发展配套支持，打造生产、生活、生态"三生融合"型制造业园区，其中既包括产业需要的前端实验室、重点研发机构以及后端的检测机构和评定机构，也包括政府机关事务办事机构。新加坡通过创新优化传统工厂类型，建设以三层为一个单位的堆叠式厂房，并将各种景观、垂直绿化引入公共区域，优化租户的工作环境。

（五）强化园区服务

上海优化规划调节环节，允许各区对项目实施"带方案审批"，并按产业和企业实际需求确定项目容积率和建筑高度。青岛注重"工业上楼"的物业定位,加强与制造业企业的交流,提供非标准化、定制化空间载体,满足不同企业生产的需求,确保园区运营商、平台公司根据产业需求定制化建设工业厂房。苏州搭建产业楼宇数据平台,对高精尖企业、初创型潜力企业进行智能识别,提升产业服务能力,快速响应企业需求和预判产业趋势;鼓励"上楼"企业所在街道推出特色人才公寓项目,设置多品类公寓户型,满足人才"拎包入住"需求,并提供子女就学、住房保障、管家等服务,打造优质生活环境,促进高端人才聚集。深圳针对各类型"工业上楼"项目的规划方案、土地供应方案等事项建立"三审一签"的审批机制,一审由各辖区工作专班按批次开展项目初审;二审由各区政府报送项目推进工作专班会议审议;三审由项目推进工作专班统筹汇总后报市政府工作专班会议审议;一签由市政府工作专班提请市政府主要领导审定、签批。

四 推进"工业上楼"助力广州实体经济 高质量发展的对策建议

广州应立足全市工业发展现状,着眼土地利用的"精打细算"和集约高效,吸收借鉴先进城市的有益经验,按照"着眼长远、积极稳健、国企带头、差异发展"总体思路,从强化政策导向、保障优质产业空间、细化"上楼"标准、强化运营管理服务四个方面着手,蹄疾步稳推进"工业上楼",推动"坚持产业第一、制造业立市"走深走实,助力实体经济高质量发展。

(一)强化政策引导,展示推进决心

一是出台专项政策文件。在已有政策文件基础上,参照深圳、上海、苏州等城市做法,在市级层面出台专门推动"工业上楼"的政策文件,细化明确用地、激励、管理、保障等措施;支持各区结合本区实际,出台针对性及操作性更强的办法和措施,填补广州没有专项文件的空白,展示推进新型工业化的决心。

二是打造示范样本。建立项目库管理制度，对相关项目分类定级、动态管理，优先推进一批空间开放、社群突出、功能多元、产业集聚的"工业上楼"样板；总结形成务实高效、富有创新色彩的样本经验，建立技术标准体系以及规范化的运营管理机制，为"工业上楼"的进一步推广复制提供参考和指导。

三是强化宣传推介。广泛采取政策宣讲会、招商动员会等形式，向外界宣传广州推动"工业上楼"的相关政策、措施和成效，积极回应各类主体对参与相关工作的诉求，全面吸引国有、民营和外资等主体积极参与"工业上楼"。

（二）加大土地收储供给，保障优质产业空间

一是盘活低效用地。建立健全征地拆迁矛盾多元纾解机制，结合"工业上楼"物业分割转让政策以及镇村留用地指标落地、镇村违法建设用地执法等工作，加大村镇工业聚集区和城中村低效用地改造力度，统筹掌握一批低成本产业空间；探索原有工业用地转为商业、住宅用地后再申请调回工业用地的实施路径，丰富工业用地来源。

二是保障连片产业空间。推行"工改工"与"工改商居"项目挂钩联动机制，平衡连片产业空间改造成本，增强连片产业空间改造动力，为"工业上楼"补充配套商住设施；面向"工业上楼"项目全生命周期、多渠道探索推进产业空间拓展路径，充分发挥国有企业连接"有效市场"和"有为政府"的纽带作用，灵活把握经济效益与社会效益，创新政府主导实施、国有企业运营、股份公司参与的多元主体共享共赢机制，解决社会资本参与动力不足、连片产业空间供给困难的问题。

三是因地制宜布局"上楼"项目。中心城区土地资源稀缺，客户需求较高，应发展绿色、集约、高端、高效的都市工业，点状布局"工业大厦"，主要供给高单位面积产值、高附加值的产业，促进"工业回城"；外围城区土地供应相对充足，可面状布局"堆叠厂房"和"工业上楼"园区，满足对仓储运输、叉车作业等用地需求较大的产业。

（三）细化"上楼"标准，鼓励优质产业"上楼"

一是细化楼宇建设标准。明确"工业上楼"高层厂房设计指引，提高工业楼宇的适用性、丰富性、兼容性；打造功能复合的产业空间，建设研发中试楼、标准厂房、展示中心等，主力产品覆盖多种体量、多种空间以满足不同规模企业的需求；定制化建设工业楼宇，满足不同产业在建筑跨度、建筑抗震、垂直交通、设备承重、无尘作业、仓储运输、污染处理等方面的特殊需求。

二是细化"上楼"产业标准。结合建设现代化产业体系的目标、产业结构和市场需求，明确八类战略性新兴产业、六类都市消费工业为鼓励"上楼"产业；鼓励引进龙头企业和上下游配套企业，促进全链条企业高度集聚，形成"上下楼就是上下游"的良好氛围；对轻型生产、高科技、低耗能、产能大、利润率高的制造环节给予重点支持，在具体项目推进中可借鉴苏州经验，先确定"上楼"产品，再确定"上楼"产业。

（四）强化运营管理服务，激发供需主体"上楼"动力

一是加强运营管理的专业度。设立产业园区管理委员会和数智化平台，及时掌握产业园区的动态数据，主动发现异常经济波动和市场主体风险，提升产业服务能力和响应速度，确保工业楼宇的稳定运营和产业发展的良性循环；通过举办行业交流会、企业对接会等活动，促进政府、开发商、运营商、"上楼"企业之间的沟通与合作，加深对制造业企业需求的了解，提供有针对性的支持和服务。

二是多主体多环节提供政策支持。在城市更新类"工业上楼"项目中，适当放宽土地合法权属比例要求、优化土地贡献率、调整法定图则、降低租售限制等，为多主体探索合作方案提供弹性空间，激励市场主体积极参与。对开发主体，可考虑试行用地直供、专项补贴、政府专项债、财政贴息等政策，尤其鼓励国有企业保本微利参与；对运营主体，尤其是快速动工投产、引进高产值"链主"企业的"工业上楼"制造业园区，可推广黄埔设置

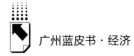

"动工投产""产业链招商奖"等奖励的经验；对企业主体，如对于符合条件参与"上楼"、稳定达产的制造业企业，可通过租金补贴、搬迁回迁补贴等方式或参照新招引企业政策予以支持，并根据税收贡献、产值拉动等给予相应政策奖补。

三是建立创新投融资机制。参考深圳创新基础设施不动产投资信托基金（REITs）的投融资方案，支持各区投资"工业上楼"项目，以发行基础设施 REITs 为导向编制投融资方案，探索财政投入资金的退出路径；支持金融机构创新"REITs+"组合融资工具，通过设立 Pre-REITs 基金、发行资产证券化产品等方式提供低成本、全周期投融资服务；推动金融机构放宽对"上楼"企业的工业贷款投放担保要求，设立专项基金，对企业落户、项目筹建、转型升级等阶段实现精准覆盖，全周期护航企业发展。

参考文献

《2024 年广州市政府工作报告》，广州市人民政府网站，2024 年 1 月 26 日，https：//www. gz. gov. cn/zwgk/zjgb/zfgzbg/content/post_9462719. html。

黄志忠：《对当前深圳市"工业上楼"助力制造业高质量发展的几点思考》，《住宅与房地产》2023 年第 27 期。

张辉、陈星雨：《工业上楼 都市工业载体空间新模式》，《先锋》2023 年第 5 期。

B.7
推动广州汽车产业高质量发展的对策研究

许　璐　翟尧杰*

摘　要： 汽车产业是国民经济重要支柱，也是广州现代产业体系的重要组成部分。当前汽车产业正在经历以电动化、网联化、智能化、共享化为主要特点的产业变革，广州作为整车产量多年稳居全国各城市首位的"汽车之城"，在产业规模、企业实力、核心技术、发展模式、科技创新、空间布局等方面具备扎实的发展基础，但仍面临汽车零部件供应与整车制造不匹配、油改电导致市场需求巨变、人才储备滞后于产业发展需求、国内市场竞争明显加剧、国际汽车贸易不确定性加大等挑战。本文围绕这些问题，提出了加速关键核心技术攻关、推动零部件产业高质量发展、优化产业落地生态、加大产业人才培养力度和拓展国际市场等对策，为广州推进汽车产业转型升级，增强现代化产业体系的国际竞争力提供理论支撑。

关键词： 汽车产业　新能源汽车　广州

　　汽车产业是国民经济重要支柱，是体现国家竞争力的标志性产业。在我国汽车产业"换道超车"的重要机遇期，广州作为整车产量多年稳居全国各城市首位的"汽车之城"，更应勇担科技自立自强使命，加速推进汽车产业的电动化、网联化、智能化、共享化变革，提高技术自主创新能力，完善

* 许璐，博士，广州市科学技术发展战略研究院干部，研究方向为科技政策、产业创新、科技企业培育及科技人才培养等；翟尧杰，广州市科学技术局综合规划处副处长，研究方向为科技政策、产业创新。

产业链，打造高质量生产制造体系，扩大汽车产业规模，推动"汽车之城"向世界级"智车之城"转变，引领建设更具国际竞争力的现代化产业体系，为谱写高质量发展宏伟篇章做出新的更大贡献。

一　广州汽车产业发展基础

（一）汽车产业规模稳步扩大

2023年，广州汽车制造业实现规模以上工业总产值6406.80亿元，整车年产销量再次突破300万辆，连续五年居全国各城市之首，汽车（含底盘）出口同比增长1.9倍，汽车制造业占全市规模以上工业比重达26.9%，是广州工业名副其实的第一支柱，形成了以12家整车制造企业为核心、1200多家零部件企业集聚、专精特新企业不断涌现的完整汽车产业链。在传统燃油车良好基础带动下，广州新能源汽车发展迅速，2023年新能源汽车产量突破65万辆，同比增长1.08倍，相关企业数量迅速增长，以广汽埃安、小鹏汽车等核心企业为引领，形成锂电池材料、电池制造、电控电机、底盘系统、车内外饰、整车制造及配套市场等各环节均有布局的完整产业链。

（二）汽车企业不断做大做强

近10年，广州汽车企业总量逐年递增，呈现快速发展势头。截至2023年9月，广州汽车企业总量达到1921家，较2022年底新增近百家。2023年，广汽集团产销量均突破250万辆，分别为252.88万辆、250.50万辆，分别同比增长1.97%、2.92%，广汽集团在10年间从《财富》世界500强排行榜的第493名跃升至第165名；2023年12月，广汽埃安完成第100万辆的整车下线，成为最快突破百万辆的汽车品牌；2023年，广汽埃安智能生态工厂入选达沃斯世界经济论坛（WEF）"全球灯塔网络"，全球仅此一家，代表其在新能源汽车产业领域拥有较高的数智化制造水平；2023年，小鹏汽车全年销量达到14万辆，同比增长17%。

（三）关键核心技术加快突破

自主品牌广汽埃安 2023 年发布全球领先的夸克电驱技术，计划于 2024 年投产，在新能源"三电"领域实现了自研自产、自主可控的产业链布局，成为全球"三电"领域领头羊；广汽传祺混动专用发动机热效率突破 44.14%，刷新中国品牌纪录；全球首家超快充动力电池专业工厂在巨湾技研南沙总部基地建成投产；文远知行拥有全球领先自动驾驶技术，估值超过 30 亿美元；小马智行获得广州首个远程载客测试许可，开启车内无安全员自动驾驶出行服务；广汽本田、广汽丰田等老牌合资车企正积极研发新能源产品。

（四）智能网联汽车模式示范引领

智能网联汽车发展模式成为全国示范。2021 年 7 月，广州在全国率先推出自动驾驶示范运营试点政策。2022 年 7 月，首发启动了自动驾驶汽车规模化示范运营，率先建立了一套较为完整的智能网联汽车测试应用体系。2023 年 4 月，小马智行在广州开启车内无安全员自动驾驶出行服务，掀开国内自动驾驶崭新一页。经过两年多的建设，广州已初步建成黄埔、番禺、花都等四个车联网示范区。2024 年 1 月，广州车联网发展又迎来一个"里程碑"时刻，成为全国首个车联网常态化运营车辆破万辆的城市，在智能网联汽车城市建设高质量发展道路上不断向前迈进。

（五）产业创新能力稳步增强

研发投入保持高位水平，2023 年，广州汽车产业研究与试验发展（R&D）经费突破 120 亿元，居各行业之首。高水平创新研发平台加速汇集，广州拥有汽车领域国家联合工程研究中心 2 家、国家级企业技术中心 5 家、省级工程技术研究中心 41 家，同时集聚工业和信息化部电子五所、中国电器院、中汽中心华南基地、国机集团等一批拥有智能网联汽车和车联网领域国家级公共检验检测平台的机构，数量居全国前列。产学研深度融合，广汽研究院与中山大学签约共建"中山大学-广汽研究院智慧交通与人工智能联合实验室"；广汽埃安与华南理工大学、广东工业大学等高校开展科教协同融合、师资互认，培养专属智能与新能源汽车人才，采用"企校双制、工学一体"的模式，探索人才合作新范式；高云半导体与西安电子科技大学共建联合实验室；液态阳光研究院及产业化示范基地落地广州南沙，通过"政府+科研机构+企业"的合作模式，搭建产学研用一体化合作平台。这些产学研合作平台，以市场为研发导向，以企业为创新主体，为广州汽车产业在自动驾驶、整车制造和关键零部件等领域不断取得突破奠定了科研基础。

（六）产业空间布局日臻完善

多年来，广州以多点支撑为特点布局产业集群，不断推进北、东、南三翼汽车产业集群优势互补、协同发展。北部花都区形成了以东风日产龙头带动、世界500强零部件关联企业广泛集聚、智能创新企业汇聚的智能新能源汽车产业体系；东部黄埔区依托广州科学城、广州国际生物岛和中新广州知识城三大片区打造传统汽车制造基地、5G自动驾驶应用示范岛和智能制造园；南部番禺区立足番禺汽车城，以广汽乘用车、广汽埃安等龙头企业为引领，快速形成了传统汽车、新能源汽车两大产业带；南部南沙区全域开放智能网联汽车测试道路，在广汽丰田、小马智行、巨湾技研等企业的引领带动下，智能网联与新能源协同创新的千亿元级产业集群正加速形成。通过合资合作，吸引日系、德系、法系、韩系等国际零部件巨头来穗布局，建立完善的产业链、供应链体系，并为省外企业提供配套服务。广汽集团、小鹏汽车等企业的一级零部件供应商有约1/3位于广东省内，其中大部分位于广州。

二　广州汽车产业高质量发展面临的挑战

（一）汽车零部件供应与整车制造不匹配

广州汽车产业发展速度不断提升，集群规模已突破6000亿元，但仍面临诸多难题，产业链安全性成为制约产业高速发展的重要因素。目前，广州在传统燃油汽车领域缺乏控制系统的自主核心技术；在新能源汽车领域，"三电"技术与国际先进水平还存在明显差距；在智能网联汽车领域，操作系统、车联网、智能座舱等智能化技术明显落后于电动化技术，车规级芯片MCU、IGBT 等高端核心组件进口依赖度偏高。广州汽车零部件产值不足1600 亿元，整零比仅为 1∶0.35，低于全国平均水平（1∶0.95），近50%的零部件来自粤港澳大湾区以外区域，本地核心零部件供应比例不足20%，关键零部件本地化配套率低。零部件供应链存在不少短板，以动力电池为例，2023 年，宁德时代和比亚迪两家企业占据了全球动力电池一半以上的市场份额。相比之下，广州动力电池领域的企业数量少且规模小，产业链支撑力量不足，市场竞争力有待提高。进一步完善产业链，推动核心零部件供应本地化成为广州汽车产业发展的当务之急。

（二）油改电导致市场需求巨变

近年来，汽车市场油改电趋势明显，以自主品牌为代表的新能源汽车加快崛起，2023 年，全国新能源汽车产量突破 900 万辆，占全国汽车总产量的31.6%。2023 年，广州新能源汽车产量为 65 万辆，占全市汽车产量比重为21.7%，明显低于全国平均水平，广州汽车产业依然存在传统燃油车占比高，新能源汽车占比低的问题。广州汽车制造业底蕴深厚，以日系合资为基础，努力培育发展自主品牌，以广汽埃安、广汽传祺、东风启辰、小鹏汽车等为代表的广州自主汽车品牌取得了阶段性成果。但广州传统合资车企电动化转型升级缓慢，培育的自主品牌在新能源汽车产业内的竞争力还稍显不足，与国内领先车企尚有较大差距。低碳化是汽车产业未来的发展趋势，目前的汽车市场格局和发展趋势，显然对广州汽车产业高质量发展构成了挑战。

（三）人才储备滞后于产业发展需求

经中国汽车工程学会测算，预计到 2025 年，中国智能网联汽车相关人才缺口将达到 3.7 万人。[①] 这表明新能源汽车和智能网联汽车领域对高端技术人才有着迫切需求，而广州在这方面可能需要进一步加强，加大人才培养和引进力度。2023 年，48% 的汽车产业人才集中在华东地区，广州汽车产业人才总量仅为上海的 1/4，在"三电"系统、数字技术领域的人才储量远落后于北京和上海。《广州市重点产业紧缺人才目录》显示，智能网联与新能源汽车产业人才紧缺数量位居全市行业前三，自动驾驶定位工程师、新能源电控工程师等十几类汽车产业岗位人才严重紧缺，人才供给无法满足产业迭代升级需求。

（四）国内市场竞争明显加剧

2023 年是我国连续 15 年成为全球第一大汽车产销国，汽车产销量跃上新台阶，突破 3000 万辆，这正是我国汽车产业生态重构的成果体现。与此同时，国内市场竞争明显加剧。我国新能源汽车近两年高速发展，2023 年，新能源汽车的市场占有率达到 31.6%，高于 2022 年 5.9 个百分点，呈现加速替代传统燃油车的趋势。在新能源汽车领域，整车市场集中度继续提升，比亚迪与特斯拉占据市场大部分份额且遥遥领先。2023 年，广汽埃安新能源汽车销量约 48 万辆，同比增长 77%，再创新高，但与比亚迪、特斯拉中国相比仍存在差距。同时，消费升级、价格战频繁、汽车销售服务模式转型、盈利难等因素使得竞争更加激烈，市场淘汰赛再提级。新能源汽车产业的发展吸引了大量投资，但同时也加剧了市场竞争。越来越多企业进入市场，也有部分企业被迫退出了竞争，如何在激烈的市场竞争中脱颖而出，成为广州汽车产业面临的重要挑战。

（五）国际汽车贸易不确定性加大

地缘政治风险不断加大，全球供应链修复形成贸易挤压，发达经济体复苏放缓，在这样的背景下，全球汽车产业链、供应链和经贸规则正加速重

---

① 邓莉：《汽车产业转型 人才急需"补位"》，《广州日报》2023 年 9 月 14 日。

构，全球汽车产业正经历巨大变局，国际汽车贸易的不确定性大幅增加。一是贸易壁垒增加，新能源汽车产业寻求出口贸易需要面临出口目的国家或地区的贸易壁垒。二是合规风险、出口资质门槛、技术变革所带来的新标准等多种因素均将对汽车产业的出口贸易造成一定影响。三是国际汽车产业链和供应链为应对潜在的风险，正逐渐向区域化和本地化发展，为汽车产业的出海带来挑战。

三　推动广州汽车产业高质量发展的对策建议

广州汽车产业链加快向纵深拓展，广汽自主电驱产业化、小鹏汽车零部件产业园、湾区氢谷二期等项目相继落户建设，"整强零弱"局面正逐步得到改善，对全市产业结构优化起到关键引领作用。数字化和绿色化两大转型的交织融合，为我国汽车产业"换道超车"开辟了新赛道。广州要牢牢把握历史机遇期，勇当自主创新"领头羊"和现代产业"火车头"，以科技创新引领现代化产业体系建设，将传统汽车产业的存量优势转化为智能网联与新能源汽车领域的发展强势，同时做好多赛道并行发展，前瞻布局未来产业，在全面建设社会主义现代化强国的进程中做出广州示范。

（一）加速关键核心技术攻关，突破产业"卡脖子"技术

针对产业链面临的痛点，要坚持企业主体地位，集中优势创新资源，支撑企业引领的合力攻关。加强行业协作，构建以企业为主体、市场为导向、产学研用相结合的技术创新体系，增强矩阵式研发布局能力。

强化企业主导的产学研协同创新。广汽集团计划在"十四五"规划期间投入 850 亿~1000 亿元用于智能网联和新能源技术研发。要以此为契机，支持建立由整车企业牵头、零部件上下游企业共同参与的创新联合体。通过组织产学研协同的研讨会、对接会，引导高校、科研院所、专业服务机构等创新资源向企业集聚，围绕"三电"核心技术、智能驾驶操作系统、车规级芯片等关键领域开展联合攻关，推动企业与高校、科研院所等机构建立健

全长期合作、科技成果转移转化管理与激励制度，采取市场化运作模式，提高科技创新效率，力争在产业"卡脖子"技术上取得更多突破，促进汽车领域创新成果产业化落地与应用。

支持企业实施跨产业链技术布局。广汽集团通过广汽资本先后布局粤芯半导体、地平线、宸境科技等芯片企业，小鹏汽车与阿里云合作建立了全国最大的自动驾驶智算中心，这些产业链的交叉融合有望解决广州汽车产业"缺芯""失算"等"卡脖子"问题。要进一步推广这种跨链合作模式，突破更多支撑汽车"新四化"的关键技术。例如，聚焦智能化转型，通过搭建对接平台，引导在穗车企与工业软件企业开展合作，推进软件与硬件的集成耦合，提升广州汽车产业在智能驾驶、车联网服务、云平台生态服务等方面的自主创新水平。

（二）推动零部件产业高质量发展，补强产业"掉链子"环节

持续提升汽车核心零部件本地配套率，推进本地培育和外部引进两手抓。夯实新能源汽车零部件产业基础，重点支持动力电池项目建设，推动电池产能释放，提升产品竞争力及本地化配套水平。围绕电池产业链配套需求，引育一批正极材料、隔膜等项目，有序增强动力电池关键材料生产供应能力。研究开发新一代车用电机驱动系统，加快打造高功率密度驱动电机及控制系统，推动电机电控产业实现研产一体化发展。重点引进质子交换膜、碳纸、催化剂等领域的企业，促进燃料电池汽车关键零部件产业化应用及全产业链协同发展。

强化近地化零部件供应商培育。近年来，广州加快补强电池产业链步伐，广州经济技术开发区与孚能科技携手打造 30GWh 动力电池生产基地，广汽集团旗下的因湃电池科技有限公司在番禺正式动工。要以这些项目建设为开端，深入统筹布局，重点围绕整车控制系统、"三电"系统、智能座舱等技术断链领域进行产业链配套能力建设。推广巨湾技研培育模式，支持整车企业积极培育孵化上下游零部件企业；进一步发挥现有企业的补链、强链作用，推动更多在穗零部件企业进入广汽集团等整车企业的配套体系，加快

实现核心零部件全面自主供应，引导零部件企业向高端化、集团化、国际化发展。

实施精准靶向招商。充分利用广州国际汽车展览会、整车企业供应商大会、广州国际投资年会等平台，拓展多层次招商网络，引进汽车核心零部件供应商，全面增强近地化供应保障能力。加强零部件企业与整车企业在研发、生产、投资、知识产权保护等方面的协同发展，建立安全稳定的"整车-零部件"合作关系。鼓励整车企业围绕智能与新能源汽车核心零部件建立多轨供应体系，有效分散供应链风险。立足广州"432"汽车产业园区新格局，围绕提升"三电"系统和智能驾驶系统核心零部件本地化程度，大力支持三星、大洋电机、大陆集团、博世、莫仕等全球先进汽车零部件企业在广州发展。同时围绕整车企业的既有产业链配套体系，谋划引进体系内运输半径超 1000 公里的零部件企业在穗建厂，如阿尔特、环新集团、新泉股份等广汽集团、小鹏汽车一级零部件供应商，其分布在北京、江苏、安徽等地，若能加以引进，可加快完善近地化配套供应体系。

（三）加强推广应用全方位设计，优化产业落地生态

聚焦提升新能源汽车渗透率和智能网联汽车规模化速度，保障顶层规划和基础布局同步推进。

探索智能驾驶地方性法规制定。围绕相关主体的法律权利、义务及责任开展研究，明确不同情形中的责任主体范围，同步启动保险制度、交通事故定责赔偿、网络和数据安全等配套法规编制研究，争取地方先行先试，为国家立法提供依据。

推动智能网联汽车测试场景本地化。依托城市交通出行大数据，充分挖掘广州交通出行规律和道路特征，总结归纳区域典型出行场景，探索制定本地化智慧道路分类分级标准规范，有序推进智慧基础设施规划、设计和建设，加快智能网联汽车在穗商业化运营。

完善新能源汽车基础设施建设。以广州将有序推进城市更新项目建设为契机，系统布局城市充换电设施，满足中心城区公用充换电设施建设的用地

需求，强化非中心城区公共充换电设施的科学性，加快商业体公共快充设施疏解性节点建设，推进构建完善、高效、布局合理的充换电服务网络。在新的产业发展形势下，汽车产业与能源、交通、信息通信等产业加速融合发展，产业新生态重塑传统产业的生产方式、产业结构、流通和消费方式等，为广州汽车产业拓展新空间、培育新优势、发展新生态、构建新格局带来新的战略机遇。因此，广州需要进一步加快汽车产业转型步伐，以国家燃料电池汽车示范应用城市群建设为契机，加速推进氢燃料电池汽车发展，促进传统汽车生产制造向低碳化、智能化转型，持续引领未来汽车产业变革方向与发展趋势。

（四）加大产业人才培养力度，强化产业基础支撑

围绕产业人才不足的问题，开展分层分类人才培育，增强各类院校产业人才供给能力。

打造产业领军人才培育"摇篮"。华南理工大学培育了广汽新能源、小鹏汽车、威马汽车等多家顶尖车企带头人，被业内誉为新能源汽车领域的"黄埔军校"。曾任华南理工大学校长的高松院士表示，"华工系"在汽车领域的成功得益于学校的三个培育秘诀：锚定产业发展趋势提前布局人才培养；积极推动学科交叉、产学融合；在通识教育中引入人工智能等变革性技术。要充分利用广州现有教育资源，进一步挖掘"双一流"高校的教育潜能，推动高校教育与广州优势产业、产业重点技术相融合，培育更多领军人才。

增量产业技能人才培养。职业院校是产业技能人才的输出主体，广州有超10所职业院校设立了汽车相关专业，但与产业紧缺型人才目录的匹配度较低。要充分发挥产业专家和学科专家的引领作用，梳理新阶段汽车产业人才的知识技能需求，增设产业急需学科专业，优化职业院校培养方案。要深化产教融合，支持重点企业与职业院校共建培训实践基地和现代汽车产业学院，围绕课程开发、师资配备、研发实训，联合开展高技能人才、青年基础人才"订单式"培养。

（五）完善产业全球布局基础，拓展国际市场

针对广州汽车产业库存高、出口少的困境，支持企业"走出去"，积极融入国际大循环。

畅通汽车出口渠道。广州南沙区建有华南地区规模最大的汽车滚装码头集群，拥有 7 个万吨级以上滚装汽车专用泊位和 1.8 公里码头岸线。应积极把握国际航运枢纽建设机遇，为企业提供更加精准的通关服务，完善便捷通关举措和工作机制，保障汽车出口零延时验放，助力本土汽车便捷通关。牢牢把握南沙区深化面向世界的粤港澳全面合作等国家级发展战略，加强与国际市场的对接，提高广州汽车产业的全球竞争力。

提升广州汽车品牌知名度。要充分发挥广州国际汽车展览会、广交会等国际贸易平台的综合效应，优化供采对接重点环节，常态化运营线上平台。同时，持续培育境外自办展会，通过举办海外分会等方式，进一步加大对本土企业参加各类境外展会的支持力度。

强化国际规则标准对接。引导广汽集团、东风日产等头部企业对标国际市场，强化维修体系、备件供应体系和配套服务体系建设。鼓励企业通过投资建厂等方式输出相应的管理模式和生产体系，推动产业跨境合作由生产制造环节向技术研发、市场营销等全链条延伸。

参考文献

周伟力：《一次性合格率 98.5%，埃安获评"灯塔工厂"》，《广州日报》2023 年 12 月 21 日。

周伟力：《广州成为全国首个车联网常态化运营车辆破万辆的城市》，《广州日报》2024 年 1 月 25 日。

林琳：《3000 辆国产新能源汽车在广州南沙集中出口》，《广州日报》2023 年 3 月 23 日。

B.8

广州打造大湾区医疗健康产业核心引擎的战略研究

张 强 周晓津*

摘 要： 世界大变局背景下，国内医疗健康产业迎来黄金发展期。作为国家中心城市，广州医疗健康产业发展基础厚实，资源优势凸显，形成了全链条、全功能、全要素的集群发展格局，有基础、有条件也有能力成为大湾区的核心引擎。本文梳理了世界医疗健康产业发展的主要趋势及广州的比较优势，在实地考察调研的基础上总结广州与大湾区医疗健康产业关联与合作的七种模式，着重分析了广州医疗健康产业发挥大湾区核心引擎作用存在的主要短板及制度性约束，在此基础上，研究提出通过推动医学、医疗、医药、医养（健康）、医保"五医"融合壮大自身产业能级，进而提升其对大湾区产业链、创新链、资金链的战略整合与枢纽链接作用的创新思路，从战略高度上明确了广州作为大湾区高端医疗服务提供者、医学科技创新引领者、产业链群布局组织者、大湾区统一制度规则领航者四大关键角色，并从育龙头、铸平台、强创新、控链条、广连通等方面提出了一系列举措及建议，从而为广州医疗健康产业更好地发挥大湾区核心引擎功能及角色提供有力支撑。

关键词： 医疗健康产业 粤港澳大湾区 广州

---

* 张强，广州市社会科学院农村研究所副所长、研究员，研究方向为城市竞争力战略、产业经济；周晓津，博士，广州市社会科学院农村研究所研究员，研究方向为人口与劳动经济。

医疗健康产业又被称为生命健康产业或大健康产业,一般分为医疗产业和健康产业两大板块,医疗产业主要包括人生病之后的治疗服务及相关辅助性行业,如医院、医药、医学等细分行业,健康产业主要针对人生病之前的预防和养生,如健康护理、保健食品、健身器材等细分行业。

构建具有国际竞争力的产业体系,是粤港澳大湾区建设的一项重要任务。医疗健康产业覆盖面广、产业链长、创新活跃,战略地位突出,有利于发挥各地优势实现大湾区全产业链协同发展、联动发展。其中,广州医疗健康产业底蕴深厚,科教医疗资源丰富,龙头企业实力较强,有基础、有条件、有能力,也有责任承担大湾区健康产业的核心引擎,发挥对产业链、创新链、资金链的战略整合与枢纽链接作用。随着《"健康中国2030"规划纲要》稳步实施,广州打造中国南方医疗健康产业高地及大湾区核心引擎,其时已至,其势已成,其兴可待。

一 世界医疗健康产业发展的主要趋势与特征

近年来,随着全球医疗与健康需求急剧增长,生命与生物技术不断突破,数字与智能技术广泛渗透与应用,商业模式创新不断涌现,在此背景下,世界医疗健康产业发展呈现一些新趋势新特征。

(一)三大技术交叉融合,孕育了医疗健康产业新业态与大突破

当下,生命科学、生物技术、数字技术形成历史性交汇,推动了医疗健康产业的大发展。一方面,生命科学、生物技术不断突破,衍生形成一系列新业态、新应用,其中,基因技术应用已趋成熟,个性化诊疗加速普及,生物治疗加速拓展,干细胞与再生医学进入临床应用阶段。另一方面,数字技术广泛应用与创新,远程医疗迅速兴起,科研数据、电子病历和医疗设备互联互通,人工智能辅助临床决策,"医—患—药—险"数字闭环加速完善,有效推动了精准诊疗、数字疗法的发展。

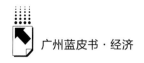

（二）健康理念加速转变，健康板块将获更多产业机会、更大市场空间

现代医学加速迈向 4P 模式①，预防与保健成为当代医学科技的主要方向，使疾病危险因素的预防控制窗口前移，从以"治已病"为主前移到以"治未病"和养生保健为主，从"被动医疗"转向"主动健康"。在此理念及模式下，医疗板块趋于精准化和多元化，而健康产业将形成潜力更为巨大的产业集群和市场空间。

（三）创新药迎来新一轮洗牌，中药创新药将快速登上国际舞台

全球创新药市场规模由 2016 年的 7976 亿美元快速增长至 2023 年的超 1万亿美元，② 在科技和资本驱动下，发达国家仍占据创新药"制高点"，中国、印度等新兴经济体也加快追赶步伐。近两年，受疫情及"集采"政策影响，国内创新药市场进入调整转型期，医药公司间合作研发显著增多，医药外包（CXO）迎来巨大市场空间。同时，现代中药得到更快发展，自2017 年以来，中药创新药获批数量保持高速增长态势，其中 2021 年国家药监局批准上市的中药创新药数量达 11 款之多，为近五年来批准中药新药上市最多的一年。③

（四）精准医疗异军突起，成为提升医疗健康产业能级的重要途径

近年来，随着基因测序、分子影像、手术导航、内窥镜、机器人、微创等技术的不断突破，精准医疗成为医疗健康产业的重要动力和巨大"风口"，

---

① 4P 模式即预防性、预测性、个体化、参与性四个以"P"开头的英文单词合成的预防医学的总称。
② 华经产业研究院：《2022—2027 年中国创新药行业市场全景评估及发展战略规划报告》；千际投行：《2023 年创新药行业研究报告》，21 经济网，2023 年 6 月 26 日，https：//www.21jingji. com/article/20230626/herald/f1c3d211ef390bfcf04536f5f18e3778. html。
③ 亿欧智库：《2022 年医疗大健康产业十大趋势预测》，亿欧网，2022 年 1 月 28 日，https：//www. iyiou. com/research/20220128966。

逐步贯穿诊断、治疗、康养等全周期全环节。2015 年，科技部召开首次"精准医学"战略专家会议，提出中国精准医疗计划，并决定在 2030 年前投入600 亿元，加快建立国际一流精准医学研究平台。鉴于拥有丰富临床经验、样本资源和成熟数字技术，我国极有可能在此领域"弯道超车"。

（五）转化医学备受重视，成为国际医学研究的一个新发力点

转化医学是沟通基础研究与临床应用的桥梁与纽带，其核心是在实验室与病房之间架起一条快速通道，将基础研究成果快速转化为临床应用、药物开发和健康保障。转化医学已成为提高医疗健康产业能级与核心竞争力的重要引擎，目前，由医院、大学和研究机构合作组成的新兴临床与转化医学中心，正大力推动干细胞与再生医学、疫苗抗体等前沿技术攻关与应用，提升医疗服务水平。

（六）产业链跨界交融，医、药、养、健、游等呈现多业态融合发展

随着新技术应用和需求多样化，医疗健康产业内跨界融合不断深化，如中医药向养生保健、健康食品、康养旅游等领域延伸，一些药企开始进军健康服务领域，延伸培育新的利润增长点，医疗旅游方兴未艾，未来 5 年全球医疗旅游市场年均增速将达 15%～25%。此外，一些自然条件优越的地区，如秦皇岛依托北戴河国家生命健康产业创新示范区，构建"医、药、养、健、游"互促共融的产业集群，成为医疗健康产业多业态融合发展的成功范例。

二 广州与大湾区医疗健康产业关联合作模式与存在问题分析

（一）广州医疗健康产业发展基础与核心优势

经过多年积累与发展，广州在医疗健康产业领域形成了较为雄厚的基础

与实力。据统计，2023 年广州生物医药与健康产业增加值从 2018 年的 955 亿元增长到近 1700 亿元，占全市 GDP 比重达 5.6%，[①] 在全市八大新兴产业中居第二位。总体上看，广州医疗健康产业链条完备，功能齐全，品牌突出，综合实力居大湾区之首。

1. 医疗体系较为发达，高端医疗资源湾区第一

截至 2023 年 11 月，广州拥有三甲医院 62 家（见图 1），其中 9 家入选"中国医院 100 强"，占比近 10%，人均医疗床位数、每万人医师护理人员数量分别居国内一线城市第一位、第二位，[②] 拥有一批世界先进水平的优势专科，国家级临床重点专科 147 项，眼科、呼吸科长期居全国首位。总体上看，无论是人均医疗资源配置还是高端医疗机构实力，广州与京、沪形成三足鼎立之势，在大湾区具有绝对优势。

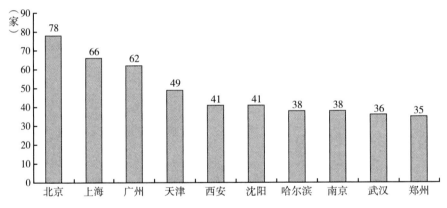

图 1　2023 年中国拥有三甲医院最多的十大城市

资料来源：国家统计局。

2. 医学研发实力雄厚，专利申请总量全国第三

广州地区开设医学、药学等相关专业的高校达 10 所，拥有 6 个世界级生物领域重点学科和 13 个药监局重点实验室，在穗粤港澳联合实验室占全

---

① 2018~2023 年广州市统计快报数据。
② 广州市社会科学院社会研究所：《以居民医疗需求为导向，优化广州医疗资源供给结构研究》，2021。

省一半。[①] 生物医药领域专利申请总量累计达 3731 项，仅次于京、沪，居全国第三位（见图 2），[②] 在精准医疗、干细胞、新药研发、医学检验等领域取得许多与国际领先水平同步的医学成果。截至 2020 年，广州共有 3649 个药品、6758 个医疗器械获批上市，居大湾区之首。[③]

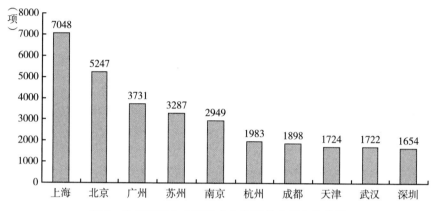

图 2　广州与国内主要城市生物医药专利申请总量

资料来源：各市统计局。

3. 中医药优势明显，资源品牌功能辐射全国

广州中医药历史悠久，中医药从业人员、研发能力和中药企业产值均居全国前列，拥有国医大师 2 名，占全省 100%，全省名中医评选广州占比超 50%，广东省中医院是全国年门诊量最大的医院。广州拥有 2 项国家级中医药文化相关的非物质文化遗产，建成了中国南方最大的中药材交易中心，拥有王老吉、潘高寿、敬修堂、陈李济等一大批中华医药"老字号"，王老吉品牌价值达千亿元，广药集团多次位居中国中药企业百强榜榜首。

---

① 李鹏程：《广州为何能跻身全国三大医疗中心城市？这项数据居一线城市第一》，"南方 Plus"网易号，2022 年 3 月 25 日，https://www.163.com/dy/article/H3AIO561055004XG.html。
② 前瞻产业研究院：《2022 年广州市特色产业之生物医药产业全景分析（附产业空间布局、发展现状及目标、竞争力分析）》，前瞻网，2022 年 7 月 26 日，https://www.qianzhan.com/analyst/detail/220/220726-2204fb57.html。
③ 何颖思、林琳：《穗生物医药企业 5500 多家　全国第三》，《广州日报》2021 年 3 月 1 日。

4.产业链群体系完整，研发服务平台丰富多元

从传统中医到现代医学，从医学研究到临床应用，从医疗板块到健康领域，广州沿着医学—医药—医械—医疗—健康（含医美）等形成了完整的产业链布局。其中，生物医药产业涵盖上中下游全链条，产品覆盖原料药、制药设备、疫苗、单抗、血液制品、重组蛋白、诊断试剂等全谱系，2018～2023年，广州生物医药企业由3800多家迅速增加至6400多家，位居全国第三，上市企业近50家，市值居全国第四位。[①] 同时，产业平台体系完善，拥有中国科学院广州生物医药与健康研究院等一批重点公共技术支撑平台，先后建成功能齐全的新药研发平台，设立了新药申报服务中心和创新药物临床试验服务中心。

（二）广州与大湾区其他城市医疗健康产业关联合作的主要模式

课题组通过实地走访与调研分析发现，目前，广州与大湾区其他城市医疗健康领域的产业关联与合作主要有以下七类典型模式。

广州高端医疗-大湾区终端市场。主要利用广州在三甲综合及特色专科上的绝对优势，为大湾区居民重大疑难疾病的诊治提供高水平医疗服务，其中一个比较典型的合作模式就是通过省级医联体机制为湾区医院提供转诊服务。

广州高校名院-大湾区医疗合作。主要采取如下三种具体合作方式。一是"校地合作"，通过广州知名医科院校与大湾区地方政府签署合作协议，输出广州医疗技术、管理和服务模式，并实行挂牌运营。二是"医医合作"，主要通过广州三甲医院与大湾区地方医院合作，引入、下沉广州优质医疗资源，实现管理融合、品牌融合、人才融合、技术融合与学科融合。三是构建医疗联合体，通过建立专科联盟、远程会诊平台等多种形式，构建覆盖大湾区各城市的三级医疗共建网络。

广州研发创新-大湾区转化应用。主要利用广州各高校院所、龙头药企

---

① 《广州：力争2023年生物医药与高端医疗器械产业规模超6000亿元》，搜狐网，2022年6月11日，https：//www.sohu.com/a/556185239_121270986。

等的重大医疗健康研发成果，选择到周边各地市进行产业转化，辐射带动大湾区医疗健康产业集群发展。例如，由广药集团牵头，联合广州中医药大学、广东省中药研究所等机构，与广东良田农林科技有限公司合作共建清新南药大健康产业园暨南药加工园。此外，广州各大医院的"院内制剂"，也会利用省市医联体、药联体平台，在指定医疗机构间推广使用，同时部分"院内制剂"也可与当地药企合作实现产业化。

广州前端医疗-大湾区康养基地。利用广州先进医疗体系，按照"医养结合"理念与模式，对接大湾区各地康复、护理及养老资源，承接出院病人和老人后续康复护理需求，形成"前期医疗+后期康复"有机衔接的跨区域康养服务合作网络。例如，南方医科大学携手广东医科大学康复医学院，与东莞市签约合作建设东莞附院康复医学中心，力争打造成上下游功能有机衔接的湾区康复医疗中心。

广州医企总部-大湾区产业布局。依托广州国家中心城市和综合门户城市优势，利用本市或吸引外地医药企业总部，对大湾区乃至全国进行产业链布局。例如，省医药集团、广药集团分别在佛山、梅州、清远等地设立原料基地、加工基地、中试基地或配送基地等；落户广州的爱永星辰标准医药服务有限公司，也于近期在南沙设立了粤港澳大湾区总部，致力于打造产业要素完备、服务体系健全、创新生态完善的产业服务平台，并将之作为面向大湾区拓展布局的重要战略支点。

广州战略平台-大湾区产业服务。广州通过自身拥有的多个战略性专业平台，为整个大湾区产业提供资源嫁接、研发支持、成果转化、资本加速、品牌培育、数字赋能等系列化高端服务。比如广州国际生物岛实验室与港大、港中大、港科大等共建联合研究中心，广州香雪制药与澳门大学共建中医药创新转化平台，广州牵手深圳共同主办官洲国际生物论坛、国际 BT 领袖峰会、中国生物产业大会等高端论坛等。

广州龙头牵引-港澳水平合作。主要体现在以下三个方面。一是共建产业园区，如在黄埔区共建穗港科技合作园高端医疗中心，试点推进港澳医师备案注册行医及使用港澳上市药品。二是共建战略性研发平台，如

2019年由广州再生医学与健康广东省实验室（现生物岛实验室）与香港中文大学签约共建的再生医学高等研究院。三是牵头推动与港澳医疗规则衔接，如与港澳相关机构共同制定与国际接轨的中医药标准化体系、国际认可的产品质量标准认证等。

（三）广州医疗健康产业发展存在的主要短板与制约

凭借在医学研究及高端诊疗上的雄厚实力，广州在大湾区医疗健康领域的龙头地位日趋显现。但是，从提升大湾区健康战略实施能力及产业链组织能力，承担大湾区核心引擎角色来看，广州医疗健康产业发展还存在若干短板与制约。

1. 创新型龙头企业实力总体偏弱

广州医疗健康领域企业数量居全国前列，但龙头企业尤其是创新型龙头药企实力明显偏弱。作为综合性医药龙头的广药集团，虽然2021年营收规模首次进入世界500强，但其核心上市平台白云山流通市值仅400多亿元，排名居全国医药医疗类上市企业的第20位，仅为迈瑞医疗和恒瑞医药等药企的1/8和1/6，也大大低于云南白药、同仁堂、药明康德等知名药企。在医美、医械领域，广州企业无一入围"全国A股上市企业20强"；在干细胞、创新药、精准医疗等前沿高端领域，广州头部企业的实力更显不足，如万豪生物总营收只有智飞生物的1/7，医药外包（CXO）产业尤其薄弱，缺乏像药明康德、百济神州那样的头部企业。创新型龙头药企实力偏弱，在很大程度上削弱了广州在大湾区医疗健康产业链布局的话语权。

2. 国家级重大战略性平台布局欠缺

作为华南医疗中心，广州在医疗健康领域拥有一大批公共技术与服务平台。然而，医疗健康是一个庞大的产业体系，广州在许多细分领域仍然缺乏专业平台，如在手性药物、眼科药械、数字医疗等前沿领域，缺乏战略性专业平台；在生物医药领域，研发平台不强不全，转化平台欠缺，制造平台成为制药产业瓶颈。作为战略性基础平台，医疗健康产业基因库、细胞库、临床数据库建设等远未完成。此外，孵化器建设普遍规模小、布局散，国家级生物医药专业孵化器屈指可数，缺乏像苏州 BioBAY 那样具有全国品牌影响力的标杆型专业孵化器。

3. 产业生态仍存不少堵点断点

广州涉医高校和三甲医院实力强大，但缺乏与企业的有效对接机制，对生物医药产业的创新支撑较弱。生物医药产业培育所需要素与服务资源较分散，有资金无项目、有项目无场地、有技术无转化服务或资本对接等情况较为普遍。人才政策欠精准，世界级生物科技领军人才明显短缺。创新药物的匮乏及其冗长的审批制度，已成为广州精准医学发展的最大短板。相关部门、园区、国企的专业队伍建设薄弱，多数人员对医疗健康产业发展特点、规律、趋势研究不深不透，无法提供产业研究、项目招商、平台技术、医药外包、投融资对接、新药申报等全过程高效专业服务。

4. 大湾区内产业对接合作机制尚不成熟

广州与大湾区内其他地市医疗健康产业的合作虽然已形成若干模式，但这些模式内部的对接交流与合作机制尚不够健全、成熟及合理。这主要表现为单向"输血"多，合作共赢少，具有不同程度的帮扶性质；派驻各地市的专科行医人员或技术指导团队，鉴于自身公益身份，其外派服务或项目成效难以获得必要的市场化补偿，激励机制存在缺陷等。此外，广州与港澳医疗健康领域交流合作尚存诸多阻碍，据不完全统计，2018 年，广州医疗系统与港澳的官方交流仅 4 次，其原因主要有三个方面：一是三地医药管理体制差异较大，阻碍了医药和医疗领域的深入交流；二是医疗服务市场尚未一体化，港澳居民享有的公共医疗福利难以延伸至内地；三是内地进口药物审批时间长、价格贵，未能收录进医保目录，造成大湾区先进药物引进和临床应用障碍。

三　广州打造大湾区医疗健康产业核心引擎的战略思路与举措

未来，广州打造大湾区医疗健康产业核心引擎，要充分发挥广州国家中心城市及华南医疗中心的优势，积极对接"健康中国"和粤港澳大湾区战略部署，以高端医疗服务功能为支撑，以创新型龙头企业为主导，整合国际、内地及大湾区腹地医疗创新资源，实施推动"医学—医疗—医药—医养（健康）—医保"① 全产业链体系互动融合与联动发展，着力引导产业链上下游的高校院所、龙头企业、医疗机构、医保体系、行业组织、投融资机构等协同对接，全面提高产业核心竞争力。在此基础上，依托全链集成与核心控制优势，突出广州大湾区高端医疗服务提供者、医学科技创新引领者、产业链群布局组织者、大湾区统一制度规则领航者四大关键角色，致力于为整个大湾区医疗健康产业提供战略布局、资源对接、技术研发、园区运营、资本加速、数字赋能、品牌培育等高端服务，推动链条上各环节升级变革，全面提升广州对大湾区医疗健康产业链、创新链、资金链的战略整合与枢纽作用。

为此，本文特提出如下战略性举措与建议。

（一）育龙头，提升广州对大湾区全产业链整合与布局能力

打造区域核心引擎，离不开综合实力强大、核心竞争力突出的龙头企业。广州应立足自身产业基础和优势领域，重点培育三类龙头企业，全面提升对大湾区产业链的组织力与控制力。一是聚焦打造根植性强的"链主"企业。围绕创新药物、精准医疗、医学检验、数字健康等优势领域，支持广州领军企业通过上下游兼并重组、加强产业链整合等方式，形成一批企业集团。积极开展龙头企业平台化转型试点，遴选具备条件的本土大企业研究平台化转型思路和路径，开展平台化商业模式设计和组织变革。二是注重盘活医药"老字号"。实施中医药"一品牌一方案"扶持措施，活化升级中药中华老字号，发展"时尚中药"，推动中药标准化、国际化，增强中医"老字号"运营能力，指导与推动优质中医药产品申报入选"国家中医药传承创新工程"项目。三是建立专精特新企业培育库。按照"选好选优、培优培

① 在医疗健康全产业链体系中，由于医械与医药性质上均属于医疗用品范畴，故在这里将医械也归入"医药"产业。

强"原则，争取在创新药物、生物材料、新型诊断、医疗器械、药物临床评价等领域孵育一批专精特新企业，对被认定为工信系统专精特新"小巨人"的企业，政府应给予人才配置、上市辅导、空间拓展、配套奖励等多元支持。四是鼓励龙头企业参与湾区产业链布局与优化。鼓励广药集团、金域检验等企业牵头实施大湾区相关产业链整合与战略布局，推动部分特色项目合作落地，参与当地产业园区和重大平台建设。鼓励广州药企赴大湾区开展战略投资、兼并重组、研发众包及协同搭建专业化孵化器。鼓励广州国有药企、医疗机构扩大对大湾区内中小企业采购的比例，并谋划在大湾区设立更多分支机构和区域运营中心。支持广州龙头企业发挥平台整合效应，开放自身数据、渠道、设备、场所等资源。

（二）铸平台，提升广州对大湾区全产业链综合服务支撑力

积极谋划推进四类平台建设，提升广州对大湾区医疗健康产业链的黏附力和控制力。一是重点建设一批国家级重大功能平台。根据广州生物医药与健康产业发展需求，加快推进国家临床医学研究中心、国家生物科学中心、大湾区纳米生物安全中心、仿制药一致性评价公共服务平台等战略性平台建设；围绕新靶标、新位点、新分子实体，争取国家重大医学研发平台和高级别生物安全实验室落地；围绕优势专科，谋划设立国家手性药物发现大科学装置，推进国家眼科先进诊疗及装备工程中心落户广州。加大支持"国家呼吸医学中心"建设，高水平建设生物岛实验室。二是谋划建设一批区域特色专业平台。整合省市中医资源成立广州市中医预防医学研究院，重点开展岭南地区主要病邪和预防疫病研究，建设岭南中医症候样本库，对预防疫病、慢性病效果良好的岭南特色治未病项目，探索推出行业标准。发挥广州医疗资源丰富之优势，抓好临床研究基地建设，高标准建设临床前安全性评价（GLP）、药物临床试验质量管理规范（GCP）等临床研究服务平台。三是加速推进"四库"建设。瞄准世界医学前沿，吸引一批高精尖人才，通过平台打造国际医疗健康产业思想库。实施"双城联动"，协同深圳建好国家基因库，研究建立统一开放接口的生命信息大数据应用开发平台。加快建

设综合细胞库，完善区域细胞制备中心国家网络。强化数据库支撑，重点突破高通量测序、生命信息大数据挖掘等关键技术。四是打造产业实体平台。优化充实"三中心辐射多区域"① 布局，着力释放广州科学城的辐射带动作用，加速建设中新广州知识城国际生物医药价值创新园，推动广州国际生物岛创建国家生物医药政策创新试验区。落实南沙建设方案，依托南沙科学城等载体，打造国家产医融合创新示范基地。

（三）强创新，提高广州在大湾区产业链升级转型中的话语权

充分发挥广州医学研发与高端医疗资源密集的优势，牵头共建大湾区医疗健康科技创新网络，为大湾区医疗健康产业链现代化、高端化提供强大内核动力。一是加强关键核心技术攻关。重点支持基因治疗、免疫细胞治疗、干细胞与再生医学、抗癌药、脑科学等关键领域核心技术研发，建立涵盖实验室研究、中试放大、临床研究、产业化生产及上市后再评价的全产业链自主创新疫苗研制体系，成体系解决"卡脖子"问题。实施"揭榜挂帅"机制，牵头组建生命健康领域创新联合体。二是加快创新成果转化应用。高标准建设华南技术转移中心和港澳技术成果产业化集聚区。对取得一类、二类新药注册证书并在广州实现产业化的项目，按项目总投资的一定比例予以资助。支持创新产品应用示范，优化申报认定机制，完善市级生物与健康技术创新产品认定办法。推进中国"两院"院士专家成果展示与转化中心建设，搭建创新成果转化的共享平台，建立跨区域转移转化对接协调机制。三是支持新药、新品研发应用。对企业自主研发的生物医药创新产品，按照药品类别和项目不同进展情况给予资金支持，推动研发用物品及特殊物品通关便利化。编制广州市生物医药领域创新产品目录，推进首台套示范应用，鼓励企业间互购创新产品，积极支持广州各类创新药品纳入国家医保药品目录，支持符合条件的创新诊疗项目纳入医保目录。

---

① 广州生物医药产业已形成了研发在广州国际生物岛、中试在广州科学城、制造在中新广州知识城的"三中心辐射多区域"产业链发展格局。

（四）控链条，增强广州对大湾区产业链核心环节的控制力

利用医疗健康全链集成优势，促进大湾区全产业链交流合作，共同打造具有国际竞争力的大湾区创新药、精准医疗、数字康养等新兴产业集群。一是构建全产业链跨区交流合作机制。积极引导产业链上下游机构协同对接，通过完善跨区域"研发机构+医院+企业"全链条对接机制，定期组织全产业链对接活动，搭建政、产、学、研、医、融多级资源联动的供需交流平台，推动院企精准对接，协调解决产业链、创新链各环节中的难点、堵点、断点问题。二是修订与完善大湾区城市间医疗合作与共建机制。逐步减少单项"输血"式医疗产业合作，谋划推出更多双赢、多赢式合作范例和模式。利用省市医联体、药联体平台，促进各大医院"院内制剂"在联合体内推广使用，同时在法律框架内推动立法，为广州中医药"院内制剂""走出去"和产业化提供法治保障。三是牵头共建大湾区医疗大数据平台。谋划建设大湾区医疗大数据平台，依托三甲医院、高校院所及高端智库，及时完整地收集湾区居民相关医疗健康大数据，分析整理医疗大数据，开发搭建统一大数据平台，逐步实现数据互通，在此基础上衍生发展智慧医疗、远程医疗等新业态新模式。

（五）广联通，积极引导港澳融入大湾区医疗健康产业体系

广州要成为大湾区核心引擎，应在对接、引领港澳地区医疗健康产业融入大湾区发展的战略使命中充当"领头羊"，发挥特殊和主导作用。一是精心打造穗港澳医疗产业合作载体。加快落实《广州穗港智造合作区建设实施方案》，聚力建好穗港医疗科技合作园，依托广州高新区投资集团有限公司、广州医科大学等机构，争取联合香港资本，共建具备国际认证的高端医疗中心。积极落实《南沙方案》，择址谋划建设国际医疗产业转化与服务特区，打造一个内地与港澳优质医药双向互动交流融合的重要平台，试点对接港澳医疗体系与模式，合力搭建大湾区创新药及医械的研发和成果转化平台，领头实施"港澳药械通"政策。二是牵头创立大湾区中药评估中心。

充分利用广州中医药产业优势，在中药制剂的研制、临床评估、新药申请等领域开展大湾区多方合作，制定完善中医药国际标准，推动创立大湾区中药评估中心暨检测中心。三是策划主办大湾区医疗健康领域高端会议。联合港澳地区，共同策划举办大湾区医药健康产融创新发展峰会、大湾区医院临床科技创新论坛，依托广州国际生物岛、中新广州知识城 GE 生物科技园等举办系列主题国际会议或论坛。四是主导推动与港澳医疗规则衔接。加快推动大湾区检测领域资格互认，扩大内地与港澳检测资质与专业资格互认范围；积极争取在三地医师执业资格互认、三地 OTC 药品及小额医药类商品自由贸易、指定医疗机构使用港澳已上市药品器械、医保体系对接等方面先行先试，并取得突破。积极推动更多港澳已上市的进口药品和器械进入广州医保目录。加快搭建跨境数据互信互认平台，在广州公立医院一体化挂号平台上实施挂号问诊 App 对港澳居民统一开放与认证。

参考文献

华经产业研究院：《2022—2027 年中国创新药行业市场全景评估及发展战略规划报告》。

千际投行：《2023 年创新药行业研究报告》，21 经济网，2023 年 6 月 26 日，https：//www. 21jingji. com/article/20230626/herald/f1c3d211ef390bfcf04536f5f18e3778. html。

亿欧智库：《2022 年医疗大健康产业十大趋势预测》，亿欧网，2022 年 1 月 28 日，https：//www. iyiou. com/research/20220128966。

李鹏程：《广州为何能跻身全国三大医疗中心城市？这项数据居一线城市第一》，"南方 Plus" 网易号，2022 年 3 月 25 日，https：//www. 163. com/dy/article/H3AIO561055004XG. html。

前瞻产业研究院：《2022 年广州市特色产业之生物医药产业全景分析（附产业空间布局、发展现状及目标、竞争力分析）》，前瞻网，2022 年 7 月 26 日，https：//www. qianzhan. com/analyst/detail/220/220726-2204fb57. html。

何颖思、林琳：《穗生物医药企业 5500 多家　全国第三》，《广州日报》2021 年 3 月 1 日。

广州加快互联网信息服务业创新
发展的对策研究

刘 钰 钟炳基*

摘 要： 随着以5G及卫星互联网、工业互联网为代表的下一代互联网核心技术的突破和发展，产业数字化加快推进，互联网信息服务创新发展已成为全球产业转型升级的重要驱动力。广州的互联网信息服务虽然在软件业、消费互联网平台等领域独具优势，但近年来产业规模与北、上、深、杭差距有所扩大、企业数字化转型意愿与能力不强、行业数字人才梯队缺口较大等问题日渐突出，还面临创新资源加速向北、上、深、杭等主要城市集聚、业务外流隐忧等挑战。为加快广州互联网信息服务业创新发展，本文从培育互联网信息服务业创新发展新增长点、加速技术创新与产业化驱动、推动产业集群数字化转型、构建互联网信息服务业高质量发展生态圈等维度提出对策建议。

关键词： 互联网信息服务业 创新发展 广州

一 广州互联网信息服务业发展概况与特点

改革开放以来，广州互联网信息服务业①实现了从无到有、从小到大的

---

* 刘钰，广州市统计局服务业处处长，研究方向为服务业统计；钟炳基，广州市统计局服务业处二级调研员，研究方向为互联网服务业统计。

① 本文所指的互联网信息服务业主要包含互联网和相关服务（行业大类64）、软件和信息技术服务业（行业大类65）两大领域。

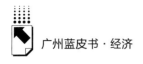

重大转变，产业规模、质量、效益全面提升，企业创新能力不断增强，综合实力稳步提高。

（一）广州互联网信息服务业发展概况

20世纪90年代，广州互联网信息服务业经历了从无到有的起步发展期。90年代中后期，随着太平洋电脑城、天河电脑城、百脑汇相继开业，天河岗顶成为华南地区首屈一指的IT产品集散地。以网易、21CN等为代表的一批软件企业应运而生，在门户网站时代，广州与北京遥相呼应，在国内处于领先地位。

进入21世纪，广州互联网信息服务业步入高速增长期。根据《2004—2005年广东软件产业发展报告》及相关数据，"十五"时期广州软件产业相关收入年均增长率在30%以上。天河软件园、广东软件科学园的互联网信息服务业中小企业集群初见雏形。

"十一五"和"十二五"时期，广州互联网信息服务业进入以应用软件和消费互联网平台服务为主导的稳步发展期。《广州市科学技术和高新技术产业发展"十一五"规划》显示，2005年广州累计有经省认定的软件企业620家，国家级骨干软件企业11家，广东省重点软件企业30家。

"十三五"以来，广州互联网信息服务业进入自主创新和产业融合发展期。随着人工智能、云计算等新兴数字产业崛起，广州互联网信息服务业呈现与制造业融合发展、产业生态进一步丰富的发展态势。2018~2023年，广州规模以上互联网信息服务业营业收入年均增长14.6%（见图1），年均保持较高增速，成为拉动广州经济增长的主导产业之一。其中，2022年，受行业监管趋严等多重因素影响，增速回落至3.7%；2023年行业稳步复苏，全市2252家规模以上互联网信息服务业企业实现营业收入4764.38亿元，同比增长5.8%。

（二）广州互联网信息服务业行业发展特点

为便于深入分析对比，本文按照行业分类将互联网信息服务业细分为五个

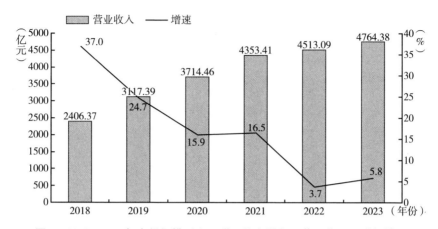

图1　2018~2023年广州规模以上互联网信息服务业营业收入及增长情况

注：2023年为快报数，增速按可比口径计算。
资料来源：广州市统计局。

板块。其中，将互联网和相关服务分为产业互联网平台、消费互联网平台和支撑性互联网信息服务；将软件和信息技术服务业分为软件业、信息技术服务业。

从各板块来看，广州软件业发展早、基础好、营业收入占比最高（35.5%），信息技术服务业增速平稳，消费互联网平台在移动消费带动下增长较快，产业互联网平台、支撑性互联网信息服务营业收入占比相对较低（见表1）。

表1　2018年、2023年广州规模以上互联网信息服务业分板块主要指标

分类	2023年			2018年			2018~2023年
	单位数量（家）	营业收入（亿元）	营业收入占比（%）	单位数量（家）	营业收入（亿元）	营业收入占比（%）	营业收入年均增速（%）
规模以上互联网信息服务业	2252	4764.38	100.0	1701	2406.37	100.0	14.6
产业互联网平台	38	143.28	3.0	17	47.29	2.0	24.8
消费互联网平台	220	1221.39	25.6	75	384.83	16.0	26.0
支撑性互联网信息服务	191	462.18	9.7	103	223.11	9.3	15.7
软件业	993	1693.38	35.5	966	1125.35	46.8	8.5
信息技术服务业	810	1244.15	26.1	540	625.79	26.0	14.7

资料来源：广州市统计局。

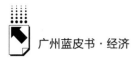

1. 软件业支撑作用凸显

软件业是研究开发的基础技术行业,是互联网信息服务业的核心环节,主要包括基础软件、应用软件等各类软件服务。2018～2023年,广州规模以上软件业企业营业收入年均增长8.5%。2023年全市993家规模以上软件业企业累计实现营业收入1693.38亿元,占规模以上互联网信息服务业营业收入比重为35.5%,较2018年下滑11.3个百分点,但仍是互联网信息服务业中规模最大的板块。2023年全市规模以上互联网信息服务业前50强企业中,有20家软件业企业上榜。从2023年软件业不同细分领域营业收入占比来看,应用软件开发占88.1%,基础软件开发占5.7%,支撑软件开发占1.8%,其他软件开发占4.4%;从营收增速来看,支撑软件开发增速为68.5%,增长较快。

2. 信息技术服务业增速平稳

信息技术服务业是技术支持领域服务业,细分领域包括信息系统集成服务、集成电路设计、信息技术咨询服务、信息处理和存储支持服务等。2018～2023年,广州规模以上信息技术服务业营业收入年均增长14.7%。2023年全市810家规模以上信息技术服务业企业实现营业收入1244.15亿元,占规模以上互联网信息服务业营业收入的比重为26.1%,较2018年上升0.1个百分点,是互联网信息服务业第二大行业。2023年全市规模以上互联网信息服务业前50强中,有12家信息技术服务业企业上榜。从细分领域来看,2023年占信息技术服务业营业收入比重较大的领域是信息系统集成服务、信息技术咨询服务、运行维护服务,占比分别为34.9%、28.9%、11.5%;营业收入增长较快的领域是集成电路设计和物联网技术服务,分别增长52.9%、38.8%。

3. 消费互联网平台保持较快增长

消费互联网平台是以个人消费为对象的互联网服务平台,包括互联网搜索服务、游戏服务以及各类生活服务平台。近年来,移动消费市场规模不断扩大,叠加"宅"经济飞速发展,消费互联网平台保持较快增长。2018～2023年,广州规模以上消费互联网平台营业收入年均增速为26.0%,比全市规模以上互联网信息服务业营业收入年均增速高 11.4 个百分点，年均增速居五大板块首位。2023 年全市规模以上消费互联网平台实现营业收入 1221.39 亿元，同比增长 21.5%，占规模以上互联网信息服务业营业收入比重为 25.6%，较 2018 年提高 9.6 个百分点。营业收入增长较快的领域是互联网搜索服务和互联网生活服务平台，分别增长 74.1% 和 15.6%。行业龙头聚集效应明显，在 2023 年全市规模以上互联网信息服务业前 50 强中，有 12 家消费互联网平台企业上榜。

4. 产业互联网平台、支撑性互联网信息服务规模相对较小

产业互联网平台是以企业、产业链以及城市管理服务为对象的互联网服务平台，包括科技创新、生产、公共服务平台。广州产业互联网平台规模较小，龙头企业聚集度相对较低。2018~2023 年，该板块营业收入年均增速为 24.8%，仅低于消费互联网平台年均增速。2023 年，广州规模以上产业互联网平台营业收入为 143.28 亿元，同比增长 15.3%，占规模以上互联网信息服务业营业收入的比重为 3.0%，较 2018 年提高 1.0 个百分点。支撑性互联网信息服务属于互联网平台运营的支撑性服务门类，主要包括信息接入、信息安全、数据服务等共性互联网信息服务。2023 年，广州规模以上支撑性互联网信息服务实现营业收入 462.18 亿元，占全市规模以上互联网信息服务业营业收入比重为 9.7%，较 2018 年提高 0.4 个百分点，该板块 2018~2023 年营业收入年均增长 15.7%。

5. 空间布局呈现中心集聚、东进南拓态势

历经多年发展，广州互联网信息服务业区域集聚特征明显，总体呈现中心集聚、东进南拓态势。其中，天河区互联网信息服务业发展早，实力雄厚，营业收入规模占全市半壁江山，稳居第一梯队；海珠区互联网信息服务业增长迅猛，黄埔区后发优势明显，番禺区互联网服务业聚集，三个区处于第二梯队（见表 2）。

表2 2023年广州规模以上互联网信息服务业分区主要指标

分区	企业		营业收入			期末从业人员		
	数量（家）	占比（%）	总量（亿元）	占比（%）	2018~2023年年均增速（%）	数量（万人）	占比（%）	2018~2023年年均增速（%）
全 市	2252	100.0	4764.38	100.0	14.6	32.61	100.0	2.7
荔湾区	26	1.2	105.98	2.2	21.6	0.57	1.7	-4.0
越秀区	166	7.4	196.98	4.1	7.3	2.97	9.1	-6.2
海珠区	261	11.6	814.07	17.1	45.1	3.03	9.3	5.1
天河区	1034	45.9	2284.73	48.0	12.6	16.24	49.8	2.4
白云区	93	4.1	103.16	2.2	16.9	1.59	4.9	10.0
黄埔区	381	16.9	643.95	13.5	19.8	4.24	13.0	6.4
番禺区	175	7.8	453.59	9.5	12.2	2.70	8.3	2.5
花都区	8	0.4	17.05	0.4	46.4	0.08	0.2	32.3
南沙区	89	4.0	140.36	2.9	40.3	1.12	3.4	15.4
从化区	4	0.2	1.64	0.0	2.7	0.06	0.2	2.7
增城区	15	0.7	2.86	0.1	4.0	0.03	0.1	17.2

资料来源：广州市统计局。

二 广州互联网信息服务业创新发展SWOT分析

（一）发展优势

1.具备发展互联网信息服务业的科技及人才基础

广州是全国互联网信息服务业发展较早的城市之一，2023年，广州规模以上互联网信息服务业营业收入总额占全省的29.9%，仅低于深圳（占比为63.1%）。广州是科研资源大市，集聚全省主要大学和科研机构，具有大院大所大平台的集聚优势。同时，广州集聚一批国家级产业互联网平台，数字化转型供给侧资源丰富，具备发展互联网信息服务业的产业基础和人才条件。

2. 依托粤港澳大湾区丰富的制造业智能化转型应用场景

粤港澳大湾区是全国工业体系最为完善的地区之一，制造业发达。2023年，广东规模以上工业增加值达 4.13 万亿元，同比增长 4.4%，规模以上工业企业有 7.1 万家。[①] 广州工业门类齐全，拥有 41 个工业大类中的 35 个，已形成 6 个产值超千亿元的先进制造业集群，2023 年全市规模以上工业增加值为 5145.89 亿元，规模以上工业企业有 6909 家。广州制造业以中小企业为主，传统制造业企业占比高，向数字化、智能化转型的需求迫切，这些为互联网信息服务业发展提供了沃土。

3. 消费互联网平台成长优势明显

广州作为国家中心城市与国际商贸中心，辐射湾区超大规模消费市场，消费互联网平台发展效益及成长优势明显。除营业收入保持较好增长以外，2022 年广州消费互联网平台板块利润率达 16.5%，高于北京（6.2%）、杭州（2.0%）、上海（5.8%）、深圳（-2.8%），具备较好的发展效益与较大的成长空间。2022 年在全市互联网信息服务业企业营业收入总额前 50 强中，消费互联网平台企业数量占比达 24.0%，龙头企业集聚效应凸显。

（二）存在问题

1. 互联网信息服务业产业规模与北京、上海、深圳等主要城市有一定差距

从产业规模对比看，北京是全国互联网信息服务业发展最早的地区之一，目前集中了全国众多头部互联网公司，如抖音、美团、京东、百度、快手等，行业发展领跑全国，规模在全国主要城市中稳居第一梯队；上海互联网信息服务业后发优势明显，近年来涌现拼多多、哔哩哔哩、小红书等新兴业态互联网企业，属第二梯队；杭州在阿里系、深圳在腾讯系等互联网巨头的带动下，互联网信息服务业一直发展较快，属第三档次；广州属第四档

[①] 《2024 全国地方两会 | 广东 2023 年 GDP 突破 13 万亿元，连续 35 年居全国首位》，"上游新闻"百家号，2024 年 1 月 23 日，https://baijiahao.baidu.com/s?id=1788857628191970309&wfr=spider&for=pc。

次，互联网信息服务业营业收入规模与主要城市比有一定差距。从行业发展对比看，北京软件业、信息技术服务业、支撑性互联网信息服务均具有规模优势；上海消费互联网平台规模及增速、信息技术服务业的集成电路设计处于领先地位；杭州信息技术服务业、产业互联网平台、支撑性互联网信息服务增速领先；深圳信息技术服务业、产业互联网平台增长较快；广州消费互联网平台竞争优势相对较大，产业互联网平台是高成长优势领域。从主要城市2022年互联网信息服务业前50强企业对比情况来看，广州前50强企业实力与主要城市差距明显。

2. 制造业数字化转型投入意愿与能力有待增强

广州工业企业信息化应用普及率不高。根据2022年广州规模以上工业企业信息化和电子商务应用调查数据，有72.0%的企业表示尚未使用工业互联网，同时有一半（50.0%）的企业表示尚未进行数字化转型。没有进行数字化转型原因，有51.5%的企业反映数字化转型投入太大，有18.9%的企业表示缺乏先行案例，不懂如何开展转型，数字化转型示范项目的引领作用不够突出。此外，近年来广州制造业数字化转型以扶持供给侧关键平台为主，与广州扶持政策相比，北京、上海、深圳、佛山等制造业数字化转型以扶持应用端为主，通过制定普惠性补贴政策，推动本地制造业数字化转型升级。

3. 广州互联网信息服务业数字人才梯队缺口较大

广州互联网信息服务业数字人才梯队缺口较大主要体现在技术开发人才与制造业企业数字化管理人才方面。有40.7%的企业反映缺少数字化转型专业人才。对比北、上、广、深、杭等主要城市互联网信息服务业从业人员规模及人均工资水平，北京从业人员规模遥遥领先，上海、深圳，杭州、广州规模则较小；杭州、北京、上海人均工资排前三名，其次是深圳、广州。可见，广州无论从业人员规模还是人均工资水平，与主要城市相比均存在较明显差距。广州在吸引企业和行业高端人才方面与主要城市相比均处于劣势地位，在一定程度上降低了广州对互联网信息服务业技术人才的吸引力，影响了广州互联网信息服务业的发展。

（三）发展机遇

1. 国家大力推进信息技术自主可控与国产替代，加速互联网关键技术产业化应用

近年来，国家以推动信息技术自主可控与国产替代战略为导向，大力推动数字新基建、数字经济发展，着力从基础设施端与应用端推动下一代互联网关键技术产业化应用。2021年，工业和信息化部印发《"十四五"软件和信息技术服务业发展规划》，围绕软件产业链、产业基础、创新能力、需求牵引、产业生态五个方面提出"十四五"时期软件产业的主要任务，广州市人民政府办公厅印发《广州市加快软件和信息技术服务业发展若干措施》，鼓励加快国产软件研发和替代，推动建设开源技术平台及应用场景落地。这些互联网政策措施密集出台，有力推动了互联网信息服务业发展。

2. 制造业数字化转型具有广阔的市场空间

制造业数字化转型成为全国各地实体经济高质量发展的重要抓手。《"十四五"国家信息化规划》提出2025年"企业工业设备上云率"目标达到30%，《"十四五"数字经济发展规划》提出大力推动产业数字化转型，重点推动制造业企业和产业集群数字化转型。2023年广东省工业和信息化工作会议提出推动5000家规模以上工业企业数字化转型的明确目标。要实现广州制造业高质量发展，必须推动本地传统产业链数字化、网络化、智能化发展，产业链向中高端迈进，塑造广州制造业发展新优势，围绕制造业数字化转型的互联网信息服务业市场空间巨大。

3. 制造业服务化转型为互联网信息服务业创新发展增添新动能

随着沿海发达地区进入工业化中后期，制造业服务化成为大势所趋。2021年国家发展改革委出台的《关于加快推动制造服务业高质量发展的意见》提出，推动制造业供应链创新应用等制造服务业发展重点方向。广州市人民政府印发的《广州市推进制造业数字化转型若干政策措施》和广州市工业和信息化局印发的《广州市先进制造业强市三年行动计划（2019—2021年）》提出，推动现代服务业与先进制造业融合发展，未来以互联网信息服务业为核心的制造服务业比重将进一步提高。作为全国首批服务型制造示范城市及联合国工业发展组织授予的全球首批"定制之都"案例城市，广州在发展制造服务业方面具备较强基础，随着两业融合深入推进，未来以互联网信息服务业为核心的制造服务业比重将进一步提高。

（四）面临挑战

1. 创新资源加速向主要城市集聚，广州整体创新行业环境面临激烈竞争

目前，全国著名互联网信息服务业总部企业均集中在北京、上海、深圳、杭州等主要城市，在龙头企业和重大技术平台等关键创新要素带动下，北京、上海、深圳、杭州等城市的互联网、软件业在基础研发、应用创新与产业化生态环境等方面逐步成熟，吸引了全国创新企业、人才、资金等关键创新要素加速向这些城市集聚，打造了围绕总部企业的创新资源生态环境。广州互联网创新资源、创新人才环境较主要城市处于劣势，尤其缺乏互联网龙头企业和重大技术平台，行业整体创新环境与主要城市差距较大。

2. 主要城市积极出台互联网信息服务业发展优惠政策，广州互联网总部企业核心业务外流趋势明显

近年来，北京、杭州、上海、深圳等城市接连出台互联网信息服务业高质量发展相关政策，受更优越市场、政策环境等因素影响，广州互联网总部企业核心业务向市外迁移趋势明显。比如广州本地互联网龙头企业网易，近年来向杭州等地发展，部分业务随之转移，目前网易广州业务只剩游戏，更多新业态业务放在杭州、上海，包括音乐、直播、网易严选等。部分企业由于战略调整、市场竞争激烈等因素面临被收购的现状，如2014年，广州著名互联网企业 UC 优视科技并入阿里巴巴集团，虎牙直播2020年被腾讯收购，同时，虎牙直播也在海南、佛山等地布局，迁移部分业务，2016年腾讯旗下 QQ 音乐收购酷狗音乐、酷我音乐。广州市市场监督管理局关于2022年前三季度全市市场主体发展情况的报告显示，2022年1~9月，迁出广州的企业共计3997家，增长17.15%。

3. 基于下一代互联网技术的新兴软件发展布局相对滞后于其他主要城市

近年来，北京、深圳、上海、杭州等主要城市不断出台政策，大力推动下一代互联网技术创新与产业化，培育新兴软件产业集群。广州在下一代互联网技术的整体布局上相对滞后，对区块链技术的创新仍处于应用创新驱动阶段，数字资产交易中心处于起步阶段，面向互联网3.0的核心技术布局尚未明确，在一定程度上影响了对社会研发投入资金的引流效应。

广州互联网信息服务业创新发展SWOT分析如表3所示。

表3 广州互联网信息服务业创新发展SWOT分析

发展优势	存在问题
1. 具备发展互联网信息服务业的科技及人才基础 2. 依托粤港澳大湾区丰富的制造业智能化转型应用场景 3. 消费互联网平台成长优势明显	1. 产业规模与北京、上海、深圳等主要城市有一定差距 2. 制造业数字化转型投入意愿与能力有待增强 3. 互联网信息服务业数字人才梯队缺口较大
发展机遇	面临挑战
1. 国家大力推进信息技术自主可控与国产替代，加速互联网关键技术产业化应用 2. 制造业数字化转型具有广阔的市场空间 3. 制造业服务化转型为互联网信息服务业创新发展增添新动能	1. 创新资源加速向主要城市集聚，广州整体创新行业环境面临激烈竞争 2. 主要城市积极出台互联网信息服务业发展优惠政策，广州互联网总部企业核心业务外流趋势明显 3. 基于下一代互联网技术的新兴软件发展布局滞后于其他主要城市

三 广州加快互联网信息服务业创新发展的对策建议

聚焦下一代互联网关键技术，加速技术创新与产业化，深度挖掘在生产端、研发端、流通端的实体经济应用市场需求，前瞻性推动未来网络、人工智能、虚拟现实等下一代互联网关键底层技术产业化与新兴业态创新，推动产业链与创新链、人才链、资金链深度融合发展。

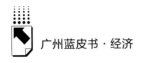

（一）以推动两业融合发展为切入点，培育互联网信息服务业创新发展新增长点

充分发挥广州生产性服务业集聚优势，加快推动互联网信息服务业与先进制造、其他生产性服务业融合发展，着力培育"智能+"先进制造新业态成为全市互联网信息服务业的新增长点，赋能广州制造业高质量发展。做大做强产业互联网平台"供给端"资源池，积极引培通用型与行业垂直型产业互联网平台企业集群，支持大中型制造业企业向制造服务业转型，引导消费互联网平台企业培育产业端新业态。

搭建具备影响力的工业互联网创新平台，推动新一代信息技术与制造业融合发展。一是搭建垂直行业产业互联网平台，加大对工业互联网服务平台扶持力度。支持EDA、基础软件、工业软件、信息安全软件等工具型产业互联网平台创新企业发展。支持骨干制造业企业、大型互联网企业、知名科研机构联合建设，构建跨行业、跨领域的工业互联网平台，建成一批国家级、区域级、行业级、企业级的工业互联网平台。二是加快推进新一代信息技术与制造业深度融合，将新一代信息技术应用于企业研发设计、生产制造、营销销售、售后服务等生产活动全价值链流程。搭建基于区块链等技术的共享设计、共享制造和共享数据平台。推进设计研发、生产制造和供应链管理等关键环节的柔性化改造。三是鼓励资源富集企业依托工业互联网平台开展生产设备、专用工具、生产线等制造资源的协作共享，打造网络化协同制造模式，实现生产能力、专业服务、创新资源和市场需求的柔性配置和高效协同。

做大做强制造服务业主体，支持有条件的大中型制造业企业向制造服务业延伸。一是支持制造业企业服务化转型，掌握较高端的产业链环节，向"微笑曲线"的研发和服务价值两端延伸，介入研发、设计、规划等产业链上游阶段，以及营销、品牌管理延伸服务等下游阶段。促进工业设计创新发展，完善现代工业设计和高端制造、智能制造、服务型制造"设计+"价值提升体系。二是推动实体经济"链主"企业向产业互联网平台服务商转型升级，利用龙头企业在产业链中带动产业链上下游中小企业的整合能力，吸引本地相关中小企业积极参与产业链，促进产业集聚发展。三是积极发展专业化技术服务，支持企业和专业机构开展面向制造业的研发、制造、交付、维护等产品全生命周期管理服务。

持续引导消费互联网平台向产业互联网平台转型。2023年，广州产业互联网平台规模较小，只占互联网信息服务业的3.0%，同时，广州消费互联网平台发展较快（营业收入占比为25.6%），积累了丰富的互联网技术和大量人才。随着云计算、大数据、物联网、移动互联网、人工智能等新一代信息技术的发展，互联网从消费互联网平台向产业互联网平台转型。要积极引导消费互联网平台企业向产业互联网平台企业转型，引导新一代互联网技术企业服务实体经济，持续推进工业互联网创新应用，助力制造业等实体经济发展。

（二）以聚焦下一代互联网关键技术为主线，加速推动技术创新与产业化

以推动下一代互联网核心技术产业化为主线，加快制定顶层规划以及专项政策，培育下一代互联网新兴产业体系。瞄准未来网络、未来通信、虚拟现实、元宇宙、人工智能、区块链等核心技术，以制造业数字化转型、数字文化、数字金融等应用场景为主要驱动，加速下一代互联网关键技术产业化，积极培育自动化装备、本地工业/服务机器人、智能芯片、嵌入式软件等细分领域产品。

促进互联网信息服务业创新企业集聚发展。一是立足广州产业基础，瞄准数字资产、区块链、人工智能等关键数字技术，探索下一代互联网技术体系、商业模式和治理机制；支持下一代互联网重大技术生态平台建设，支持链式创新联合体，推进关键技术研发及产业化，构建基于下一代互联网技术的新兴互联网信息服务产业集群。二是加大对基础性、支撑性行业的支持力度，重点发展软件业、产业互联网平台、支撑性互联网信息服务，提高集成电路设计、信息系统集成服务、物联网技术服务、信息处理和存储支持服务

等的水平。三是加大对行业头部互联网信息服务业企业的引培力度，注重引进互联网信息服务业创新企业，吸引国内外知名企业来穗建设总部或研发中心，对符合条件的新落户企业根据实际缴纳注册资本以及营收规模，分类、分阶段给予落户奖励。四是支持产业互联网平台企业牵头建立专业化数字园区。支持产业互联网平台企业与产业园区运营商联合打造专业智慧园区，发展以产业集群数字化协同发展为内核的专业数字园区。学习杭州发展"样板园区、赋能工场、智造工场"新空间的经验，探索建设楼宇园区、省级以上产业平台（园区）、小微企业园等特色园区，引导发展不同形态的"未来工厂"。

（三）以加大应用端政策扶持力度为抓手，推动产业集群数字化转型

落实《广州市推进制造业数字化转型若干政策措施》，支持"链主"企业和智能工厂等重点项目以及服务平台商等服务供给方发展。制定重点行业数字化、智能化制造实施路线图，加快推动大中型企业数字化转型升级，支持实体经济企业向产业互联网平台转型升级，助力中小企业数字车间和数字智能工厂建设。

开展数字化集成创新与应用示范，提速制造业数字化转型。建议在充分调研本地制造业产业集群数字化转型需求基础上，实施差异化的制造业数字化转型扶持策略。一是要制定重点行业数字化、智能化制造实施路线图，加快推动大中型企业数字化转型升级。持续开展两化融合管理体系标准建设与推广，支持创建国家"5G+工业互联网"融合应用先导区。二是支持制造业龙头企业剥离数字化业务部门，发挥大中型企业数字化改造示范作用，将数字化转型内容培训列入"链主"企业培训课程。三是全面开展中小企业数字车间和数字智能工厂建设，支持中小企业聚焦关键环节，抓住见效快的数字项目先行示范和突破。设立中小企业数字化转型专项基金，大力扶持中小企业数字化转型。助力中小企业增强参与产业链的能力，包括协调"链主"企业研发的能力、参与供应链的能力以及制造创新能力。

以推动研发生产协同为重点，支持离散型制造业产业集群数字化转型。汽车制造、装备制造等离散型制造业，产业集群环节多，生产协同需求多，智能工厂条件要求高，目前产业链各环节的企业协同生产受制于生产设备的数字化率低、生产信息无法互通以及零部件供应商的产能与产品供应标准无法与终端产品企业需求高效匹配。建议借鉴佛山奖补经验，以提升产业集群生产协同效率为核心，以支持产业集群企业建设数字化、智能化示范工厂和车间项目为重点，加大项目奖补力度，提升奖补企业覆盖率，并将软件服务纳入数字化技术改造奖补的补贴范围。

以重塑整合数字供应链为重点，支持流程型制造业产业集群搭建行业互联网平台。纺织服装、日用化工等流程型制造业，产业集群生产环节少，中小企业集聚，拓展市场订单是企业数字化转型的主要驱动。目前中小企业上云受上云成本偏高、缺乏有效服务供应商、上云对拓展市场规模效益的作用有待验证等影响，积极性仍有待提高。建议重点支持搭建行业互联网平台，推动行业中小企业以融链上云为重点，按成功服务企业数量给予平台服务商奖补。借鉴北京中小企业数字化转型试点经验，每个服务平台服务不少于10 家试点中小企业，按照不超过每家试点企业实际改造成本的 30% 进行奖补。对标佛山制造业企业上云补贴标准，适当提升相关产业链中小企业上云奖补标准。

（四）以持续优化营商环境为引领，构建互联网信息服务业高质量发展生态圈

持续培育和扶持互联网信息服务业航母型平台企业。在数字经济、平台经济时代，互联网业务经营范围扩展到全国甚至他国，企业在全国、他国所创造的产值、税收大部分归总部所有，同时，总部还聚集大量创新资源和人才，创新企业、人才、资金等关键创新要素加速向总部城市集聚，出现"赢家通吃"的局面。广州网易、华多、UC 优视科技、酷狗、唯品会等互联网信息服务业龙头企业，是在广州本地成长起来的，对推动广州互联网信息服务业发展功不可没，但与阿里巴巴、腾讯、字节跳动等国内航母型互联网

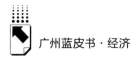
企业比，无论是规模、科技实力还是带动能力均差距较大。因此，建议广州坚定不移推动产业转型，参考北京、杭州、深圳的扶持政策，选取1~2家航母型互联网企业结为战略伙伴，调动各方资源全方位加以扶持，围绕龙头企业积极打造互联网创新产业链，支持和推动龙头企业扎根广州、服务广州，打造具有国内国际影响力的互联网龙头企业。发挥龙头企业带动和产业集聚作用，吸引全国创新企业、人才、资金等关键创新要素加速向广州集聚。

不断优化本地互联网技术与投资环境。一是加强对现行互联网信息服务业相关政策的宣传、引导和操作指引。进一步细化各种扶持政策，简化操作流程，提高政策执行可操作性，主动为企业提供更多基础信息，推动执法刚性与服务柔性并举，尽可能为企业开展业务、信贷等提供相关服务及政策支持。二是提高重点企业服务水平。建议各级成立互联网信息服务业工作服务小组，一对一与企业建立联系，主动上门为企业服务；要多关注企业经营情况，克服企业运营困难，解决企业员工子女入学等实际问题。三是完善财政精准扶持与金融政策体系，围绕下一代互联网技术出台多部门联动的专门扶持政策，增强市区两级产业引导基金对社会资本的撬动能力，支持发展市场化运营的产业风投基金，优化本地互联网技术投资环境。四是加大数字人才引培力度。除了支持高校联合数字化转型服务机构、工业互联网平台服务商等开展相关学科专业建设，鼓励制造业企业大力引进数字化转型人才，还要以工业互联网平台服务商自研平台的教育普及需求与"链主"企业的人才培育需求为导向，加大人才培养力度。五是着力打造两化融合示范园区，完善数字制造服务创新生态。选取互联网信息服务业与先进制造业融合发展基础较好、具有较强产业集群特征和辐射带动作用的产业园区，探索具有广州特色的两业融合新机制、新模式和新业态，学习北京经验加大对园区用地供应、共性产业服务设施建设以及投融资的支持力度。重点培育琶洲人工智能与数字经济试验区、天河智慧城等省市级园区品牌。

参考文献

《"十四五"信息化和工业化深度融合发展规划》，工业和信息化部网站，2022年7月6日，https：//www. miit. gov. cn/jgsj/ghs/zlygh/art/2022/art_ 21ab63dacb6a49b4b6072498abf3ecfc. html&wd=&eqid=f327f2af000285a100000006645af8d9。

《关于加快推动制造服务业高质量发展的意见》，中国政府网，2021年3月16日，https：//www. gov. cn/zhengce/zhengceku/2021-03/23/content_ 5595161. htm。

《广州市人民政府关于印发广州市推进制造业数字化转型若干政策措施的通知》，广州市人民政府网站，2021年12月15日，https：//www. gz. gov. cn/gfxwj/szfgfxwj/gzsrmzf/content/mpost_ 7975438. html。

《广州市人民政府办公厅关于印发广州市加快软件和信息技术服务业发展若干措施的通知》，广州市人民政府网站，2020年3月5日，https：//www. gz. gov. cn/gfxwj/szfgfxwj/gzsrmzfbgt/content/post_ 5726498. html。

B.10
促进广州新型消费发展的思路研究

周骏宇　周　铭*

摘　要： 广州发展新型消费拥有良好的基础和条件，包括拥有实现消费升级的实力和潜力、广州商贸业及服务业拥有良好的基础和优势、政府支持提供了有利条件等。未来广州培育新型消费可从几个重点领域着手，包括内贸领域的直播电商、淘宝电商、无接触式消费、新零售、云消费等，涉外领域的跨境电商B2C、邮轮旅游、平行进口等。由此，本文建议从持续锻造新的消费形态和消费热点、完善新型消费的消费者权益保护体系、提高新型消费产品（服务）供给品质、吸引国际消费客群、推动商贸产业数字化、运用财政金融手段引导新型消费发展等方面促进广州新型消费发展。

关键词： 新型消费　直播电商　跨境电商　广州

一　新型消费的内涵、特征和发展趋势

（一）新型消费的内涵

新型消费的提出可以追溯到2015年11月，国务院印发了《关于积极发挥新消费引领作用加快培育形成新供给新动力的指导意见》。该文件首次使用"新消费"表述，把服务消费、信息消费、绿色消费、时尚消费、品质

---

* 周骏宇，博士，广东外语外贸大学教授，广州国际商贸中心重点研究基地研究员，研究方向为国际经济、城市经济等；周铭，湖北联诺建设有限公司工程师，研究方向为工程管理、物流工程。

消费等视为新消费。随后，一系列中央文件和重要会议出现"新兴消费""新型消费"等表述。

2020年9月，国务院办公厅印发《关于以新业态新模式引领新型消费加快发展的意见》，指出以新业态新模式为引领，加快推动新型消费扩容提质，努力实现新型消费加快发展，推动形成国内国际双循环相互促进的新发展格局。

2023年7月，国家发展改革委发布了《关于恢复和扩大消费的措施》，将"拓展新型消费"列为恢复消费、扩大消费的重要举措。

一般来说，新型消费是指在新时代背景下，由新技术驱动、新需求引导、新媒介联通的各类消费新业态、新模式、新场景的统称。

（二）重点城市新型消费发展态势

北京、上海、重庆、天津与广州同为首批入选国家"国际消费中心城市"建设的城市，均高度重视推动新型消费发展。

1. 北京：瞄准"数字消费"发力

北京非常重视发展数字消费新业态，出台了《北京市数字消费能级提升工作方案》等文件，提出的对策包括推动数字文化、数字医疗、数字教育等新业态发展；支持智慧零售、反向定制等数字消费新应用发展；培育无感支付、沉浸式体验、AR购物等情景式消费新模式；推进跨境直播电商创新发展，推动开展保税仓直播试点；加快培育国际主播达人与网红品牌。

2. 上海：新型消费多点开花

在《上海市建设国际消费中心城市实施方案》中，上海针对多种新型消费形态提出了不同的发展对策。一是电商消费。培育一批百亿元、千亿元级电子商务标杆企业；推动直播电商等新型业态规范发展。二是免退税经济。扩大境外旅客购物离境退税"即买即退"实施范围、优化退税流程；扩大退税商店数量、类型及覆盖地域范围。三是绿色消费。大力推广节能环保低碳产品，大力倡导生态设计和绿色消费理念，引导消费者优先选购可循环、可再生的替代产品。四是进口消费。开展虹桥和外高桥国

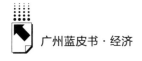
家级进口贸易促进创新示范区建设，打造集消费品进口、分拨配送、零售推广等于一体的服务链。

3. 重庆：力推新型消费"四化"升级

重庆印发《加快发展新型消费释放消费潜力若干措施》，提出实现新型消费"品质化、智能化、多元化、服务化"四化升级目标，全面推进"巴渝新消费"八大行动，具体包括品质提升行动、数字赋能行动、绿色健康行动、市场细分行动、国际拓展行动、场景优化行动、流通畅通行动、普惠共享行动。

4. 天津：锻造完整"智慧消费"链条

天津发布《天津市加快发展新型消费实施方案》，提出建设智慧医疗、智慧体育、智慧广电、在线文娱等智慧消费体系。一是智慧医疗。规划建设全民健康信息化业务基础网络平台和分级诊疗平台，实现各级公立卫生医疗机构全覆盖。二是智慧体育。正式上线"津体惠"App，整合体育场馆服务、体育用品、健身训练信息等体育资源。三是智慧超市。推动传统超市智慧化转型，推广线上订货、线下无接触配送。四是智慧街区。发展阿里巴巴新零售生活街等"智慧街区"和"智慧商圈"。

（三）新型消费的特征与发展趋势

1. 消费智能化

随着信息技术的广泛应用，查询、购买、支付等多个消费环节均呈现智能化趋势，网络市场交易额占比迅速提高。除在线购物之外，在线支付市场也发展迅速。截至2023年1月，我国网络支付用户规模达11亿人，在线支付从购物、公共交通等小额便捷消费场景扩展到火车票、酒店预订、高速收费、医疗等全场景。

2. O2O化（线上与线下融合）

随着互联网的发展，大数据、人工智能等先进技术手段给商业结构带来的改变越来越明显，形成了线上与线下消费融合的趋势。众多知名电商平台和商家，打通线上与线下，通过技术、场景、模式（线上商城、直播平台、虚拟逛店）等多维度创新，进一步激发消费潜力。

3.体验化、场景化

随着居民生活水平提高，消费者行为由注重商品功能向注重体验消费和场景消费转化。新型消费不再是传统购物"到店—付款—拿货"场景，也不再局限于网店购物"浏览—购物车—支付—收包裹"场景，而是不断演进，出现平台直播、VR 购物、互联网造车 DIY、C2M（用户直连制造）等应用场景，这些都给消费者带来更好的消费体验。

4.时尚化、精神化

新型消费的精神属性不断凸显，人们不再仅从物质消费中获得满足感，而更多追求心理、精神层面的满足。消费者追求时尚，紧跟时代步伐，紧跟消费热点。广州太古汇打造《十号礼铺》独家沉浸式戏剧，天德广场推出"国潮+潮食+社交互动"主题活动，美林 M·LIVE 天地开展以潮玩、活力、电竞为主题的活动。在这些新型消费场景中，传统和时尚擦出火花，商业与文旅相互融合，衍生了大量新的消费形态。

5.品质化、个性化

品质消费包含商品（服务）品质和品牌消费价值。消费者对商品品牌的需求趋向于追求更高档次、知名品牌。此外，消费者强调自身需求的独特性。电商平台上一些品牌设有"定制专区"，可以将基础款产品打造成具有专属标签的个性化产品。

二 广州发展新型消费的基础和条件

（一）广州拥有实现消费升级的实力和潜力

从社会消费品零售总额来看，广州社会消费品零售总额多年居全国第三、第四位。2023 年，广州实现社会消费品零售总额 11012.62 亿元（见表1），比上年增长 6.9%。其中，住宿和餐饮业快速增长，实现零售额同比增长 23.3%。基本生活类消费品持续复苏，新能源汽车持续热销，服务机器人、智能手机、智能电视、家用空气湿度调节装置、营养保健食品等消费品产量均保持快速增长。

表 1　2015~2023 年广州社会消费品零售总额

单位：万元

年份	总计	其中：批发和零售业	其中：住宿和餐饮业
2015	69944246	63339740	6604506
2016	75620262	68568734	7051528
2017	81906273	74428793	7477480
2018	88109103	80207859	7901244
2019	95515699	86921314	8594385
2020	92186605	85450519	6736086
2021	101225604	93245228	7980376
2022	102981533	95321893	7659640
2023	110126200	100679166	9447034

资料来源：《2023 广州统计年鉴》，广州市统计局网站。

如表 2 所示，在 2023 年广州限额以上批发和零售业法人企业商品零售额中，排在前五位的是汽车类，粮油、食品类，中西药品类，服装、鞋帽、针纺织品类，通信器材类。这表明广州居民总体消费层次较高。

表 2　2023 年广州限额以上批发和零售业法人企业商品零售额及同比增速情况

单位：万元，%

	商品零售额	同比增速
粮油、食品类	5306086	8.9
饮料类	1227419	-7.3
烟酒类	858980	-0.6
服装、鞋帽、针纺织品类	4429239	15.3
化妆品类	2902582	15.8
金银珠宝类	1532500	6.2
日用品类	3113067	-5.6
家用电器和音像器材类	2831446	8.6
中西药品类	4930407	1.8
文化办公用品类	2003872	-3.7

续表

	商品零售额	同比增速
通信器材类	4279423	3.4
石油及制品类	3975734	−3.1
汽车类	13702606	5.3

资料来源：广州市统计局网站。

如图 1 所示，除食品烟酒支出和居住支出，2022 年广州城镇居民在交通通信、教育文化娱乐等领域的支出占比较高，并较前几年有所增长，显示广州城镇居民消费在不断提质升级。

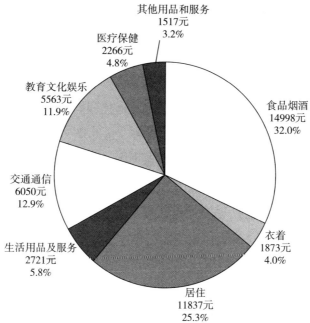

图 1　2022 年广州城镇居民人均生活消费支出构成

资料来源：《2023 年广州市国民经济和社会发展统计公报》。

从消费潜力来看，如表 3 所示，广州近年居民收入稳步增长，且增速较快。2023 年，广州城镇居民人均可支配收入为 80501.00 元，同比增长 4.8%；农村居民人均可支配收入为 38607 元，同比增长 6.4%。

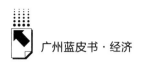

表3　2015~2023年广州城镇居民人均可支配收入情况及恩格尔系数

年份	人均可支配收入(元)	人均可支配收入指数（上年＝100）	恩格尔系数(%)
2015	46734.60	108.8	32.8
2016	50940.70	109.0	32.8
2017	55400.49	108.8	32.1
2018	59982.10	108.3	32.1
2019	65052.10	108.5	32.0
2020	68304.10	105.0	32.4
2021	74416.17	108.9	31.7
2022	76849.41	103.3	32.0
2023	80501.00	104.8	—

资料来源：《2023广州统计年鉴》，广州市统计局网站。

（二）广州商贸业及服务业拥有良好的基础和优势

广州拥有雄厚坚实的商贸基础。作为影响辐射全球的"千年商都"，广州拥有全国首个销售额突破万亿元的商圈。无论是天河路商圈（以天河路为核心，已成为华南第一商圈）、北京路商圈（历史文化氛围浓郁、人文景点众多，是广州乃至华南地区的商旅名片）、上下九商圈（广州第一条商业步行街，极具岭南特色）等旧商圈；还是珠江新城商圈、白云新城商圈、万博—长隆—汉溪商圈等新商圈，各呈异彩，正在提升完善。

广州是国家电子商务示范城市、国家移动电子商务示范城市、国家跨境电子商务综合试验区，拥有全国数量最多、规模最大、品类最全的都市消费品专业市场集群，共有500余个专业市场（截至2023年5月），形成美妆日化、纺织服装、皮革皮具等15个批发市场集群。广交会作为我国最大的进出口贸易促进平台，以"广货卖天下""广卖天下货"连接国际、国内两个市场。此外，广州新型消费基础设施建设拥有比较突出的优势。2023年，白云国际机场完成旅客吞吐量6317.35万人次，同比增长1.4倍，实现全国单体机场年度旅客吞吐量"四连冠"。广州南站全年发送旅客9127.57万人次，成为全国车站旅客发送量纪录保持者。广州港全年完成货物吞吐量6.75亿吨、集装箱吞吐量2541.44万标箱，规模稳居世界前列。[①]

（三）政府支持提供了有利条件

2020年5月，广州正式印发了《关于提振消费促进市场繁荣的若干措施》，又称广州促消费"20条"，明确打造广州直播电商节，支持"广货"直播等新业态发展；推进"老字号一条街""非遗街区"等项目建设。

2021年5月，广州发布了《广州市国民经济和社会发展第十四个五年规划和2035年远景目标纲要》，明确提出建设国际消费中心城市，广州将坚持实物消费和服务消费并重、新型消费和传统消费并举，实施"十大行动计划"。

2023年3月，广州发布《广州市建设国际消费中心城市发展规划（2022—2025年）》；2023年4月，广州发布《广州市促进消费提档升级若干措施》。这些政策文件都对"消费业态创新""电商赋能"等新型消费主题有所关注。

三　广州未来培育新型消费的重点领域

（一）内贸领域

1. 直播电商和网红经济

据中国市场学会等发布的《直播电商区域发展指数研究报告》，广州主播数量及直播场次均位列全国第一，2022年上半年直播销售额为833亿元；全国直播电商百强区（县）广州占9席，总数全国第一。据抖音官方统计，2023年广州每日直播带货品类超过100万种，在9个领域中排名全国第一，主要为美妆护肤、服装鞋帽、家居生活、母婴用品、个护家清、礼品箱包等领域，是名副其实的都市消费品带货第一大城。

---

① 《客运高位运行 货运稳步提升 2023年广州市交通运输业交出亮眼成绩单》，广州市统计局网站，2024年1月24日，http://tjj.gz.gov.cn/zzfwzq/tjkx/content/post_9459900.html。

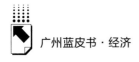
近年广州"网红经济"快速发展。快手头部网红主播"散打哥"主打农产品直播，累计观看量超过5000万人次。广药王老吉邀请头部网红助推产品，快速打开品牌知名度，单一平台视频播放量超过1亿次，产品销售额超过1亿元。

2. 淘宝电商

据阿里巴巴数据，广州、浙江金华和福建泉州淘宝村的活跃网店数量位居全国前三。

广州太和镇大源村是广州淘宝第一村，拥有25个现代化电商产业园，5000多家注册商户，从业人员达3万人，平均每天发出快递300万件。上规模的淘宝店商有宁莎旗舰店、三角衣柜、三木子等，每家每天出货量都在2万~3万件，均列入淘宝前20名。

3. 无接触式消费

借助一系列新兴科技手段，无接触式商贸迅速发展。智慧超市、无人餐饮、机器人/无人机配送等新型服务业态快速发展。叮咚买菜平台率先推出了无接触式收货服务，饿了么等也随之跟进。商业银行积极试水无接触式金融服务。2022年，广州快递业务量为101.31亿件，位居全国第二（仅次于浙江金华）；快递业务收入为840.43亿元，增长2.8%。

4. 新零售与即时零售

新零售是指个人、企业以互联网为依托，运用大数据、人工智能等先进技术手段，对商品的生产、流通与销售过程进行升级改造，并将线上服务、线下体验以及现代物流进行深度融合的零售新模式。广州盒马鲜生、永辉超级物种等新零售业态成长较快。

"线上下单、最快30分钟送达"的即时零售，满足了消费者"万物到家"的即时需求。根据中国连锁经营协会《2022年中国即时零售发展报告》，预计到2026年即时零售相关市场规模将超过1万亿元。在广州，百果园在美团平台上线了310家即时零售门店。2023年，为进一步推进广州"城市一刻钟便民生活圈"建设，由美团主办、广东省电子商务协会协办的"即时零售中国行"活动于6月28日落地广州。

5. 云消费

云消费是依托网络的新型服务消费，包括"云娱乐""云旅游""云办公""云教育"等。云服务满足了网友多元化的精神文化需求，也是传统企业转型线上，探索新营收模式的有效举措。在云消费领域，广州拥有华立科技、宝辉科技等各类文娱、动漫、游戏企业近千家，游戏娱乐设施生产（及研发）在全国的市场份额约为60%；虎牙游戏直播平台市场占有率位居全国第一。此外，广州拥有五大国家级服务出口基地：天河区系国家数字服务出口基地，天河区、番禺区系国家文化出口基地，广州开发区系国家知识产权特色服务出口基地以及广东省中医院中医药服务贸易基地。

（二）涉外领域

广州正在建设国际消费中心城市，涉外新型消费形态也应是关注和发展的重点。

1. 跨境电商 B2C

广州跨境电商在全国形成了一定的优势。如表4所示，2023年1～11月，广州跨境电商进出口总额为1600.0亿元，其中进口额连续9年居全国第一。南沙口岸跨境电商网购保税进口业务规模占全国的1/5。白云国际机场口岸跨境电商进出口交易额连续8年居全国空港首位。

表4 广州跨境电商进出口额规模

单位：亿元，%

年份	进出口总额	增幅	出口额	进口额
2015	67.7	—	33.2	34.5
2016	146.8	116.84	60.3	86.5
2017	227.7	55.11	151.9	75.8
2018	246.8	8.39	198	48.8
2019	385.9	56.36	253.2	132.7
2020	472.0	22.31	—	—

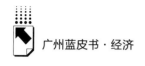

续表

年份	进出口总额	增幅	出口额	进口额
2021	675.0	43.00	—	—
2022	1375.9	103.84	—	—
2023	1600.0	—	—	—

注：2023 年为 1～11 月数据。
资料来源：根据海关总署有关数据整理。

广州跨境电商市场主体活跃，不仅培育了唯品会、洋葱、卓志、南沙国际物流园、捷晟等一大批优质跨境电商企业，而且吸引 Shein、TikTok、哆啦等一大批头部平台和重点企业来广州发展。

2. 邮轮旅游

2016 年 1 月，丽星邮轮"处女星"号正式通航，广州邮轮产业实现从无到有的跨越。星梦邮轮"云顶梦"号、歌诗达邮轮"维多利亚"号等纷纷在此执航。2019 年 11 月，南沙国际邮轮母港开港首航。2016～2020 年，南沙运营出入境邮轮 418 航次，接待出入境旅客 167.35 万人次，邮轮出入境旅客规模连续 4 年保持全国第三。2023 年，南沙国际邮轮母港开通了前往日本、越南、菲律宾及我国香港等地的航线 9 条，邮轮目的地 12 个，邮轮航线目的地数量在全国排名前列，是国内东南亚航线最多的邮轮港口之一。①

3. 平行进口

广州是全国第二大汽车平行进口试点城市。2019 年，广州南沙已汇聚平行进口汽车贸易、代理、融资等各类企业超过 140 家。国内大型平行进口汽车商多将南沙作为其南方总部，业务辐射两广、云贵地区。2022 年，广州发布的《广州市关于进一步促进汽车平行进口试点工作的意见》提出了一系列促进平行进口业态发展的措施，并对南沙新区汽车平行进口试点企业

---

① 《关于印发广州市南沙区海洋经济发展"十四五"规划的通知》，广州市南沙区人民政府网站，2022 年 2 月 12 日，http：//www.gzns.gov.cn/zfxxgkml/gznsjjjskfqglwyhbgsgzsnsqrmzfbgs/zfwj/qt/content/mpost_8155141.html。

进行了动态调整。2022 年 1~11 月，南沙口岸汽车平行进口到港累计 2210
辆，货值约 11.1 亿元。① 2023 年，平行进口试点扩展至广州开发区。

（三）综合领域

1.康养消费

广州正在进入老龄化阶段，康养消费市场空间很大。如表 5 所示，2022
年末，全市共有各类卫生机构 6159 家，其中，医院 298 家，妇幼保健机构
12 家。全市拥有床位 110507 张，增长 3.7%，其中，医院床位 100490 张，
增长 3.5%。全市各类卫生技术人员 195697 人，增长 4.3%，其中，医生
68684 人。

表 5　2015~2022 年广州医疗卫生事业基本情况

年份	卫生机构数（家）	其中：医院（家）	卫生技术人员（人）	其中：医生（人）	卫生机构床位数（张）	其中：医院床位数（张）	每万人口医生数（人）	每万人口医院床位数（张）
2015	3724	229	126681	42499	82022	73313	49.75	85.83
2016	3806	243	137953	46791	87959	79037	53.75	90.8
2017	4058	243	145045	49747	90222	81747	55.41	91.05
2018	4598	255	156497	54134	95134	86011	36.32	57.71
2019	5093	269	168056	58671	100080	90940	38.33	59.41
2020	5550	289	177835	62329	101640	93067	33.26	54.24
2021	5814	291	187703	66204	106513	97117	35.2	51.63
2022	6159	298	195697	68684	110507	100490	36.66	53.64

资料来源：《2023 广州统计年鉴》。

依托这些条件，可以开展医养结合，将传统养老院场景打造成集养老、
医疗、健康管理、休闲于一体的新型消费业态。

2.体育消费

体育消费有利于个体健康，是近年消费者的热点需求。广州具备发展体

---

① 《任务 114》，广州市人民政府网站，2023 年 3 月 9 日，https：//www.gz.gov.cn/zwgk/
zdgzlsqk2022/content/post_8843290.html。

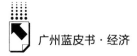

育消费的良好基础，"十三五"期间，广州新增小型足球场等各类体育设施
1.5万个。2022年举办国际级、国家级单项比赛7场次，开展各级各类大型
全民健身活动赛事61项次，35.26万人次参加各级各类大型全民健身活动。

3. 夜间经济

2020年6月，广东省商务厅出台的《广东省加快发展流通促进商业消
费政策措施》明确支持发展文化和旅游"夜经济"，鼓励各地打造夜间经济
集聚区和夜间经济示范商圈，将主要商圈和特色商业街与文化、旅游、休闲
等紧密结合，适当延长营业时间等。广州"Young城Yeah市"（羊城夜市）
夜间消费节启动以来，有50多个大型商圈、文化旅游场所联动加入，包括
天河路商圈、北京路商圈、上下九商圈、万达广场等；珠江琶醍、正佳广
场、天德广场纷纷推出夜间活动。2023年8月，广州通过《广州市关于培
育羊城夜市先行区助力国际消费中心城市建设的若干措施》，从夜间消费载
体、夜间经营监管、夜间活动组织、夜间配套支撑四个方面，提出18条促
进广州夜间消费的具体措施，希望继续擦亮"羊城夜市"城市夜间消费
品牌。

4. 文旅融合消费

据《2023广州统计年鉴》数据，2022年，广州共有各类专业艺术表演
团体14个，群众艺术馆、文化馆13间，文化站176个。2020年，广州8家
博物馆晋升为国家级博物馆，全国重点文物保护单位增至33处，新增国家
级非遗项目4项，建成北京路文化核心区等16个国家级文化产业园区，成
功创建中国（广州）超高清视频创新产业示范区。①

依托这些条件，可以大力发展文旅融合消费。以天河路商圈为例，该商
圈业态占比从改造前的"70%零售业态、30%餐饮"调整为"零售+餐饮+
商务配套+休闲旅游业态+文化艺术"的多元复合业态，改造后人流量有显
著增加。

---

① 《2021年广州市政府工作报告》，广州市人民政府网站，2021年2月20日，https：//www.
gz.gov.cn/zfjgzy/gzsrmzfyjs/sfyjs/zfxxgkml/bmwj/gfxwj/content/mpost_7100030.html。

四　促进广州新型消费发展的思路和对策

（一）持续锻造新的消费形态和消费热点

把广州"千年商都""美食之都""会展之都""国际交通枢纽城市""定制之都"等一系列特色优势名片与新型消费相结合，进一步探索新消费热点。打造国际品牌"聚集地"、时尚潮流"引领地"、中国制造"展示地"、岭南文化"传承地"和消费创新"策源地"。把广州建设成"汇聚全球消费资源的现代商都""创新消费供给的智造名城""引领消费升级的时尚之都""满足多元需求的服务高地""畅通内外市场的门户枢纽"，立足湾区大市场、大消费、大制造、大服务优势，全面增强对全球消费的集聚辐射力、资源配置力、创新引领力，展现"千年商都"的经典魅力与时代活力。

进一步发展无接触式服务，引导企业加强无接触式服务平台构建，发展远程办公、无接触式配送等。鼓励电商从食品、美妆等小件商品升级到数码产品、汽车等高价值商品，从实物类商品升级到服务类商品。鼓励企业对烹饪、室内运动、课程培训等服务性行业领域进行细分，打造不同细分领域的龙头品牌。深入挖掘岭南文化中的"甜蜜资源"，努力打造世界婚庆旅游目的地。鼓励有条件的企事业单位运用大数据、云计算、AR/VR/MR 等新技术打造智慧超市、智慧餐厅、智慧驿站、智慧书店等消费新场景。

（二）完善新型消费的消费者权益保护休系

新型消费管理是相对空白的领域，容易发生侵权行为。需要健全消费者投诉高效处理机制，建设国内外消费者、各类商家近悦远来的市场环境。

一是设立消费者投诉专用 App。完善网络消费维权渠道，鼓励推出消费者投诉专用 App。让消费者通过移动端口及时对维权信息进行拍照、截图并上传保存，方便市场监管部门后续调查取证。二是明确平台权责。当出现商品延迟发货、物流信息更新不及时、退款久未到账、商品破损等常见问题时可追溯相应主体责任，先行赔付。三是完善、简化仲裁程序。缩短仲裁时间，降低仲裁费用；鼓励公益诉讼和集体诉讼等多种诉讼方式并举；鼓励各地建立消费争议仲裁中心。四是开展市场监管社会综合治理行动。整合政府部门、行业组织、各级消费者协会等资源，多部门齐抓共管，协同推进市场监管与消费维权。定期对社会反映强烈的新型消费热点问题，开展定向监测，发现违法行为，立即予以整顿和规范。

（三）提高新型消费产品（服务）供给品质

实质性提升商品和服务供给质量。针对夸大宣传、以次充好、货不对板等消费痛点问题，聚焦督办，认真解决。推进名品、名牌工程。培育建设名圈（商圈）、名街（步行街）、名场（设计展贸市场）、名店，鼓励"老字号"创新发展，擦亮"买在广州"品牌，提升消费品质。

提高供给体系对需求的适配性。实现精准定位，鼓励企业按照不同档次，提供多层次商品，满足不同群体需求。当前，居民对各类服务需求快速增加，应着力加大新型服务的消费供给力度，拓展消费空间。

实施"尚品"工程。推动纺织服装、美妆日化、皮具箱包、珠宝首饰、食品饮料等特色产业数字化发展，加快向高品质、时尚化、定制化、国际化转型。建好、用好国家商标品牌创新创业基地，开展质量提升行动。依托强大的生产供应链优势，以设计研发、数字科技为驱动，形成优质、优价竞争力。

（四）吸引国际消费客群，建设国际消费中心

进一步吸引国际消费客群。一是设立国际旅游年、国际电影电视节、国际青少年文化交流营、国际时装周、全球性体育赛事等活动，带动境外游客入境消费。二是加强城市形象国际传播推广，提升广州在全球消费旅游目的地中的显示度和美誉度、辐射力和影响力。此外，可以通过扩大进口推动国

际消费中心城市建设。用好南沙进口贸易促进创新示范区平台，打造民生消费品集散中心、进口服务集聚高地。支持企业依托海关特殊监管区域开展进口商品保税展示交易业务，在市区商业场所开展进口汽车等优质消费品的保税展示交易。扩大跨境电商零售进口。

（五）进一步完善商贸基础设施、推动商贸产业数字化

完善商贸基础设施。加快推动5G、NB-IoT和IPv6规模组网建设及商用，厚植5G场景培育；鼓励政企校合作建立重点实验室，研究5G场景开发，推动其在高新视频、物联网、通信等领域的应用；加强现代物流体系城市节点布局，推动电商仓储中心设立和区域铁路、公路、水运、航空运输网络优化配套。

优化提升商圈。推动北京路商圈、上下九商圈业态提升，打造全国示范步行街。创设"穗康生活"平台，推动"食住行游购娱"线上和线下融合。积极推动天河路商圈、珠江新城商圈等建设"国际消费城市示范区"和"诚信消费示范商圈"。推动天河路商圈打造万亿元级商圈，提高商圈国际化、时尚化水平。完善和加快恩宁路等区域的"老字号"一条街建设，打造具有浓郁广府风情和商业氛围的"老字号"集聚区。

推动商贸产业数字化。支持专业市场数字化转型，丰富商圈智慧化应用。推动线上与线下融合发展，鼓励有条件的企业拓展网络零售和跨境电子商务，引导互联网企业加强与线下实体店铺的合作。鼓励纺织服装、美妆日化、箱包皮具、珠宝首饰等运用5G、VR、AR等新技术提高消费者直播购物体验，探索"线上引流+实体消费"新模式。

（六）运用财政金融手段引导新型消费发展，加速新型消费品牌（企业）扩张

城市消费券有效地带动了线下消费复苏，"羊城欢乐购"消费券已覆盖百货、超市、便利店等各类门店，未来可以考虑通过新型消费定向补贴方式引导消费者开展新型消费。资本介入能推动新型消费品牌（企业）短期内

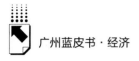

做大做强，鼓励各类资本进入广州新型消费领域，加速消费品牌（企业）扩大规模和影响。

参考文献

胡兵：《移动互联时代新型消费模式的变革：价值提供、价值共享与价值共创》，《商业经济研究》2020 年第 9 期。

刘敏：《新发展格局下新消费的可及性及其实践向度》，《湖南师范大学社会科学学报》2021 年第 3 期。

毛中根、谢迟、叶胥：《新时代中国新消费：理论内涵、发展特点与政策取向》，《经济学家》2020 年第 9 期。

任保平、苗新宇：《新经济背景下扩大新消费需求的路径与政策取向》，《改革》2021 年第 3 期。

石丽娟、许跃辉、董楠等：《培育和发展新型消费业态研究——以安徽省为例》，《学术探索》2014 年第 7 期。

王先庆：《广州打造国际时尚之都的战略与对策》，《城市观察》2019 年第 4 期。

岳云嵩、李兵：《电子商务平台应用与中国制造业企业出口绩效——基于"阿里巴巴"大数据的经验研究》，《中国工业经济》2018 年第 8 期。

依绍华：《新消费崛起促进消费和产业双升级》，《人民论坛》2020 年第 21 期。

B.11
加快广州海洋经济发展的思路研究

代欣召　严楠洋　刘松龄*

摘　要：　广州一直是国家经略海洋的战略重地，其海洋科技创新成果具有显著的国际影响力，并在若干前沿领域达到国际先进水平，为引领海洋新质生产力发展奠定了坚实基础。作为环南海地区的综合性门户城市，广州凭借独特的地理区位优势、深厚的海洋文化底蕴、雄厚的科研教育实力、集群化的产业布局以及高效的公共服务体系，形成了推动海洋经济发展的独特竞争优势。本文围绕海洋科技与产业融合发展主题，从构建现代化海洋产业体系、拓宽海洋科技产业融合发展空间、推动海洋科技产业融合创新等方面，提出了具有针对性的政策建议和实施策略，旨在加速推进广州海洋经济向更高层次、更高质量的方向迈进。

关键词：　海洋科技　海洋产业　创新　广州

广州作为我国经略海洋战略的核心坐标与关键节点，承载着国家对海洋科技创新的殷切期待。为了进一步发挥广州在海洋强国建设进程中的引领作用，广州市委十二届六次全会明确提出全力建设海洋创新发展之都的战略目标，以海洋科技创新驱动高质量发展，打造城市发展的"蓝色引擎"。然而，相较于伦敦、新加坡和奥斯陆等国际海洋强市，广州在海洋科技创新主

---

* 代欣召，广州市城市规划勘测设计研究院规划研究中心副总工，研究方向为陆海统筹国土空间规划、海洋产业发展政策；严楠洋，广州市城市规划勘测设计研究院规划研究中心工程师，研究方向为海洋遥感、海洋空间规划与政策；刘松龄，广州市城市规划勘测设计研究院规划研究中心副主任，研究方向为海洋城市规划、海洋产业规划。

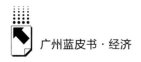

体的规模、科技成果有效转化率以及专业人才吸引力等方面尚存一定的差距。为更好地推动广州海洋经济发展，以海洋科技产业发展之进，推动广州现代海洋创新城市建设实现新跃升，本文准确把握当前国际海洋科技产业创新发展的趋势，全面总结广州海洋产业发展现状与基础条件，系统提出加快海洋经济发展的对策建议。

一 海洋经济的内涵、特征和发展态势

（一）海洋经济的内涵与特征

海洋经济作为国民经济的重要组成部分，是指人类通过开发利用海洋资源和空间所进行的生产、交换、分配和消费等经济活动的总称，涵盖了从海岸带至深海的各种经济业态，包括但不限于海洋渔业、海洋交通运输业、滨海旅游业、海洋油气业、海洋生物医药业、海洋工程装备制造业、海洋新能源产业以及海洋信息服务等领域。

海洋经济及相关活动具有以下特征：一是产权兼具公有性与地域性，海洋是全球公共财产，但各国有权在领海和专属经济区发展特色经济，具有区域特性；二是资源具有多样性与再生性，海洋蕴含着丰富的生物、矿产、能源及空间资源，且部分资源具有可再生特性，如鱼类资源，潮汐能、风能等清洁能源；三是经济活动具有立体性和流动性，海洋经济活动的空间范围跨越了水面、水体以及海底，形成三维立体开发格局，其中，海水流动带来的洋流、潮汐等自然现象影响着资源的分布与流动；四是海洋开发兼具高科技含量与高投入风险，现代海洋经济的发展高度依赖科技的进步，如深海探测技术、海洋生物技术研发等，且海洋环境复杂多变，项目往往投入大、周期长、风险高；五是产业关联性强、产业链长，海洋经济各领域相互依存、相互促进，形成了涵盖原材料采集、初级加工、中高端制造和服务等多个环节的产业链条，具有较强的产业链整合效应。

（二）海洋经济发展态势

近年来，各国围绕海洋科技和产业发展的竞争愈演愈烈，"蓝色经济"已经成为国民经济的重要组成部分和重要增长极。21 世纪以来，我国海洋经济生产总值占国内生产总值的比重始终保持在 9% 左右，蓝色正逐渐渗入中国经济的底色。从全球海洋科技创新的热点内容来看，深远化、绿色化、智能化的海洋科技创新发展态势基本形成。

1.海洋技术和设备的深远化，推动人类向大洋极地进军

人类走向深海和远海的步伐逐渐加快，相应的海上装备也呈现深远化的发展趋势。日本无人遥控潜航器已具备下潜到 10000 米以下的深海进行作业的能力，我国自行研发的"海斗一号"全海深自主遥控潜水器也成功在 10000 米海底执行 10 小时探测任务。海上油气开采从浅海向深海扩展的态势明显，目前全球超过千万吨储量的油田中，60% 来自海洋，其中 50% 在深海。大型海洋工程船舶以及水下装备如深海潜器、水下钻井设备等受到了国际沿海国家的广泛关注。

2.海洋新能源开发、港口与船舶新技术应用，推动海洋科技产业融合发展

目前，海上风电技术已进入成熟阶段，其他海上可再生能源包括潮汐能、波浪能、潮流能、海洋温差能、海水盐差能以及海洋生物质能等的开发也取得较大进展。21 世纪以来，国际海事界的环保意识越来越强，国际海事组织（IMO）先后出台了一系列有关减少和控制船舶污染的国际公约，并提出 2050 年航运业的碳排放强度降低 70% 的目标，要求航运业更多地使用绿色环保型船舶和港口设备，这将会带来庞大的氢基能源、新能源船舶、新能源港口机械的市场需求。海洋新能源和船舶港口装备绿色化将推动世界海洋城市在沿海地区形成海洋新兴产业集群，集聚新一代海工装备、海洋新能源、新材料等尖端产业，如荷兰 HEAVENN 氢谷、德国汉堡绿色氢能中心等著名案例，这些新兴产业区已成为当地经济发展的新引擎。

3.海洋高端服务业在世界重要海洋城市进一步集聚

海权是国家主权的重要组成部分，现代海洋城市逐渐成为国家表达海权

"软实力"的重要活动场域，在配合国家海洋外交政策、参与全球海洋治理、促进地方经济发展等领域发挥重要作用。例如伦敦的中央活力区（Central Activities Zone，CAZ）、新加坡的滨海湾，集聚了大量国际海事仲裁、海上保险、学术机构和国际海洋海事组织，为英国、新加坡维持海洋强国地位发挥了不可替代的作用。

二 广州海洋经济发展现状特征

在积极响应国家海洋强国战略与粤港澳大湾区建设的时代背景下，广州正在积极探索并全力推进海洋创新发展的新模式，致力于建设成为全球领先的海洋创新发展之都。近两年，广州在海洋经济创新发展工作方面主要有以下实践。

（一）促进传统海洋产业转型升级

广州海洋渔业总产值保持稳健增长态势。截至2023年底，广州拥有广东省70%以上的农业科研院所和90%以上的农业专业人才，研究领域覆盖现代化海洋牧场全产业链，已建成包括1个国家级、6个省级、26个市级水产良种场的水产种业体系，并拥有一批国家级、省级渔业龙头企业，渔业选育种已成为广州建设现代化海洋牧场产业体系的一大优势。为顺应新时代发展需求，广州正在编制一套现代化海洋牧场高质量发展的整体实施方案，并已初选出水产品流通、水产品加工、渔港设施升级以及水产种业等四大核心领域的重点项目，总投资预算高达57.3亿元。广州聚焦水产品流通效率提升的战略目标，正稳步推进一系列重点工程项目。

在现代海洋制造业方面，广州正推进深蓝战略，培育了一批船舶制造与海洋工程装备的世界级企业。集聚了广船国际、黄埔文冲等20余家船舶制造企业，产能达500万载重吨/年，单船造船能力突破30万吨，海洋工程装备领域生产能力居全国前列。2023年是船舶工业快速复苏的一年，据中国船舶集团广船国际有关负责人介绍，2023年上半年，公司接单同比增长

90%，造船订单生产已经排到 2028 年。[①] 截至 2022 年底，广州拥有海洋工程装备制造业企业共 250 家，相比 2021 年增加 181 家，增速达 262%。

（二）大力推动海洋新兴产业发展

广州积极争取为涉海企业松绑减负，将海洋药物与生物制品、海上运动邮轮游艇运营、海洋勘探监测设备、海洋新能源技术开发与设备等海洋类产业纳入南沙享受税收优惠目录，享受 15% 企业所得税优惠，支持海洋新兴产业发展。

在海洋服务业方面，2023 年前 11 个月，广州港南沙港区完成集装箱吞吐量同比增长 5%。[②] 截至 2023 年，广州港南沙港区年处理集装箱能力超过 2400 万标准箱（TEU），在全球单一港区中排名前列，有力地支撑了广州国际物流枢纽地位。与此同时，航运交易业务亦表现突出，截至 2023 年 11 月底，累计完成船舶交易 694 艘次，交易总额高达 19 亿元。广州港持续优化航线网络布局，共开通运营了 161 条国际班轮航线，覆盖全球各大主要港口；此外，还构建了 73 条江海联运支线及 37 条海铁联运班列，进一步提升了多式联运服务效能。[③] 海洋旅游业发展势头强劲，南沙国际邮轮母港已成为华南地区最大的邮轮码头，接待游客数量逐年攀升。广州还积极推动游艇产业和滨海休闲度假业态的发展，形成了特色鲜明的海洋服务业集群。

在海洋科技转化方面，广州市人民政府与中国地质调查局签署战略合作框架协议，共建国家级深海科技创新中心，推动天然气水合物产业化等海洋新兴产业发展。在广州市规划和自然资源局（广州市海洋局）指导下，由

① 《广州增强海洋产业竞争力、科技创新力　推动现代海洋创新城市建设实现新跃升　激活"蓝色引擎"建设海洋强市》，广州市规划和自然资源局网站，2024 年 1 月 12 日，http：// ghzyj. gz. gov. cn/zzfw/xwdt/content/post_9443697. html。

② 《广州增强海洋产业竞争力、科技创新力　推动现代海洋创新城市建设实现新跃升　激活"蓝色引擎"建设海洋强市》，广州市规划和自然资源局网站，2024 年 1 月 12 日，http：// ghzyj. gz. gov. cn/zzfw/xwdt/content/post_9443697. html。

③ 《广州：激活"蓝色引擎"　建设海洋强市》，中国新闻网，2024 年 1 月 12 日，https：// www. chinanews. com. cn/cj/2024/01-12/10144801. shtml。

广州涉海高校、科研院所和涉海企业自愿共同组成海洋产业共建共享平台——广州海洋产业创新联盟。广州支持涉海单位申报省海洋六大产业专项资金，并有序组织项目实施和监管。开展海洋生产总值季度核算，2023年前三季度海洋生产总值为2682亿元，同比增长9.4%。

（三）进一步完善海洋规划与产业发展政策体系

大力实施海洋强市战略。广州市委、市政府出台了全面建设海洋强市实施意见，制定海洋强市三年行动方案。广州目前已完成《广州市海洋经济发展"十四五"规划》中期评估，已开展广州建设海洋强市总体发展战略研究，并将海洋发展融入广州国土空间总体规划和2049战略规划。

积极优化广州海洋产业功能区布局。深入调研南沙、番禺、黄埔、海珠的代表性涉海企业，摸清广州海洋产业"家底"，分析识别海洋发展潜力空间，构建"一带三片"海洋产业发展格局，聚焦"双港双湾"，规划16个不同发展定位的海洋产业功能区，提出优化海洋产业空间布局的政策建议，推动海洋科技创新和海洋产业更科学合理地发展。

三 加快广州海洋经济发展的基础和条件

（一）千年商脉

广州作为国际知名的商业中心，拥有悠久的商业历史，港口航运、贸易业、金融业等产业发达，物流基础优势突出。广州自古以来就是中国与世界贸易的重要门户，海上丝绸之路的起点之一。近年来，广州国际航运中心发展指数显著提升，从2015年的第28位提升至2023年的第13位。在港口和物流、海洋科技指标方面，分别位居全球第9和第11。2023年，广州货物吞吐量排名全球第5，增长速度领先全球。[1] 广州拥有超2.9万家涉海企业，

---

[1] 《广州市港务局召开2024年工作会议》，广州市人民政府网站，2024年2月8日，https://www.gz.gov.cn/xw/zwlb/bmdt/sgwj/content/post_9488838.html。

包括 80 余家省级专精特新企业和 24 家上市企业，海洋产业种类齐全，龙头企业集聚。2023 年，全市海洋经济实现生产总值超过 4000 亿元，位居全省第 1、全国前列。

千年商脉的优势积淀了丰富的商贸经验，拓宽了国际视野，使广州在发展海洋经济时能更好地把握市场动态、整合全球资源，并形成了广泛的国际合作网络。千年商都所传承的开放文化和创新精神，也为探索海洋科技前沿、培育新型海洋业态提供了深厚的文化底蕴，激发了持续的创新能力。

（二）千年文脉

广州是中国南部的历史文化名城，拥有悠久的海洋文化传统和丰富的海洋文化遗产，为海洋经济发展奠定了深厚的文化基础，提供了重要的精神支持。广州拥有众多保存良好的海上丝绸之路（海丝）、海防、海岸历史遗迹，设有多个海洋博物馆和科普基地，如广州海事博物馆、广东省博物馆等，普及海洋文化知识。此外，广州还定期举办海洋文化展会和论坛，为海洋企业和机构提供展示和交流的平台，向公众宣传海洋相关领域专业知识，推动海洋文化产业的发展。

千年海洋文脉有着丰富的历史经验和智慧，为现代海洋科技与文化产业的发展赋予了深厚的文化底蕴和创新灵感。丰富的海洋文化遗产不仅是城市独特魅力的体现，而且通过科学保护、合理利用和深度挖掘，可以转化为具有国际影响力的海洋旅游、文化创意、科普教育等新兴产业资源，促进海洋经济的转型升级与创新发展。

（三）公服标杆

广州面向南海综合开发的海洋公共服务能力不断增强。广州集聚了广州航运交易所、广州国际航运仲裁院、最高人民法院国际海事司法广州基地等高端海洋公共服务机构。广州还多次举办国际涉海专业展会，积极参与全球海洋治理，展现了强烈的海洋治理意识和全面、高效的治理能力。同时，广州作为我国南海海区综合管理和开发保障服务基地，拥有自然资源部南海局

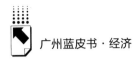

及其下属单位、中国地质调查局广州海洋地质调查局、南部战区司令部等中央驻穗机构的有力支持，为其服务国家南海战略提供了有利条件。

强大的海洋公共服务体系不仅为各类涉海企业和研究机构提供了高效、便捷的基础服务保障，也为科技创新活动创造了良好的基础条件、提供了开放共享的服务平台。

（四）南海大脑

广州拥有我国南方最密集的海洋科技和产业集群，同时拥有一流的科研机构和高等教育机构。2023 年数据显示，广州已集聚了 58 个涉海科研机构，包括 4 个国家级重大发展平台、36 个涉海重要科研机构和 18 所涉海高校；建设有 32 个海洋科学实验室，其中国家、部属、中国科学院重点实验室 7 个，国家级海洋科技创新平台 3 个；[①] 海洋科技服务人员超过 5 万人，集聚了华南地区大部分海洋领军人才、涉海科研机构、高校和龙头企业，拥有 7 位海洋领域院士、1470 家规上涉海企业。这些资源和人才的聚集，为广州海洋科技创新提供了更多的保障。

广州凭借其集聚海洋科技、一流科研机构与高等教育资源的独特地位，成为南海区域的"大脑"。这种高度集中的智力资源为广州提供了丰富的创新源泉，有力支撑了海洋产业的转型升级和新兴海洋经济业态的发展，驱动着海洋科技创新体系不断完善，同时也为粤港澳大湾区乃至全球范围内的海洋科技合作与交流创造了有利条件。

（五）湾区心脏

广州地处世界级湾区——粤港澳大湾区核心，是环南海地区人口最多的城市，一直是环南海地区的制造和消费中心。广州位于中国南方最大的河口地区，地处亚太主要航道，具有优越的航运条件。作为粤港澳大湾区的中心

---

① 《广州打造高质量发展"蓝色引擎"》，广东省人民政府网站，2023 年 10 月 31 日，https：//www.gd.gov.cn/gdywdt/zwzt/jfqyhl/cyyhsj/content/post_4275152.html。

城市和核心引擎，广州是中国连接东南亚和南亚的重要门户，位于亚太经济走廊的中心位置，对外商贸区位优势明显。此外，广州还是中国南方的铁路枢纽，通过高铁、城际铁路等与全国主要城市紧密连接。这种区位优势叠加完善的交通网络为海洋活动的物资、人才流通提供了强有力的支持。

广州的区位优势有助于整合全球海洋科技资源，促进科研合作和技术转移。广州作为枢纽和引擎，在政策支持下推动海洋经济发展，有利于形成良好产业生态体系，促进产业集聚和链条提升。

四 加快广州海洋经济发展的对策建议

充分发挥广州作为国际重要航运枢纽、国家经略海洋的战略重地以及我国南方海洋科技创新中心等作用，构建现代化海洋产业体系、拓展海洋科技产业融合发展空间，推动海洋科技产业融合创新，为彰显海洋特色营造新空间，为经济高质量发展注入新动能，为深化面向世界的全面合作提供新抓手。

（一）构建现代化海洋产业体系

1. 改造提升传统海洋产业

打通产业链的上下游，引导多个产业链协同创新，如航运业、能源业、海洋渔业、装备制造业等。利用数字化和电子信息技术促进信息共享、资源整合和协同发展。引入先进的信息技术，建立数字化平台和高效的供应链管理系统。通过各个环节的共同规划和有机衔接，实现多式联运，提高物流效率，降低成本，形成一个完整的生态体系。鼓励并引导渔业从以捕捞为主向育种、养殖、加工和服务业一体化转型，推广绿色生态养殖模式，提高水产品附加值。促进船舶制造与海洋工程装备产业高端化发展，鼓励企业加大研发投入力度，瞄准深海探测、海洋新能源开发等尖端领域，形成具有自主知识产权的核心技术。

2. 培育壮大新兴海洋产业

（1）超前布局海洋新兴产业

在海洋装备制造业方面，提高自主化水平，重点发展深水钻井平台、大功率海上风电机组、深远海养殖平台等海洋装备；加快深潜器、无人船艇等航运无人化和自主化等新型海洋装备的发展。在海洋能源业方面，加快海洋可再生能源开发，包括氢燃料、甲醇燃料、氨燃料等新能源的自主研发和规模化应用；探索构建海上能源综合供应体系。在海洋生物产业方面，加强南海海洋生物资源利用技术攻关，推动海洋生物基因库建设与应用。在海洋信息产业方面，一方面加快建设智慧海洋，建设面向粤港澳大湾区和南海海域的海洋大数据中心，支持海洋卫星、立体观测网等海洋新型基础设施建设；另一方面拓展延伸海洋信息产业链，实现装备自主化研制、采集传输、挖掘分析和应用服务全链条发展。

（2）大力发展海洋文化创意产业

通过保护、改造和活化利用当地的海洋遗迹，培育本地的新兴文化创意产业，打造创意场所，并吸引各类优秀的设计要素向海洋文化城市聚集。依托新港西路涉海科研机构、实验室以及海洋观测站等海洋科研单位集聚优势，策划海洋创新大道，建设一批海洋科普教育基地，提升海洋文化传播力。建设海洋文化旅游主题园区，培育海洋会展业、滨海健康养生业、现代海洋运动服务业、海洋文化影视业等，发挥海洋文化创意产业集聚效应，丰富海洋文化旅游资源。

（3）不断强化海洋金融支持

争取设立以蓝色经济为核心的金融改革试验区，借鉴沿海城市金融服务经验，创造性地将海域使用权、船舶、专利权、无居民海岛使用权等资产当作抵押物，不断完善海洋信贷抵押物制度。推动海洋金融产品开发，满足不同海洋行业需求，如资源开发保护贷、科创专利贷、海洋碳汇贷、海洋供应链融资等各具特色的海洋金融产品。加强与国际海洋组织及各国政府合作，引入国际海洋产业基金落户南沙，利用区位优势打造金融服务方案，参与粤港澳大湾区乃至全国的海洋经济发展项目投资，打造国际海洋金融中心。

（二）拓宽海洋科技产业融合发展空间

推动高质量的珠江战略走向高品质的海洋战略，布局大平台、大项目、大集群以及相应的城市配套，促进陆海生态网络和海洋创新网络融合，加快产业转型升级，营造生态环境优美、风貌特色突出、功能业态多元的绿美活力海岸带，重点打造"一城四湾"海洋科技产业融合发展空间。

1. 海丝城：突出海丝风韵，打造共建"一带一路"平台

深度挖掘并传承千年海丝文化，建设海丝文化核心区，开展以海丝为主题的研学活动及文化旅游活动，推动科研教育、休闲旅游、文化创意产业的一体化发展，打造国际海洋文化与旅游交流中心。加强生态修复与保护，构建滨海文旅休闲带。具体举措包括打造"一庙两馆"（南海神庙、广州海事博物馆、外贸博物馆）品牌，丰富海丝文化的新时代内涵，举办世界级海洋文化活动，如"波罗诞"、世界港口大会等，力争成为全球海洋文明共情交融的重要平台。

2. 莲花湾：强化文旅融合，打造湾区超级蓝芯

围绕莲花山、番禺渔港、海鸥岛和番禺特色人文底蕴打造城市名片，深挖景区内佛教文化、古村落、地质资源和历史文化元素，创新策划主题统一的旅游路线。通过科技创新推动渔业转型升级，尤其在渔业育种领域，结合莲花山渔港的资源优势，研发市场需求的新品种，并以此联动周边渔村，带动乡村振兴与休闲旅游业发展。推动莲花山国家级中心渔港高质量发展，以科技创新和文旅休闲为引领，推动三次产业深度融合发展，并着力提升渔港片区的数字化水平和绿色化程度。

3. 明珠湾：集聚海洋高端服务业，打造海洋公共服务高地

以金融、科创等现代海洋公共服务为核心，全方位构建现代化滨海城区。聚焦金融商务创新，创新金融服务体系，筹建国际海洋投资银行，为全球海洋资源开发、环境治理提供公共产品和解决方案；大力发展跨境金融、航运金融、船舶租赁等特色金融服务，引导各类资本投入海洋领域。深化与港澳金融合作，积极参与大湾区金融创新。充分利用海洋科技创新优势，高标准建设中国科学院明珠科学园，集聚国内外高端科研资源，打造海洋科技创新策源地和粤港澳大湾区综合性国家科学中心的核心承载区。

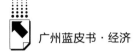
4.南沙湾：集聚海洋科技产业，形成世界级城市内湾标志性区域

打造粤港文化创意交流纽带以及广州国际海洋文化休闲中心，对接港澳，构建粤港澳开放交流的文化创意休闲平台。具体措施包括建设南沙湾国际海洋文体休闲中心，整合国际邮轮母港、客运港、游艇港资源，打造滨海观光游径和岭南体验游径。依托历史文化遗产如炮台、税馆等资源，通过深化粤港合作，推动本土文化创意产业走向世界，吸引创意人才与项目落地，形成北部文化创意中心、中部文化旅游中心以及南部文化交流中心，串联山海特色景观，充分展现南沙湾片区独特的自然魅力。

5.万顷沙湾：突出城海融合，打造面向世界的国际交往舞台

围绕多个核心领域制定发展策略。布局科技创新和综合服务，以建设成为广深"双城"联动的重要承载区及粤港澳创新合作示范区，同时为未来产业发展预留充足空间。针对海洋科技创新，聚焦海工装备与航运物流、海洋生物、海洋电子信息、海上风电、海洋公共服务和海洋新材料等新领域，部署对应科研项目、园区及合作平台，提升核心技术研发能力，构建海洋科技创新引领带，辐射并推动周边地区海洋经济实现高质量发展。通过多维度的战略布局与实践，塑造一个集科技、产业、生态与文化于一体的海洋创新区域典范。

（三）推动海洋科技产业融合创新

1.建立涉海科研成果转化应用中心

创建链接高校和企业的平台，鼓励硕博在校研究生参与企业的研发项目，对接海洋企业技术难题及涉海高校和科研院所（本）硕博在校研究生科研成果，以在校本硕博学生为主体解决企业技术攻关的"小"问题，这不仅可以为他们提供实践机会，帮助他们将理论知识应用于解决实际问题，将技术变现，还可以为企业带来新的思路和技术解决方案，也有利于地方全面摸排当前的科研技术水平，并进一步通过协同合作实现科研成果的转化与落地，形成三赢局面。

2.打造海洋人才集聚新高地

出台政策吸引海洋领域优秀人才，吸引各个学历层次、各个专业最优秀的人才队伍，考核指标包括但不限于科研成果/论文/专利、国内外重点实验室/尖子班毕业生、重量级竞赛获奖等。在薪酬、奖励、管理方面给予政策鼓励，设立专项基金，同时号召各区积极响应，营造人才成长的良好环境，吸引更多海洋专业人才来广州工作，打造海洋优秀人才集聚的良好口碑，充实广州海洋科技创新优秀人才储备。

3.推动湾区城市海洋科技协同创新

建设产业公共服务平台。加强大湾区各城市在海洋科技领域的合作，促进海洋高端人才交流，推动平台设施互用，既可以避免平台重复建设和设备重复购置，又可以充分利用仪器，促进数据和方法交流，减少科研过程许多相似的基础数据预处理过程，减少学习成本和时间成本，使科研人员有更多的精力投身尖端技术的突破和创新。

联合开展重大课题研究。广州、深圳、珠海等城市在海洋科研领域各有所长，具备开展联合研究项目的显著优势。广州凭借其强大的基础科研实力和海工装备研发能力，结合丰富的大型试验设备资源，在海洋环境保护与修复、海洋工程技术等方面有着坚实的基础。深圳则在海洋电子信息及金融产业上较为突出，可以提供先进的技术支持和资本运作平台。珠海依托南方海洋科学与工程广东省实验室（珠海）和中山大学海洋科学学院等教育资源，布局了一系列前沿应用场景的研究。基于各自优势，各城市可在海洋环境监测与保护联合网络、海洋能源开发与利用、海上交通运输智能化、数字孪生海洋平台、"珠海云"智能型无人系统科考母船共享计划等领域携手开展一系列涉海科研合作。

参考文献

《广州市人民政府办公厅关于印发广州市海洋经济发展"十四五"规划的通知》，

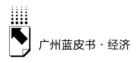

广州市人民政府网站，2022 年 8 月 29 日，https：//www. gz. gov. cn/zwgk/ghjh/fzgh/ssw/content/post_8529961. html。

《国务院关于印发广州南沙深化面向世界的粤港澳全面合作总体方案的通知》，中国政府网，2022 年 6 月 14 日，https：//www. gov. cn/zhengce/zhengceku/2022 - 06/14/content_5695623. htm。

朱寿佳、代欣召：《建设海洋经济高质量发展示范区问题及路径——以广州市南沙区为例》，《中国国土资源经济》2022 年第 6 期。

原峰、余亭：《利用广州金融优势支持海洋经济发展》，《当代经济》2015 年第25 期。

毛艳华、任志宏、叶辅靖等：《建立高质量城市发展标杆：南沙更高水平对外开放》，《城市观察》2023 年第 3 期。

王建军、代欣召、陈首序等：《河口型城市海岸带专项规划编制思路与方法探讨——以广州为例》，《热带地理》2023 年第 9 期。

杨素梅：《广东省沿海经济带城市加强海洋经济合作的路径探讨》，《产业创新研究》2020 年第 19 期。

刘堃：《中国海洋战略性新兴产业培育机制研究》，博士学位论文，中国海洋大学，2013。

B.12
促进广州民营经济高质量发展的
对策研究

尹绣程 刘林*

摘 要： 推动民营经济高质量发展，对广州实现老城市新活力、"四个出新出彩"，继续在高质量发展方面发挥"领头羊"和"火车头"作用具有重要现实意义。当前，广州民营经济发展总体态势较好，发展质量不断提升，创新能力不断增强，政策环境不断优化，但也面临对国民经济贡献度有待提升、投资信心和活力未完全恢复、路径依赖制约科技创新能力、要素获取劣势仍然存在等问题，广州应提高思想站位，切实赋予民营企业平等主体地位；深化市场准入改革，提振民营经济发展信心；全力突破路径依赖，培育创新引领的内源驱动力；构建创新生态和服务体系，营造有利于创新创造的良好氛围；缓解要素获取劣势，综合施策精准滴灌满足民营企业要素需求。

关键词： 民营经济 市场主体 科技创新 营商环境

民营经济是我国经济制度的内在要素，是社会主义市场经济的重要组成部分，是推进中国式现代化的生力军。2022年12月，中央经济工作会议强调，要切实落实"两个毫不动摇"，从制度和法律上落实对国有企业和民营企业平等对待，从政策和舆论上鼓励支持民营经济和民营企业发展壮大。2023年7月发布的《中共中央 国务院关于促进民营经济发展壮大的意见》

---

* 尹绣程，广州市社会科学院科研处助理研究员，研究方向为民营经济、中小企业发展；刘林，广州市工商联经济服务部副部长，研究方向为民营经济。

为推动民营经济高质量发展做出重大部署。中共广州市委十二届七次全会指出要深化重点领域改革，完善落实"两个毫不动摇"体制机制，充分激发各类经营主体的内生动力和创新活力。推动民营经济高质量发展，对广州实现老城市新活力、"四个出新出彩"，继续在高质量发展方面发挥"领头羊"和"火车头"作用具有重要现实意义。

一 广州民营经济发展的基本现状

（一）广州民营经济发展的主要特征

1. 民营经济发展总体态势较好，经济增加值和市场主体数量持续增长

2022 年，广州民营经济增加值为 11719.40 亿元，同比增长 0.7%，民营经济增加值总量持续扩张（见表1）。截至 2023 年第一季度，全市实有私营企业 181.90 万户，同比增长 8.5%，个体工商户 125.62 万户，同比增长 2.25%，私营企业和个体工商户累计达到 307.52 万户，占全市实有市场主体的 96.1%，占据绝对优势。据统计，广州民营企业贡献了全市 40%左右的生产总值、固定资产投资和税收，50%左右的进出口额，70%以上的创新成果，80%以上的新增就业和 95%以上的市场主体。[①]

表 1 2018~2022 年广州市民营经济增加值等相关指标对比情况

单位：亿元，%

年份	民营经济增加值	同比增速	占 GDP 比重
2018	9139.47	6.7	40.0
2019	9532.60	7.0	40.3
2020	10200.04	2.8	40.8
2021	11492.50	8.2	40.7
2022	11719.40	0.7	40.6

注：增速按可比价计算。
资料来源：广州市统计局。

[①] 《广州民营经济有多强？占全市 GDP 四成》，广州市委网信办网站，2023 年 9 月 5 日，https://igz.gzwxb.gov.cn/context/contextId/209400。

2.民营经济发展质量不断提升，经济结构不断优化

民营工业总产值和工业投资持续增长。2022 年，广州民营工业总产值为 7688.84 亿元，实现营业收入 7860.62 亿元。2022 年，广州规模以上工业企业有 6878 家，同比增长 1.8%，其中规模以上私营企业有 4606 家，同比增长 2.2%。2022 年第一季度，广州完成民间投资 565.77 亿元，占全市固定资产投资的 42.3%，其中民间工业投资 149.84 亿元，同比增长 34.8%。① 民营企业进出口总额占据半壁江山。2022 年，广州民营企业进出口总额为 5745.3 亿元，同比增长 0.5%，占全市进出口总额的 52.5%。2023 年第一季度，广州实现民营企业进出口总额 1234.9 亿元，占全市进出口总额的 51.0%，民营企业成为广州对外贸易发展的主要推动力量。

3.民营经济创新能力不断增强，优质企业快速增长

创新驱动显著增强。2022 年，广州新增国家高新技术企业 4547 家，同比增长 25.6%，全市高新技术企业超过 1.23 万家，同比增长 8%，数量创历史新高，其中 90% 以上为民营企业。高新技术企业主要分布在电子信息、先进制造与自动化、高技术服务、新材料、生物与新医学等领域。科技型中小企业突破 1.67 万家，同比增长 33.49%，居全国第 5。2023 年，广州 22 家企业入选胡润研究院发布的"2023 全球独角兽榜"，总量居全国第 4，成为"独角兽"企业数量增长最快的中国城市，其中民营企业 Shein 估值超 1000 亿美元。根据咨询机构沙利文联合头豹研究院发布的《2023 年中国专精特新企业发展系列白皮书》，广州拥有国家级专精特新"小巨人"企业 249 家，在全国城市中排名第 11 位（见表 2）。

---

① 《广州民营经济有多强？占全市 GDP 四成》，广州市人民政府网站，2023 年 9 月 5 日，https：//www.gz.gov.cn/ysgz/xwdt/ysdt/content/post_9194060.html。

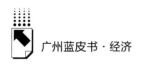

表2　2023年各城市"独角兽"企业和国家级专精特新"小巨人"企业数量

单位：家

城市	"独角兽"企业	排名	国家级专精特新"小巨人"企业	排名
北京	79	1	840	1
上海	66	2	755	3
深圳	33	3	713	2
广州	22	4	249	11
杭州	22	4	325	6
苏州	10	6	402	4

资料来源：《〈2023全球独角兽榜〉发布 苏州、南京独角兽企业数量入围全国前十》，江苏省人民政府网站，2023年4月26日，https://www.jiangsu.gov.cn/art/2023/4/26/art_33718_10876471.html。

4. 民营经济发展政策环境不断优化，营商环境改革迭代推新

2023年，广州发布《广州市促进民营经济发展壮大的若干措施》，提出健全普惠贷款风险补偿机制等20条措施，进一步优化民营经济发展的政策环境。2024年4月，广州发布《广州市支持民营经济发展条例》，紧扣"权利平等、机会平等、规则平等"原则，围绕用地保障、融资难融资贵、人才支撑、政企沟通、平等准入等问题提出针对性措施，从地方性法规高度保障民营经济发展。迭代深化营商环境6.0改革，2023年，"万家民营企业评营商环境"调查显示，广州位列全国最佳口碑省会及副省级城市前10。

（二）广州民营经济发展存在的问题

1. 民营经济对国民经济贡献度有待提升

研究表明，民营经济发展与地区宏观经济主要指标显著正相关，其中民营企业数量、缴税总额与地区GDP、财政收入之间的相关系数均接近0.9。[①]2022年，广州民营经济占GDP比重为40.6%，对比国内其他城市，如民营经济相对活跃的杭州（61.3%）、深圳（55.7%）、苏州（51.2%）、重庆

---

① 《大力支持民营经济，推进经济高质量发展》，中国经济网，2022年12月16日，http://views.ce.cn/view/ent/202212/16/t20221216_ 38291898. shtml?utm_source=UfqiNews。

（59.6%）、成都（50.3%）等，广州民营经济规模有较大的提升空间，民营经济发展潜力有待进一步激发。

2. 民间投资信心和活力未完全恢复

笔者通过实地走访多家民营企业了解到，尽管广州民营经济的规模、市场主体数量有回暖趋势，但受宏观因素影响，民营经济市场主体经营风险增大，预期收益降低，在一定程度上影响了民营企业的投资热情，其对新增投资相对谨慎。2022年，全市完成全社会固定资产投资8321.28亿元，同比下降2.1%，其中，民间投资下降9.3%。

3. 路径依赖制约民营经济科技创新能力

路径依赖是指受思维和习惯定式影响，人类社会中的技术演进或制度变迁类似物理学中的惯性。广州绝大部分民营企业为家族企业，企业主个人决策权较大，现代企业管理体系不健全，对企业发展战略、研发战略缺乏长期规划。此外，在广州的各类特色优势产业集群中，中小企业数量占比均在90%以上，民营企业技术创新的经费来源相对单一，自有资金占比小，受外部环境、"小富即安"思想以及投入风险影响，企业技术创新顾虑较多。

4. 民营市场主体要素获取劣势仍然存在

尽管国家、省、市层面针对要素获取出台了一系列政策措施，但是民营企业在平等获取资源要素方面仍存在"规模歧视""所有者歧视"。广州民营企业尤其是中小企业获取土地、资金、人才等生产要素难度仍然较大，生产成本相对较高。

二 广州促进民营经济高质量发展的有利形势

（一）国家层面的政策和机制体制不断健全

党的十八大以来，党中央高度重视民营经济高质量发展，制度供给在继承的基础上不断创新，持续演进和变迁。一方面，反复重申"两个毫不动摇"的坚定立场。自党的十六大首次提出坚持"两个毫不动摇"以来，中

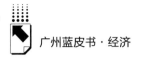

央多次对坚持"两个毫不动摇"进行重申和强调。党的二十大更是将"两个毫不动摇"写入新时代坚持和发展中国特色社会主义基本方略。另一方面，推动全面深化经济体制改革，夯实民营经济高质量发展基础。2020年5月印发的《中共中央 国务院关于新时代加快完善社会主义市场经济体制的意见》，对全面深化经济体制改革做出了前瞻性、系统性的架构设计和实施部署。2020年3月印发的《中共中央 国务院关于构建更加完善的要素市场化配置体制机制的意见》提出，要破除阻碍要素自由流动的体制机制障碍，扩大要素市场化配置范围，健全要素市场体系，推进要素市场制度建设。2022年4月印发的《中共中央 国务院关于加快建设全国统一大市场的意见》提出，要促进商品要素资源在更大范围内畅通流动，加快建设高效规范、公平竞争、充分开放的全国统一大市场，打造统一的要素和资源市场。

（二）广州推动"二次创业"再出发持续释放向好信号

2023年4月，习近平总书记亲临广东视察并发表重要讲话、做出系列重要指示，寄望广州推进粤港澳大湾区建设，继续在高质量发展方面发挥"领头羊"和"火车头"作用，这为广州推进现代化建设指明了前进方向，极大提振了广州发展的信心。为此，广州提出"二次创业"再出发，谋深做实市委"1312"思路举措，向民营经济发展释放持续向好信号。作为国家中心城市和粤港澳大湾区核心引擎，广州具有独特的区位优势、完善的工业体系、广阔的市场需求、开放的经济平台和良好的营商环境，为民营经济发展奠定了较好的基础。推进粤港澳大湾区建设、加快南沙粤港澳全面合作示范区规划建设、推动"百千万高质量发展工程"、构建"双区"建设和"双城"联动发展格局等举措为民营经济高质量发展提供了广阔的舞台。

（三）国有经济和民营经济协同发展创造新机遇

民营经济是利用国内民间资本兴办的个体、私营、股份合作等各种形式的非公有制经济，不同于国有经济，具有产权清晰、风险自担、决策自主、机制灵活、市场适应性强等特点，与国有经济相辅相成、相得益彰。截至2023 年 5 月，广州地方国企资产总额已达到 6.28 万亿元，同比增长 8.2%，以较大优势领先于深圳、成都、武汉等城市，稳居地市级（含副省级市）地方国资实力第一位。① 当前，广州积极推动国企混合所有制改革，推动大中小企业融合创新发展，开展产业链供需对接，推动产业横向联合、垂直整合、跨界融合，提高供应链的效率和韧性，为民营经济发展提供新机遇。

三 促进广州民营经济高质量发展的对策建议

（一）提高思想站位，切实赋予民营企业平等主体地位

一是从发展的战略高度重新认识民营经济的重要性。发展壮大民营经济，对提高资源利用效率、拓宽就业渠道、活跃城乡市场、拉动经济增长、增进社会福祉、实现共同富裕具有重大意义。各级党委、政府应用新的视野、新的姿态、新的思想深刻认识和坚定支持民营经济高质量发展，切实在产权保护、市场准入、公平竞争、投融资、创新发展、亲清政商关系等重点领域采取积极有效的政策措施，推动资本、人才、技术、数据等高端要素聚集和流动，让广州成为企业愿意扎根发展的沃土，成为企业家安心专心放心创业的乐土。二是完善民营经济发展的制度和法律体系。加快制定出台推动民营经济（中小企业）高质量发展的指导意见，明确广州民营经济发展的目标定位和思路举措，加快形成以创新为引领和支撑的民营经济体系和发展模式。三是加强统筹领导和组织保障。建议成立统筹民营经济发展的领导小组，统筹协调工信、发改、科技、市场监管、统计等职能部门，形成全生命周期的政策服务体系。发挥广州市民营经济和中小企业局职能作用，统筹民营经济发展相关工作，建议将民营经济发展任务纳入各级政府目标管理，并

---

① 《数据眼丨总额已超 6 万亿元，同比增长 8.2%：广州国资已成最强地方国资！》，"羊城派"百家号，2023 年 7 月 19 日，https://baijiahao.baidu.com/s?id=1771859630217838148&wfr=spider&for=pc。

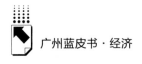

单独进行考核，将考核结果纳入干部年度考核范畴，作为干部提拔、交流、任用的重要依据。

（二）深化市场准入改革，提振民营经济发展信心

一是扩大民间资本市场准入范围。以国家营商环境创新试点城市建设为契机，持续推进投资审批体制改革，全面落实公平竞争审查制度，在资质资格获取、招投标、政府采购等方面坚决破除"隐形门"，让更多民营企业切实享受改革成果。全面实施市场准入负面清单制度，负面清单以外的行业、领域、业务等，各类民营市场主体均可依法平等进入。建立向民间资本推介重点项目的常态化机制。鼓励民间资本通过合作合资、收购兼并、公办民营等多种形式，参与市场化运营的轨道交通、能源站等城市基础设施建设和运营管理。鼓励民营企业参与人工智能、5G、物联网、大数据、区块链、生命科学等万亿元级产业链群建设，参与人工智能与数字经济试验区、南沙科学城等重大战略平台建设。二是严格落实公平竞争审查制度。全面清理和坚决废除阻碍民营市场主体参与公平竞争的各项规定，全面清理市场准入负面清单之外违规设立的准入许可、附加条件和隐性门槛，不得出台排除、限制民营企业参与竞争的政策措施。破除招投标隐性壁垒，不允许对具备相应资质的企业设置与业务能力无关的规模门槛和明显超过招投标项目要求的业绩门槛。依法查处并向社会公布滥用行政权力排除、限制竞争的典型案例。三是加快出台"双向混改"负面清单。参照其他领域负面清单管理制度，尽快出台"混改"负面清单，明确"混改"的行业边界，除清单列明的领域，允许国资监管机构与国有企业自主决定是否"混改"，并积极创新完善民企参与"混改"的实施路径。例如在经营权方面，探索实施国有民营机制，国有资本继续保持"混改"企业控制权，但将经营权委托给民间资本。

（三）全力突破路径依赖，培育创新引领的内源驱动力

一是大力弘扬企业家精神。提升民营企业创新意识和投入水平。引导民

营企业尤其是中小民营企业转变思维，使创新成为企业家精神的核心要素。建立企业家科技创新咨询机制，支持企业更大范围、更深程度参与创新决策。依法保护企业家拓展创新空间，持续推进产品创新、技术创新，增强企业创新自信。引导金融机构为企业创新创业提供支持，激励企业以更大积极性和创造性投身创新大潮。提升企业家科学素养，造就一批具备国际化视野、勇于创新的企业家。在全社会进一步营造创新创造的浓厚氛围，提高社会对创新失败的宽容度，以尊重创新、崇尚创新、支持创新的社会文化激励民营企业主动投入创新。二是完善民营企业公司治理体系。加快建立结构合理、运行高效、有效制衡的现代公司治理体系，优化民营企业股权结构，最大限度改变"一股独大"的格局。鼓励民营企业借鉴优秀企业的经营理念和管理经验，系统增强民营企业的管理能力。推动民营企业转变粗放的管理模式，从战略、基础、业务、职能等方面实行精细化管理，健全企业内部控制制度和运营决策外部治理，激发创新创造潜能。三是引导民营企业结合自身战略需要开展数字化转型。顺应数字技术、智能技术高度渗透的趋势，鼓励民营企业探索实施数字化创新，提高技术创新水平和质量。着力提升自主创新能力，将突破关键核心技术作为自主创新的重点，建立完善技术创新的激励机制和管理体系，形成鼓励创新和深化创新的长效机制。

（四）构建创新生态和服务体系，营造有利于创新创造的良好氛围

一是推动产学研深入合作。推动创新创业教育向前端延伸。推动属地职业教育学院、高等院校开设创新创业课程，在自然科学和工程科学教育体系中增加科技创新创业比重，在学制安排和学籍管理中进行相应调整。立足企业关键技术攻关需求，由政府带领企业家代表团对接属地和国内外高校院所，促成企业与科研院所"牵手"，资本和创新项目"联姻"，形成"经科教联动、产学研结合、校所企共赢"的新模式，加速推动产学研合作项目落地。针对生物医药等广州优势产业，立足粤港澳大湾区，主动对接全球创新体系，满足民营企业海外人才需求，创新人才激励政策，以集成联动的叠加政策给予国际顶尖团队综合支持，推动海外顶尖人才与本地民营企业牵

手，推动优势产业再上新台阶。二是支持企业建立高质量、高标准新型研发机构。推动新型研发机构集群发展，对获得国家或省立项的重大科创平台，市、区两级以实到资金按比例提供配套支持。鼓励海内外高层次人才团队以产业技术研究院模式发起设立新型研发机构。支持高校、企业、园区等合作共建一批具有"专业+研发+孵化"功能、"技术+管理+资本"一体运作的新型研发机构。由政府承担设备、场地等重资产投入，并分期分档以不超过新增投资总额20%的比例提供前期运营经费。建立科研仪器、检验检测设备网络共享平台，鼓励企业和科研单位最大限度向社会开放。支持产业链龙头企业设立独立注册的共性研发平台，为上下游企业和相关创业创新者提供研发服务。三是推进"科技—产业—金融"良性循环。充分发挥资本作为产学研合作的桥梁作用，通过有效配置资源推动科技与产业共同发展。完善以科技金融为主线的产业创新支持体系，发挥广州科技创新母基金及直投基金作用，引导社会资本"投早""投小"。鼓励银行加大信贷支持力度，让更多金融"活水"流向企业创新，助力有技术、有科技含量的企业做大做强。发掘硬科技落地转化和企业早期发展的需求，提升"独角兽"企业市场显示度和影响力。建立高新技术企业上市后备库，实施高新技术企业上市倍增行动，联合上交所南方中心、深交所广州服务基地、新三板华南基地等机构，分层分类重点培育辅导，大力推动企业对接多层次资本市场。四是构建科技型企业协同服务体系。充分发挥好孵化器、新型研发机构、创业大赛等平台载体作用，探索将孵化机构每年新增科技型中小企业和高新技术企业数量等作为孵化机构的重要评分标准，推动科技服务机构、孵化机构加强科技招商和企业培育服务；建立全市新型研发机构协同创新联盟，实现新型研发机构与企业主体供需有效对接和联动，推动新型研发机构通过技术攻关服务科技型企业；建立科技型企业需求对接机制，完成各类创业大赛的整合，利用好国家、省、市平台，组织企业展示产品、对接需求、促进交流、升级服务、开拓市场，帮助企业链接上下游供应商、龙头企业、客户市场等资源，推进产业链协同合作、融通发展。优化技术产品迭代的市场环境，建设研发服务公共平台，持续完善新产品首购政策，鼓励国企、龙头企业率先采购本地创新产品。

（五）缓解要素获取劣势，综合施策精准滴灌满足民营企业要素需求

一是破解融资难融资贵难题。健全有利于民营经济高质量发展的融资体系，加大对民营企业的金融支持力度，推动民营企业资金融通，建立多层级金融服务体系，构建形成对民营企业"敢贷、愿贷、能贷"的金融长效机制。打造融资畅通工程升级版，推广应用"贷款码"。优化面向中小微企业的融资贴息政策，力争普惠小微贷款增速高于广东省平均水平，继续加大普惠小微企业贷款支持力度，扩面增量同步推进。进一步拓宽融资渠道，鼓励更多民营企业采用直接融资方式，支持不同类型、不同条件的民营企业采取天使投资、风险投资、上市融资和发行企业债、公司债、中小企业私募债、可转换为股票的公司债券等适宜的方式进行融资。加强金融产品和服务创新，探索应收账款、知识产权、文化版权等无形资产融资模式。加大政府性融资担保支持力度。支持民营融资担保机构与政府性融资担保机构开展联保、分保等业务合作。二是建立民营企业自主评价高层次和高技能人才制度。支持符合条件的民营企业凭能力、质量、实绩、贡献自主评价人才，通过自主评价认定的实际高层次人才，同等享受相关人才政策待遇，开展企业高技能人才自主认定试点，对企业生产实践中有绝招绝活、业绩突出、贡献较大，被行业或企业公认达到高级工、技师水平的技能劳动者，可认定为高级工或技师，并给予一定的生活、住房补贴。三是加强用地保障。深化"亩均论英雄"和"标准地"出让改革，实施新一轮制造业"腾笼换鸟、凤凰涅槃"攻坚行动，加强民营企业制造业用地保障。创新产业用地供地方式，降低民营企业用地成本。鼓励存量工业用地提高土地利用率，支持民营企业改造提升低效用地。多措并举帮助民营企业解决职住平衡问题。四是加强数据开放。推动公共数据有序开放利用，鼓励运用技术手段探索安全可靠的数据开放利用机制。推动数字交易中心建设，以开放模式广泛吸引民营企业参与，加快研究、构建数字交易机制和行业自律机制。

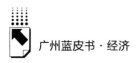

参考文献

任晓猛、钱滔、潘士远等：《新时代推进民营经济高质量发展：问题、思路与举措》，《管理世界》2022 年第 8 期。

周文、司婧雯：《民营经济发展与共同富裕》，《财经问题研究》2022 年第 10 期。

王磊：《推动民营经济高质量发展的制度创新研究》，博士学位论文，中国社会科学院研究生院，2019。

童有好：《营造民营经济高质量发展环境的若干问题及对策》，《经济纵横》2019 年第 4 期。

郭敬生：《论民营经济高质量发展：价值、遵循、机遇和路径》，《经济问题》2019 年第 3 期。

刘现伟、文丰安：《新时代民营经济高质量发展的难点与策略》，《改革》2018 年第 9 期。

李锐：《我国民营企业转型升级问题研究》，博士学位论文，福建师范大学，2013。

张杰：《民营经济的金融困境与融资次序》，《经济研究》2000 年第 4 期。

区域发展篇 ▷▷

B.13

广州引领粤港澳大湾区航运协同发展的思路研究

王建军　罗园园　代欣召*

摘　要： 全球海运格局发生深刻变化，供应链风险持续上升，各大沿海城市积极开展航运协同研究，寻求航运集群化发展。发挥广州的"排头兵"、"领头羊"和"火车头"作用，引领粤港澳大湾区航运协同发展，推动粤港澳大湾区形成世界领先的规模化航运集群具有重大现实意义。广州具备港口定位清晰、经济腹地辽阔、航运金融发达、人才创新实力强劲等优势，为引领粤港澳大湾区航运协同发展提供了重要支撑。本文认为，广州引领粤港澳大湾区航运协同发展的基本逻辑是：发挥"湾区"核心带动作用，保障提升"航运"各项能级，搭建便捷高效的"协同发展"模式，建成具有强大辐射带动能力的协同"中心"。本文从完善粤港澳海

* 王建军，博士，广州市城市规划勘测设计研究院规划研究中心主任，研究方向为国土空间规划、陆海统筹发展政策等；罗园园，博士，广州市城市规划勘测设计研究院规划研究中心工程师，研究方向为陆海统筹发展政策、港航空间规划等；代欣召，广州市城市规划勘测设计研究院规划研究中心副总工，研究方向为陆海统筹国土空间规划、海洋产业发展政策。

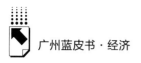
事服务配套政策体系、围绕粤港澳涉海产业链部署创新链、撬动多式联运发展和加快建设大湾区航运联合交易中心等方面提出对策建议。

关键词： 航运协同　航运集群　粤港澳大湾区　广州

联合国贸易和发展会议提出，20 世纪 90 年代末以来海港城市已经演变到第四代，特征主要体现为港口群、港城的协同发展，各地政府制定了许多推动航运服务业发展的政策，引导航运及相关产业集聚，但同时出现了企业盲目扎堆、产业尚未成链、企业同质化竞争严重、集聚效应不强、辐射效应不大的问题，航运联动如何实现有序集聚、合理成群、集群成网、网结成体，是广州作为粤港澳大湾区核心成员多年来思考的问题，近年来，广州航运物流建设成绩显著，构建了便捷高效、稳定畅通，链接全球、辐射内外的海陆双向物流通道，为建设高水平对外开放门户夯基垒台、立柱架梁，完全有基础、有条件、有优势作为先驱者引领粤港澳大湾区航运协同发展。

一　粤港澳大湾区航运协同发展的背景和意义

近年来，随着粤港澳合作不断深化，航运物流产业协同发展已初具规模，组建了泛珠三角国际航运创新研究院、粤港澳大湾区物流产业联盟等组织，积极促进跨区域创新合作，加快航运物流产业"补链强链"。为推动航运物流产业的跨区域发展，大湾区港口城市下一步发展将聚焦关键核心技术的协同攻关，共同扩大协作范围、深化协作程度，有效整合航运物流相关领域创新资源，瞄准航运物流外贸货主、船东、港口、跨境班列、航空货运、国际货代物流等在产业链供应链上下游存在的难点和堵点，进行精准布局和联合攻关，群策群力探索一条突围之路，促进粤港澳航运共同体发展。

（一）粤港澳大湾区航运协同发展是应对国际航运关系和市场需求变化的客观要求

随着人类利用海洋能力的提升，海洋作为资源宝库的价值逐渐显现。建立海上法律和规则，有助于在软实力方面提高国家地位。

航运交通是开拓海洋的重要一步。粤港澳大湾区作为中国经济版图上的璀璨明珠，不仅是国内经济增长的重要引擎，也是对外开放的前沿阵地，日渐跃升为全球经济实力最强的四个地区之一，是全球竞合形势下的多核心世界级湾区。在粤港澳大湾区的崛起中，航运港口群发挥了举足轻重的作用，是湾区城市之间贸易和物流的重要节点，具有得天独厚的地理位置优势，具有不可替代的地位和功能，因而成为珠三角地区经济发展的重要推手，是支持港澳地区持续繁荣的关键力量。随着中国经济的稳步发展，通过加强湾区城市港口间的协同与配合，不仅能够提高区域的物流效率，还能进一步巩固粤港澳大湾区在全球贸易格局中的领先地位，航运协作的重要性逐渐凸显。

（二）推进粤港澳大湾区航运协同发展需要强有力的组织保障

推进粤港澳大湾区航运协同发展涉及多地、多组织的利益交织，指挥者主体引领作用是支撑点之一。在攻关决策支撑上，粤港澳航运共同体建设相关职能部门作为协同攻关发起者、组织者的身份已经明确，还需要进一步发挥攻关指挥者作用，加快推动从达成协同攻关共识，进化到联合规划跨区域协同攻关。在资源共享对接上，粤港澳各地航运资源禀赋各有不同，不同发展阶段的涉海企业对涉海产业的关注领域和投入力度各有侧重，在开展跨区域交流合作的过程中要加强信息流动机制建设和资源共享平台构建，减少发生产业链上下游信息不对称、指向不具体、需求不匹配等问题。在合作信息挖掘上，当湾区内跨区域创新主体协同申报国家、省、市级重大科研项目时，需遵循和使用第一承担单位所在市的申报要求和项目管理平台，整合提取过往区域间开展涉海产业相关合作研发项目的信息，第一承担单位作为牵

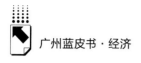

头单位，应做好项目框架设计并完善合作机制，争取充分挖掘湾区合作项目的多地共同数据价值。

行政规范化程序化是支撑点之二。在组织指挥上，鼓励行业龙头企业开展跨区域、跨行业合作，加快涉海产业链技术提升，紧密联系产业上下游，以真实生产需求为牵引，形成规范化、有保障的产业联盟组织，帮助湾区内同行业各类创新主体建立稳固的跨区域合作关系。在攻关团队建设上，当前具备战略思维且能够解决产业发展实际问题的领军科学家相对不足，基于工程技术问题能够准确凝练科学问题的高技能人才需要进一步挖掘和培育，行业内企业对协同攻关的"出题"能力和"答题"能力有待增强，随之而来的人才落地吸引力和生活保障能力也需同步提升。在保障机制上，针对湾区主体联合申报重大科研项目的专属通道尚未完全建立；建立程序化的财政资助机制、设立产业引导基金等金融政策扶持方式在跨区域通用性和通享性上仍有较大阻碍；促进各地优秀创新人才跨区域流动、合作研发的激励机制尚不完备，人才落地需实质性机制引导帮助，泛地区攻关合作的号召力有待加强。

（三）广州引领粤港澳大湾区航运协同发展具有重大现实意义

第一，广州承担引领角色，对粤港澳大湾区迈向世界级城市群的发展目标具有关键性的战略支撑作用。"十三五"时期，广州港实现了货物吞吐量和集装箱吞吐量国际排名分别上升至第4和第5，并在新华·波罗的海国际航运中心发展指数中排名跃居全球第13位，率先确定了粤港澳大湾区港口城市作为世界大港的领先地位和影响力，为粤港澳大湾区经济发展赋予了充足动能。2022年6月，国务院印发《广州南沙深化面向世界的粤港澳全面合作总体方案》（以下简称《南沙方案》），力争将广州打造成立足湾区、协同港澳、面向世界的重大战略性平台，进一步巩固广州在粤港澳大湾区建设中发挥引领带动作用的地位，加快粤港澳大湾区航运一体化网络枢纽节点建设。

第二，广州加速航运协同，是响应粤港澳大湾区海洋经济高质量发展的必然选择。广州的港口依然存在部分经营粗放式增长、资源浪费、无序竞争等问题，作为粤港澳大湾区港口群航运经济的重要部分，广州港亟须实现由粗放型经营向集约型经营的转变。与其他港口的协同运作，能够缓解因信息不对称和资本恶性竞争而引起的市场乱象，提高治理水平，有利于促进湾区城市港口航运高质量发展，真正优化湾区港航产业布局，发挥湾区港航产业规模带动作用，为此，对广州港治理以及协同发展的研究至关重要。

二 近年来广州推进粤港澳大湾区航运协同发展的做法和成效

目前，世界局势正逐渐向多极化发展，国际产业链、供应链体系重整，新的市场供应关系正在形成，因而产生了新问题、新挑战、新机遇。有效促进粤港澳大湾区航运物流产业深度融合，建立具备全球竞争力的航运生态圈，立足湾区实际，携同港澳地区，共同打造面向世界的海洋战略性平台，同时确保国内外贸易的运输畅通无阻，进而建设具备国际影响力的世界级港口群，是粤港澳大湾区港口城市所面临的共同挑战与承担的使命。在《广州南沙深化面向世界的粤港澳全面合作总体方案》指导下，广州近年来推进粤港澳大湾区航运协同发展的做法主要体现在四个领域：航运运输服务、航运辅助服务、航运金融服务和航运人才科技。

（一）航运运输服务协同

广州海关、海事局、交通运输局等机构作为共同发起人，承担了"粤港澳大湾区组合港"建设项目，基于大湾区港口城市构建全面而统一的"组合港"体系，旨在协调规划区域内各港口的航线分配和分工服务，统一平台实现关键货物运输系统的优化与调度，致力于实现"同一关区内两港合一"和"跨关区两港合一"。2023年"粤港澳大湾区组合港"项目已覆盖大湾区近90%城市，累计开通航线已达37条，全年通过该模式监管进出

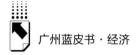

口集装箱 31.6 万标箱、同比增长 47.8%。①"粤港澳大湾区组合港"促进了资源的整合和共享，实现了区域营商环境的良性循环。港口间的空间壁垒被打破，枢纽港堆场延伸至支线港，促进了枢纽港国际货运资源与支线港周边制造业货源地的深度融合，将产业链与供应链有机衔接。物流通道的打通使大湾区的产业联系更加紧密，促进了当地的经济发展，充分落实了《粤港澳大湾区发展规划纲要》的要求。

（二）航运辅助服务协同

2020 年 11 月，广州成功启动了"湾区一港通"的创新运营模式，该模式深入联结了大湾区内多个港口。以南沙港为核心枢纽，珠江内河码头为支线港口，将通关、查验等海关环节延伸到沿江港口，形成了一种近乎"两港合一"的高效操作模式。"湾区一港通"让广州、深圳、香港三地港口之间的互补性与互利性关系越发明显。例如东莞港、珠海港、佛山港、中山港等的内河港口，实现了"一次申报、一次查验、一次放行"的便捷操作，显著提高了码头场地的利用率和集装箱的周转效率，使企业能够享受到与单一港口相似的通关便利。全程信息化使得进出口企业能够更为精准地掌控货物通关的各个环节，进而动态科学地安排船期和舱位，不仅能够降低两港运输因素导致船期、舱位变更带来的时间、费用等成本，还能实现有效降低企业经港区进出的物流成本，提高大湾区企业参与国际贸易的竞争力。

（三）航运金融服务协同

2016 年 4 月，广州航运交易所发布了珠江航运指数体系，其因独特的行业价值，已被国家统计局正式纳入交通运输和邮政业的价格统计报表制度，成为辐射华南、影响大湾区航运业的"珠江价格"。2023 年 5 月，广州市港务局和广州市交易集团筹建的大湾区航运联合交易中心共建启动暨签约

---

① 《2023 年"大湾区组合港"进出口箱量增长 47.8%》，人民网，2024 年 1 月 9 日，http：//sz. people. com. cn/n2/2024/0109/c202846-40707329. html。

仪式举行，其公共服务功能将包含但不限于航运指数的编制发布、航运经济状况的实时监测服务、航运公共信息的资讯服务共享等。

（四）航运人才科技协同

广州近年来致力于打造航运科技的优质生态环境，优化航运人才高地服务。政策举措包括打造以粤港澳大湾区（广东）人才港、华南技术转移中心为代表的人才综合服务平台体系，建立具备国际竞争力的人力资源服务产业集群和大湾区产业联盟；推进广东各地市加快建设省、市、区三级联动的人才综合服务平台体系和人力资源服务体系；依据人才属性建设一批宜居宜业的高端人才社区，在大湾区内地9市根据港澳人才、外国人才、海归人才的需求，量身打造汇聚多元文化、为人才提供创新平台、满足宜居生活、提供服务保障的人才生态住房保障体系；出台服务更优的"优粤卡"实施办法；进一步满足人才在税收优惠、交通出行、子女入学、安居保障等方面新的更高要求，实现高层次人才服务全省"一卡通用"。

三 广州引领粤港澳大湾区航运协同发展的条件分析

当前，受国际局势动荡影响，全球供应链风险持续上升，航运成本短期内面临跳涨的风险，为顺应时代潮流，各大全球海洋中心城市积极开展航运协同研究，寻求航运集群化服务，增强片区航运网络韧性，以便在全球贸易局势中掌握片区航运主权，快速提升片区实力，在国际竞争中占据有利地位。广州引领粤港澳大湾区航运协同发展，有利于提升粤港澳大湾区在国际物流业的地位，进一步提升大湾区经济在全球复杂格局下的辐射力、服务力、资源配置力，进一步迈向以供应链价值创造为导向的精益化发展，形成世界领先的规模化航运集群。

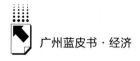

（一）港口优势

广州港口定位清晰。广州港地处粤港澳大湾区的中心位置，拥有独特的地理位置优势。广州港与其他港口相互衔接，形成了一个集装箱运输、货物贸易和人员往来便捷的大湾区港口群、全球货运量最大的大湾区港口群。大湾区城市地理位置独特，滨江临海，河网交织密布，拥有得天独厚的港口资源，形成了以香港港、广州港、深圳港为核心，以东莞港、佛山港、珠海港等周边港口为支撑的港口群发展格局，出海航道形成"水上经济走廊"。广州港是华南地区最大的综合性枢纽港、国际集装箱干线港和最大的内贸集装箱枢纽港，是华南连接世界的门户，其海运通达100多个国家和地区的400多个港口，2023年完成货物吞吐量6.75亿吨，集装箱吞吐量2541万TEU，同比分别增长2.91%、2.24%，吞吐量排名分别位居全球第5和第6。① 广州港以内外贸集装箱、煤炭、散粮、商品汽车、邮轮运输为主，兼顾腹地能源及散杂货运输；打造江海联运、海铁联运枢纽；加快航运要素集聚，大力拓展现代物流、商贸、旅游、保税和航运服务等综合服务功能。

广东省集装箱运输港口布局划分如表1所示。

表1　广东省集装箱运输港口布局划分

布局	港口类型	主要港口
沿海布局	干线港	广州港、深圳港
	支线港或喂给港	珠海港、汕头港、湛江港、惠州港、汕尾港、东莞港、中山港、江门港、阳江港、茂名港、潮州港、揭阳港
内河布局	喂给港	佛山港、肇庆港、清远港、惠州港、东莞港、中山港、江门港、广州内河港、韶关港、河源港、梅州港、云浮港

资料来源：《广东省港口布局规划（2021—2035年）》等相关资料。

---

① 《广州市港务局召开2024年工作会议》，广州市港务局网站，2024年2月8日，https://gwj.gz.gov.cn/ghzt/hygk/content/post_9491846.html。

（二）腹地优势

广州经济腹地辽阔。广州港直接经济腹地为珠江三角洲（广州、东莞、中山、佛山等），间接经济腹地包括华南、西南以及中部的部分省区，如广西、湖南、云南、贵州、四川、江西、海南、福建等泛珠江三角洲地区。就干线港而言，广州港腹地以广州、东莞等制造业强市为主，间接辐射广东、江西、广西、湖南、云南、贵州和四川等地。

（三）金融以及相关服务优势

广州航运金融发达。广州交易集团拥有广州碳排放权交易所、广州数据交易所、广州商品交易所等交易平台，将与大湾区航运联合交易中心分别在航运碳排放权交易、航运数据交易、期限联动商品交易、供应链金融等领域产生业务发展协同，同时，该集团运营的"广交易"数字交易平台，已获得国家最高等级标准的电子招标投标系统（EBS）"三星"证书，将支持大湾区航运联合交易中心信息化建设，着力打造航运交易数智化服务网络。

（四）人才优势

广州人才创新实力强劲。广州拥有强大的海洋科技服务人员队伍，同时拥有一流的科研机构和高等教育机构。广州集聚了华南地区大部分海洋领军人才、涉海科研机构、高校和龙头企业，拥有 7 位海洋领域院士，18 所涉海高校，32 个海洋类实验室，58 家涉海科研机构[①]，拥有国家和省属涉海科研院所 17 所，省部级海洋重点实验室、重点学科 25 个[②]，国家级海洋科技创新平台 3 个。这些人才以及机构平台的聚集使广州在海洋科研领域具有

---

① 《广州市人民政府关于省政协十三届一次会议第 20230339 号提案答复的函》，广州市人民政府网站，2023 年 7 月 28 日，https：//www. gz. gov. cn/ztwzq/szl/gzszfjytabljggz/szxtabljggk/content/post_9133422. html。

② 《【新闻发布会】"世界海洋日"新闻发布会现场问答》，广东省自然资源厅网站，2019 年 6 月 11 日，http：//nr. gd. gov. cn/hdjlnew/hdjl/content/post_2889598. html。

雄厚的实力和优势，在海洋科学、港口物流和船舶工程等领域具有较高的研究水平，为广州的海洋科技创新提供了坚实的基础。此外，广州还集聚了一批海洋高科技企业，为海洋科技创新提供了更多的可能性。

四　广州引领粤港澳大湾区航运协同发展的思路和对策

建设立足广州、深入连接湾区各城市的粤港澳大湾区航运协同发展中心，关键在于发挥"湾区"核心带动作用，前提在于保障提升"航运"各项能级，重点在于搭建便捷高效的"协同发展"模式，目的在于建成具有强大辐射带动能力的协同"中心"。因此，建设粤港澳大湾区航运协同发展中心，不能仅仅依靠海事部门单打独斗，而要举全市之力共同推进；不能仅仅重视航运货量存量增量，还要更加注重支撑战略性涉海新兴产业发展；不能仅仅关注港口运输连通率和交通航运效率，还要争取在联运制度设计上取得系统性突破；不能仅仅局限于广州自身发展，还要放眼服务粤港澳大湾区以及全国发展大局，着眼于全球范围挖掘资源要素。这要求重点把握以下四个方面。

（一）以广州为基地，完善粤港澳海事服务配套政策体系，构筑利益共享体系

为深化粤港澳海事交流合作，广州应着力以"国际化视野"打造国际循环的强劲引擎，为合作共赢写下务实担当的生动注脚。积极向国际海事组织船检领域提交建设性提案，打造国际合作品牌。加强履行国际公约等制度规则"软联通"，在融入全球海事治理中发出"湾区海事声音"。助力构建国内国际双循环相互促进的新发展格局，推进"内外兼修"。在助力内循环方面，要加快"智慧海事"监管指挥系统的开发利用。

坚持推进"放管服"改革，深化简政放权，提供优质海事服务。在大湾区内试点推行"不停航办证"便利服务，推进辖区内多种证书并联办理，

同步出证。完善"互联网+海事政务"服务，持续推进国际贸易"单一窗口"建设，企业足不出户，即可一次性提交相关申请资料，一窗通办相关业务。实施"诚信船舶通关零待时机制"，开辟民生物资船舶"零待时"绿色通道，为电煤、LNG、LPG运输船舶提供24小时服务。船舶进出口岸许可证书可在网上打印，解决口岸通关"最后一公里"问题，实现口岸通关"零跑动"。船舶船员证书7项业务即交即办，提供辖区内各海事处本部政务窗口或网上受理服务，申请人无须到辖区办理，积极保障"同城通办"。实行海事政务"异地可办"，包括船舶文书签注、内河船员适任证书核发等业务。争取建设好海事一网通办门户，并将其作为海事一体化在线服务的总枢纽。以海事队伍"四化"建设为重心，聚焦全面履职，筑牢安全防线，加快开创海事现代化新发展格局的湛蓝篇章。

（二）以广州为链主，围绕粤港澳涉海产业链部署创新链，完成涉海产业研发机构全覆盖

为全面落实国务院《南沙方案》，广州需积极布局临港经济区建设，致力于树立世界级标杆，充分利用广州港口的独特优势和鲜明特色，从近、中、远三个时期科学规划发展路径，高标准、高水平推进广州临港经济区的整体规划，并深入开展交通航运物流产业、高端航运服务业以及临港汽车产业等专项规划的编制工作。依托港口资源，推进临港项目建设，实现产业与物流相配套、生产与运输相融合，形成"以港促产、以产强港"的协同发展格局，将广州建设成为物流、产业、生活深度融合的港产城发展示范区域。

同时，致力于重点货类与临港及后方产业联动，鼓励商品汽车滚装与汽车制造、粮食运输与粮食深加工等临港产业的联动。依托南沙港枢纽优势，成功吸引全球粮商巨头路易达孚集团等在港区后方建设富凌食品产业园，提升产业链核心竞争力，增强国际航运物流枢纽功能，支撑实体经济高质量发展。积极发挥港口物流产业链"链长"优势，畅通物流链供应链，以运输链带动产业链发展，打造临港产业经济，有效推动"以港促产、以产兴城、

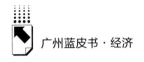

港以城兴、港城共荣"的良性发展。

深入挖潜"散改集"业务市场。探索粮食、煤炭等主要散货运输"散改集"业务开展模式，进一步加大"散改集"组货力度，稳定客户、争取货源，做大海铁联运业务。增强各类物资集散能力，落实相关奖补措施，引导具备条件的工矿、粮食等企业将货物"散改集"。推广煤炭集装箱绿色铁路运输新模式，建立广州港至广东省内其他地市，以及江西、湖南等地"散改集"通道，提高通道运输服务水平，构建绿色高效的"散改集"疏运网络。

（三）以广州为枢纽，撬动粤港澳多式联运发展，促进内外贸运输一体化发展

与香港、澳门等港口实现联动，共同提升大湾区港口群航运物流枢纽能级。加强与南沙港、香港港、深圳港等大湾区世界级枢纽港之间的货运航线资源协同，这主要包括三种多式联运：江海联运、公水联运和海铁联运。

第一，推动江海联运物流网络不断拓展，服务模式不断创新。新增"穿梭巴士"，覆盖广西、广东主要港口，持续加深"湾区一港通"项目合作，辐射更多珠江沿江码头。加强广州港集团联合华南中外运等单位推动驳船共舱运作模式，着力推动支线驳船网络航线共享、舱位互换。推动广州港集团与东风日产合作打造商品汽车滚装江海联运新模式，加快建设车位内河滚装驳船的工程建造。

第二，推动公水联运，实施南沙港区高速公路收费优惠政策，完成南沙保税区信号优化。提高南沙港周边综合交通运输连通度，形成"六横七纵"的高快速路网布局。黄埔区统筹构建"横跨东西，贯通南北，四面八方，四通八达"的交通网络，减少集疏港交通对黄埔中心城区的影响，逐步实施集疏港通道和生活通道的分离。

第三，完善海铁联运物流体系，常态化运行中欧、中亚班列。广州港海铁联运业务进入新发展阶段，全力实施"走出去"发展战略，致力于海铁联运内陆网络建设，在全国范围内增设内陆港及办事处。不断优化海铁联运

布局,强化海铁联运品牌。打通一条"一线检疫、二线清关""区区流转"的国际贸易新通道,填补广东省海铁联运保税加工粮食输送的空白。

(四)以南沙为主阵地,加快建设大湾区航运联合交易中心,实现业务联网共享

2023 年 5 月,在大湾区(广东)国际航运大会上举办了大湾区航运联合交易中心共建启动暨签约仪式,该中心旨在构建集公共服务功能、交易服务功能(要素资源配置功能)、产业集聚功能于一体的综合服务体系,通过主动引入业务资源与市场资源,创新开展各类航运要素交易。广州在大湾区多地共同努力下拓展新业务、新模式,寄希望于将大湾区航运联合交易中心打造成立足大湾区、协同港澳、面向世界的世界级航运要素资源市场化配置高地。

下一步,大湾区航运联合交易中心作为加快建设粤港澳重大合作平台的有力抓手,首先,要吸引粤港澳三地政府组织、航运企业参与共建,开发大湾区航运指数,从打造韧性供应链、智慧供应链、绿色供应链三个方面发力,创新升级供应链,提升大湾区全球竞争力。其次,要积极推进名称使用核准及交易场所资质申请机制建立,实现航运服务资源跨境、跨区域集聚整合和高效配置,助力港澳地区融入国家发展大局,吸引大湾区乃至全球的航运服务要素进一步集聚,不断提升大湾区港口群总体服务能级和竞争力,提高我国在全球航运市场的话语权和影响力。

参考文献

《中共中央　国务院印发〈粤港澳大湾区发展规划纲要〉》,中国政府网,2019 年 3 月 10 日,http://www.gov.cn/gongbao/content/2019/content_5370836.htm。

《国务院关于印发广州南沙深化面向世界的粤港澳全面合作总体方案的通知》,中国政府网,2022 年 6 月 14 日,https://www.gov.cn/zhengce/content/2022-06/14/content_5695623.htm。

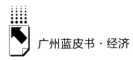

《广州港口与航运"十四五"发展规划》，广州市人民政府网站，2021 年 8 月 26 日，https：//www. gz. gov. cn/zwgk/ghjh/fzgh/ssw/content/post _7856645. html？eqid = ee513 d4d00035af900000006647fc38c。

周艳、唐献全、高乔子：《粤港澳大湾区港口群协同发展研究》，《珠江水运》2023 年第 22 期。

黄仁刚：《"一带一路"背景下粤港澳大湾区港口物流发展问题研究》，《价格理论与实践》2020 年第 12 期。

麻雪娇：《粤港澳大湾区港口整合背景下广州港协同发展与博弈治理研究》，硕士学位论文，广东财经大学，2023。

王直欢、胡炜琴、王逸文：《基于复杂网络的长三角和粤港澳航运网络韧性评估》，《交通运输系统工程与信息》2023 年第 5 期。

B.14
加快促进广州城乡产业协同发展的
对策研究

刘芳芳　周婧杰　李志坚*

摘　要：　推动城乡区域协调发展是实现高质量发展和全体人民共同富裕的重要途径，也是广东省深入推进"百千万工程"、补齐高质量发展短板的主要目的。促进城乡产业协同发展是推动城乡区域协调发展的核心支撑。本文深入梳理了近年来广州城乡产业协同发展的主要做法与成效，剖析了城乡产业协同发展的有利条件与存在的困难和挑战，结合广东省"百千万工程"的实施要求，提出了促进广州城乡产业协同发展的对策建议，为推动城乡区域协调发展朝着更高水平、更高质量迈进提供借鉴。

关键词：　区域协调　"百千万工程"　产业协同

　　高质量发展是新时代的硬道理，推动城乡融合、区域协调发展是当前和未来一段时期我国经济高质量发展的重点任务之一，而推动城乡产业协同是其重要抓手。推动城乡产业协同发展，主要是指优化和升级城乡产业布局，构建城乡产业融合与互动机制，实现城乡优势资源互补融合，是消除城乡二元分化、实现城乡融合和促进农村地区现代化发展的必由之路。当前，广东省提出深入实施"百县千镇万村高质量发展工程"（以下简称"百千万工程"），这成为新时期推动高质量发展的头号工程与推动城乡

---

　　* 刘芳芳，广州市发展和改革委员会农经处处长，研究方向为城乡经济发展与改革等；周婧杰，广州市发展和改革委员会农经处副处长，研究方向为城乡经济发展与改革等；李志坚，广东亚太创新经济研究院理事长，研究方向为区域经济、产业创新、数字经济。

区域协调发展的战略举措。奋进新时代新征程，广州正锚定"排头兵"、"领头羊"和"火车头"标高追求，把"百千万工程"作为"二次创业"再出发的重要抓手，推动城乡区域协调发展向更高水平迈进。促进城乡产业协同发展，进一步破除制约城乡产业协同发展的主要矛盾和问题，提高城乡区域发展的平衡性和协调性，是广州继续在高质量发展方面发挥"领头羊"和"火车头"作用的题中之义，也是广州奋力在城乡融合、区域协调发展上做示范、当标杆的重要支撑。

一 近年来广州城乡产业协同发展的做法和成效

近年来，广州以国家城乡融合发展试验区广东广清接合片区等城乡产业协同发展平台为重点载体，加快完善联农带农利益联结机制，积极引导城市工商资本入乡，推动农村产业化向纵深发展，提升乡村多元价值，初步构建了城乡产业协同发展新格局。

（一）聚力提升城乡产业协同平台发展实效

1.加速推进城乡融合发展试验区建设

广州大力推进国家城乡融合发展试验区广东广清接合片区改革探索，清远聚力高水平建设广清经济特别合作区"三园一城"① 平台，先后探索落地"广州孵化+清远产业化""广州总部+清远基地"等产业合作模式，谋划建设花都狮岭皮革皮具产业创新园、从化经济开发区、从化明珠工业园等一批优质重点产业园区，先后引进广州增芯、富强科技、香雪制药、立邦涂料、欧派家居等一批工业龙头企业进驻广清经济特别合作区。2023年，广清经济特别合作区"三园一城"完成规模以上工业总产值243.94亿元，同比增长24.27%，截至2023年末，累计引入优质产业项目692

① "三园一城"指的是广清产业园、广德（英德）产业园、广佛（佛冈）产业园和广清空港现代物流产业新城。

个，吸引总投资近 2000 亿元，形成城乡全产业链协同、全生命周期协同的产业发展格局。①

2. 纵深建设粤港澳大湾区北部生态文化旅游合作区

串联广清优质生态文化旅游资源，以融创文旅城、银盏温泉、长隆、中铁文旅、美林湖等为重要节点，推出一批文化旅游精品线路，培育红色旅游、非遗研学、体育康养、自驾露营等新业态。2023 年，粤港澳大湾区北部生态文化旅游合作区广州区域累计接待游客 5477.17 万人次，旅游总收入 324.51 亿元，以产带游、以乡带游助力粤港澳大湾区北部生态文化旅游合作区文旅消费提质升级。

3. 有序推进现代农业产业园建设

广州积极实施现代农业产业园"扩能增效"行动，其中增城区先后完成国家级示范区创建和 5 个省级现代农业产业园提档升级工作，推动"国家油菜工程技术研究中心成果转化（广东）示范基地"在省级丝苗米现代农业产业园落地；从化区也推动农产品加工产业园等一批特色现代农业产业园区提质增效。截至 2023 年末，广州市累计创建 2 个国家级、23 个省级现代农业产业园，两项指标均居全省第二位。②

（二）不断放大城乡产业协同带动效应

1. 加快构建都市农业产业链，壮大农业龙头企业队伍

坚持围绕"都市"做文章，优化城乡产业空间布局，全力打造 1 条都市现代农业总链和优品丝苗米、绿色蔬菜、北回归线荔枝、精品花卉、生态畜禽、现代渔业 6 条产业分链，以"一村一品、一镇一业"为抓手发展特色产业，深入挖掘农业产业化发展活力，累计培育 15 家国家级、170 家省

---

① 《广州市工业和信息化局关于市十六届人大四次会议第 20242323 号建议的答复》，广州市工业和信息化局网站，2024 年 4 月 23 日，http：//gxj.gz.gov.cn/zw/zfxxgkml/xxgkml/rddbjyhzxta/content/post_9613601.html。

② 《广州市农业农村局关于市十六届人大四次会议第 20242592 号建议答复的函》，广州市农业农村局网站，2024 年 5 月 29 日，https：//nyncj.gz.gov.cn/gkmlpt/content/9/9674/post_9674900.html#410。

级、436 家市级农业龙头企业，2023 年各级农业龙头企业涉农营业总收入达 2545 亿元，同比增长 8.2%；全市共有 8 家企业入选"2023 中国农业企业 500 强"，占全省上榜企业总数的约 1/3，营业收入总额达到 598.29 亿元（见表 1）。

表 1　广州市入选"2023 中国农业企业 500 强"名单

单位：亿元

全国排名	企业名称	营业收入
83	广东天禾农资股份有限公司	145.04
95	广东省广垦橡胶集团有限公司	129.99
96	广州市钱大妈农产品有限公司	129.39
116	海露控股集团有限公司	102.96
218	粤海永顺泰集团股份有限公司	41.92
374	广东燕塘乳业股份有限公司	18.75
381	侨益物流股份有限公司	18.27
488	广东广垦畜牧集团股份有限公司	11.97
总额		598.29

资料来源：农民日报社和全国农业企业发展联盟共同发布的"2023 中国农业企业 500 强"名单。

2. 以农文旅产业融合发展促进乡村经济提质增效

把乡村作为国际大都市的稀缺资源和城市综合功能的重要承载地，强化文旅兴农，引入国企、民企结对共建美丽乡村，在增城、从化等区打造了 7 条精品新乡村示范带，有效拓展农民增收途径。截至 2023 年末，广州已培育 11 个省级休闲农业与乡村旅游示范镇、29 个示范点，5 个村被评为中国美丽休闲乡村。持续完善特色小镇规范健康发展机制，先后创建了西和万花风情特色小镇等三产融合类特色小镇、南平静修特色小镇等文化旅游类特色小镇，全市累计推动 17 个特色小镇获准纳入广东省特色小镇清单管理名单，有序推进新乡村示范带建设。

（三）加快探索城乡产业协同发展新模式

1. 推动跨区域产业共建模式持续深化

依托广清经济特别合作区以及黄埔、从化两区临近区域，合力推动产业协同发展；深入探索"广州总部+清远基地""广州研发+清远制造""广州孵化+清远产业化"等产业合作共建模式，形成环中心城市的产业就近协同与产业联动效应；探索"黄埔总部+从化基地""黄埔前端+从化后台""黄埔研发+从化制造"的产业协同发展模式，为城乡产业协同发展提供有力支撑。

2. 科技创新协同模式逐步丰富

坚持以现代科技武装农业，以工业化思维赋能农业，鼓励城市科研机构与农业生产企业深入合作，激活科技创新链与农业产业链的乘数效应。加强产学研合作共建，搭建科企对接平台，举办广州市农业科技成果科企对接会，搭建农业科技成果转化孵化服务平台，建立农业科技成果供需数据库，构建农业科技成果快速转化通道，推进"校+企"联合共建农业领域重点实验室，累计支持建设 9 个（家）科技资源库（圃）。

（四）持续增强城乡产业协同要素保障效能

1. 逐步完善人才入乡政策以及服务平台建设

陆续制定农业人才入户指标倾斜政策以及鼓励新乡贤下乡创业政策，制定事业单位招聘优秀基层工作人员和引进人才指导意见，通过"平台+服务""招企+奖补""挖掘+培养"等举措引导优秀人才向镇街基层一线有序流动。创建乡村振兴人才驿站，推动"三农"人才集聚，打造工匠型乡村人才队伍，助力乡村振兴和城乡协调发展。截至 2023 年末，全市共建成 9 个区级乡村振兴人才驿站和 26 个镇级乡村振兴人才驿站。[①]

2. 持续深化农村集体产权制度改革

通过加强农村集体资产监督管理，探索在增城、花都等地开展集体经营

---

① 《全面建站挂牌！广州市涉农区乡村振兴人才驿站建设完成》，"羊城派"百家号，2023 年 12 月 20 日，https：//baijiahao. baidu. com/s? id = 1785743609030122083&wfr = spider&for = pc。

性建设用地、集体留用地等使用权入市试点，引导工商资本下乡，促进农民收入、村集体经济组织收入持续快速增长。例如，增城出台实施集体经营性建设用地使用权入市办法，允许集体经营性建设用地租赁权抵押，允许集体经营性建设用地上的工业物业产权、商业服务业物业产权和物流仓储物业产权分割及转让；花都健全农村集体经营性建设用地入市相关政策，推进"一村两镇"留用地入市先行示范点、集体建设用地使用权流转工作，并已形成可复制推广的经验。

3.扩大涉农金融产品与服务创新

进一步扩大农村产权抵押担保物范围，探索农村集体资产金融化延伸，推广运用广东省农户信用信息系统"农融通"平台，建立全省首个"涉农主体信用码管理系统"和"市—区—镇—村"四级涉农主体信用专题数据库，在全国首创"农户信用绿码"，创新推出"乡村振兴贷"，促进金融与农业农村深度融合。截至2023年末，广州市涉农贷款余额4200亿元，农业类上市企业（涉及现代种业、农业食品、农产品加工、农业服务等行业）16家，总市值为2176.26亿元。

二 加快促进广州城乡产业协同发展的条件分析

当前，世界正历经百年未有之大变局，国内外经济形势逐渐呈现新趋势、新特征，国内外政治经济环境存在诸多不确定性，区域协调发展与城乡协同发展正是行之有效的破题之策，这要求广州紧抓战略机遇，大力推动城乡产业协同发展。

（一）有利条件

1.国家、省、市战略部署提供政策保障

2023年12月，中央经济工作会议指出，要推动城乡融合、区域协调发展，把推进新型城镇化和乡村全面振兴有机结合起来。2023年12月，广东省委十三届四次全会强调，要深入实施"百千万工程"，持续壮大县域经

济，以更大力度推进区域协调发展。2024 年 2 月，广州市委、市政府召开全市高质量发展大会，提出要全力抓好"百千万工程"，奋力在城乡融合、区域协调发展上做示范、当标杆。未来广州将落实国家、省、市对城乡区域协调发展的战略要求，"大干十二年、再造新广州"，聚焦城乡产业协同发展，加快提升城乡区域协调发展水平。

2. 庞大消费市场蕴含巨大发展潜力

广州作为我国超大城市之一，常住人口超 1800 万人，地区生产总值超 3 万亿元。广州背靠粤港澳大湾区，大湾区常住人口超 8000 万人，经济总量超过 13 万亿元。2023 年，珠三角地区社会消费品零售总额首次超过 3.5 万亿元，占全省总量的七成。广州及粤港澳大湾区常住人口数量庞大、经济发展水平较高、各类消费需求旺盛，为城乡产业协同发展提供了充足的消费客源和城乡产品流通的集散需求。此外，广州正着力建设国际消费中心城市，这将更好地发挥粤港澳大湾区强大的产业实力和消费能力优势，推动产业与消费良性互促，扩大高品质产品的供给。

3. 发达的综合交通物流体系支撑要素自由流动

广州内有分布全城的铁路枢纽和地铁网络，外有沟通粤东西北和港澳地区的交通大动脉以及白云国际机场、广州港等交通枢纽，人流、物流、资金流、信息流在穗高度集聚。客运方面，2023 年广州完成客运量 30471.19 万人次；白云国际机场全年旅客吞吐量达 6317.35 万人次，连续四年居全国单体机场第 1 位；广州铁路客运量 13096.92 万人次，居全国前列。货运方面，2023 年广州完成货运量 9.29 亿吨，广州港货物吞吐量、集装箱吞吐量排名分别位居全球第 5 和第 6。[①] 发达的"大交通"体系为广州促进城乡要素自由流动和高效配置、巩固提升重要农产品全链条集散中心地位提供了强有力的支持。

4. 数字化变革带来发展新动能

农业作为传统产业具有市场空间大、信息严重不对称、交易分散等

---

① 《2023 年广州市国民经济和社会发展统计公报》，广州市统计局网站，2024 年 3 月 30 日，https://tjj.gz.gov.cn/stats_newtjyw/tjsj/tjgb/qstjgb/content/mpost_9567759.html。

特点，也因此具有巨大的数字化、网络化改造空间。随着数字经济蓬勃发展，大数据、5G、人工智能等现代数字技术不断取得突破，数字技术与传统产业交融成为提升产业链、供应链现代化水平的重要动能，将加速推动城乡产业结构优化。同时，广州深入实施数字中国战略，提出打造数产融合全球标杆城市的目标，也为城乡产业协同发展提供了数字化驱动力。

（二）存在的困难和挑战

1.城乡产业协同发展水平有待提升

当前广州农业现代化发展面临资源不足、产业结构不尽合理等系列短板和约束，乡村产业结构较为单一，农业经营对直接生产环节的依赖程度较高，风险抵御能力偏弱。乡村文化旅游新业态尚未能对城乡产业协同产生有效补充，缺少大资本和大运营商参与，推动特色文旅项目落地建设的动力不足。

2.城乡产业协同发展平台质量不高

广清经济特别合作区、黄埔—从化产业共建合作区等平台存在产业协同度不高、合作机制不够完善的问题，在交通配套、落地项目、延伸政策措施等领域合作发力不够精准。此外，还存在农业产业园产出效率偏低、特色小镇产业集聚度不高、美丽乡村运营可持续性不强等问题。

3.城乡产业协同发展要素保障机制有待优化

农业用地指标保障能力偏弱，农村土地产权模糊和权能缺失等问题较为突出，集体建设用地存在一些浪费现象，阻碍了部分优质农业项目落地建设；"农村土地经营权贷款"试点因缺乏对融资机构与村民的风险保障机制而难以推广，"美丽乡村"建设存在较大的公共运维资金缺口，社会资本下乡经营的撬动能力受限；城乡二元户籍壁垒没有根本消除，城市人才下乡的补贴、住房等权益保障不够充分，人才激励机制有待健全，这些都制约了人才从城市向农村流动。

三　加快促进广州城乡产业协同发展的对策建议

新时代新征程下，深入实施"百千万工程"，充分发挥广清接合片区改革探索的引领示范作用，依托资源禀赋，围绕规划引导、平台建设、科技赋能、乡村人才、金融支撑、用地保障等方面，加快促进广州城乡产业协同发展，走好产出高效、产业融合、资源集约、环境友好、保障有力的超大城市城乡区域协调发展之路。

（一）强化市级规划的统筹引导作用

结合综合规划和国土空间规划的编制，将城乡产业协同的空间、产业体系、支持政策、特色产业发展等纳入都市圈统筹考虑，同步推进，更好实现城乡产业的协调联动和融合发展。强化市级层面在顶层设计、要素保障等方面的统筹协调，健全开发建设机制，完善运营管理模式，创新招商引资方式。研究构建"一张图"式产业协同治理机制，对城乡产业项目布局、园区建设、要素流动等信息进行统筹接入、集中管理、信息共享和实时分析。统筹制定合理的跨区合作考核机制，针对共建项目，由共建双方商定比例核算，并根据实际情况的变化进行动态调整。

（二）高水平建设城乡产业协同发展平台

1.加快建设城乡产业协同发展先行区

以广清经济特别合作区、粤港澳大湾区北部生态文化旅游合作区为重点，结合东部中心、北部增长极的规划建设，打造城乡产业协同发展先行区。支持在广清经济特别合作区内探索建立成本分担和利益共享机制，对于重大产业合作项目实施差异化保障支持措施。深化粤港澳大湾区北部生态文化旅游合作区建设，在文旅产业发展、产品开发、线路设计、市场运作等方面开展深入交流合作，联手共建世界文旅品牌。

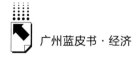

2.建设一批特色农产品优势集聚区

支持增城、花都深化创建国家荔枝优势特色产业集群与国家园林花卉优势特色产业集群，实现原材料种植、生产加工、文旅体验等全产业链发展。加快推动国家城乡融合发展试验区广东广清接合片区与南沙预制菜产业园合作打造粤港澳大湾区预制菜产业集群，形成"生产+加工+全球贸易"产业联动发展效应。以农产品精深加工园区为核心，促进"乡村休闲旅游+"发展，构建都市现代农业生态圈。

（三）坚持科技赋能城乡协同发展

1.增强科技支农和成果转化能力

围绕数字农业、生物育种等高新技术领域，推动"领军企业+中小企业+产业园区+大院大所"协同创新，创新"投资+孵化""学科+产业"等合作模式，建立科技成果转化收益分配制度，开展"小试—中试—产业化"全链条服务。鼓励城乡融合发展试验区依托粤港澳大湾区科创资源建设异地孵化器、异地研发中心，探索建立"研发+生产""创新+孵化"产业合作模式，构建要素协同、链条完整的跨区域科技创新体系。

2.开展城乡数字化融合试点示范

强化应用示范助推攻关，探索建立先行先试免责机制，支持城乡融合发展试验区开发农业农村数字化应用场景，实施应用场景"揭榜挂帅"工程，支持在田间管理、农产品种植加工等领域广泛应用新技术、新模式、新产品。完善农业信息数字化采集与处置，探索开展各平台间数据互联互通、资源共建共享，有力解决数据孤岛问题。完善技术转移机构和技术服务网络，建立有利于涉农科研成果转化推广的利益分享机制。

（四）加快推进乡村人才振兴

1.完善乡村振兴人才制度

通过留职留薪、停薪留职、带岗带编下沉等方式，鼓励企事业单位在职或退休的技术人才、管理人才下乡参与乡村振兴。组织和指导试验区先行探索建立乡村振兴人才卡，允许持有人才卡的人员合理享有村民权益。结合农业人才职称评审特点，在更大范围内向条件成熟的用人主体下放人才职称评审权，构建包含"个人综合素质""市场紧缺指数""工资薪酬水平"等的农业人才评价体系，进一步突出农业人才认定的经济贡献和市场化价值导向。

2. 集聚乡村创新创业人才

实施科技特派员培育计划，选派科技特派员到企业、园区开展产学研合作，推广新品种、新技术、新模式、新机械等的应用。实施农村创业创新带头人培育，组建乡村创业创新导师队伍，完善乡村企业家培训体系，加快壮大新一代乡村企业家队伍，培育农村职业经理人。大力培育乡村青年创新创业人才，对数字农业、预制菜等领域的青年人才，优先推荐纳入培训计划和人才交流活动。

（五）强化城乡产业协同金融支撑

1. 拓宽农村抵押担保范围

推进土地使用权质押贷款试点建设，探索宅基地使用权和农民住房财产权抵押贷款。建立宅基地及集体经营性建设用地使用权质押贷款风险防范基金，加强银保合作，提高银行对宅基地及集体经营性建设用地使用权的融资贷款积极性。建立农村产权抵质押物价值评估、流转交易、处置、风险分担等全流程配套制度。

2. 加大城乡融合金融支持力度

枳极探索依托农民专业合作社、供销合作社等培育发展新型农村合作金融组织。鼓励金融机构加大再贷款、再贴现运用支持力度，支持城乡协同发展典型项目涉农小微、民营等各类企业融资。发挥广州市乡村振兴基金引导作用，与区级政府、乡村产业龙头企业共同设立"美丽乡村"（传统村落保护利用）发展基金。引导银行等金融机构创新城乡协同发展项目授信方式，推行项目打包组合贷款，增加中长期贷款投放。支持金融机构、涉农企业发行乡村振兴金融债券、乡村振兴公司信用类债券，筹集资金用于城乡协同发展重点领域。

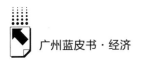

（六）保障城乡产业协同发展用地

1. 推动农村集体经营性建设用地入市改革

探索依法把有偿收回的闲置宅基地、废弃或低效的公益性建设用地转变为集体经营性建设用地入市。建立健全农村集体经营性建设用地入市制度体系，落实出让、出租、转让、抵押等制度，逐步实现与国有建设用地同等入市、同权同价，构建城乡统一的建设用地市场。

2. 明确点状供地试点实施细则

对点状用地开发管制、前期工作、用地报批、项目供地、监管、登记等方面进行更明确的指导和规范。根据点状供地项目的规模①，在不占用基本农田的情况下，探索耕地指标和用地规模在全市范围内平衡，有效保障用地规模。

3. 优化设施农业用地管理模式

建立设施农业用地指标灵活调整机制，加强设施农业用地的审批、登记、交易、退出等市场建设，允许对零散分布的设施农业用地指标进行区域内整合。优化设施农业用地配套机制，对新型种业、畜禽养殖业等特色产业，适当提高设备用房用地配套标准。

（七）提高城乡开放合作水平

1. 主动对接"一带一路"，在全球布局

鼓励和支持有条件的农业龙头企业在全球布局，赴境外参加重点国际性农产品展、投资农业开发，引进先进技术、设施设备、优良品种。充分利用广州开放平台资源，支持打造农产品销售海外基地、公共海外仓，扩大高品质农产品出口。扩大乡村文化国际交流，以岭南农耕文化等为重点，依托生态设计大会、从都国际论坛等平台，打造一批乡村对外文化交流精品项目。

---

① 点状供地可以对规模小于30亩的项目在类型或规模创新开发方面适当放宽要求，并弹性运用用地指标。

壮大农业特色优势跨境产业链，充分发挥区位优势，扩大与澳大利亚、新西兰农牧产品加工合作，积极引入一批有关农产品深加工、检测的贸易机构和企业，打造国际化农业合作区。

2.深入推动粤港澳大湾区"菜篮子"工程建设

推动粤港澳大湾区"菜篮子"交易中心项目落地落实，打造以果蔬储运、配送为主，集电子商务、体验、会展等多种功能和业态于一体的现代化综合性食品供应流转平台。以广州为中心，联结粤港澳大湾区以及国内其他相关城市，提供产品检验、检疫、通关"一站式"高效便利服务，打造全球优质农产品进口大平台、全国优质农产品加工进出口集散地。构建高质量、高标准的农产品质量安全监控指标体系，持续扩大食用农产品"湾区标准"的覆盖范围，加快全市农产品生产方式、经营模式、管理模式创新，建设集设施生产、加工仓储、冷链物流、电子商务、市场贸易、休闲体验、示范推广于一体的粤港澳大湾区农产品产业园。

参考文献

张沁洁、史传林、彭振等：《加快推进乡村振兴 促进广州城乡融合发展》，载张跃国主编《广州城乡融合发展报告（2023）》，社会科学文献出版社，2023。

广州市社会科学院课题组：《广州市城乡产业融合发展的总体思路与战略研究》，载朱名宏主编《广州城乡融合发展报告（2021）》，社会科学文献出版社，2021。

赵中华：《河南搭建城乡产业协同发展平台研究》，载王承哲、王建国主编《河南城市发展报告（2020）》，社会科学文献出版社，2020。

《中国乡村振兴产业融合发展报告（2022）》，新华网，2022年6月，http：//www.gxlyghy.com/uploadfile/20221013/1665638207503816.pdf。

张晓欢：《城乡产业协同发展平台是必需的载体支撑》，《中国经贸导刊》2019年第10期。

李嘉熙、蔡键：《城乡融合下乡村产业发展机理与实现路径——以国家城乡融合发展试验区广清接合片区为例》，《河北农业科学》2022年第6期。

钟惠敏、黎映雪、焦宗骏等：《数字农业助力增城区乡村振兴的应用与问题探析》，载张跃国主编《广州城乡融合发展报告（2023）》，社会科学文献出版社，2023。

B.15
推动越秀区民营经济高质量发展的
对策研究

广州市越秀区统计局课题组*

摘　要： 民营经济是社会主义市场经济的重要组成部分，是我国经济又好又快发展的有力保障。党的十九大报告强调"两个毫不动摇"，提出了要"支持民营企业发展，激发各类市场主体活力"。我国民营经济贡献了50%以上的税收、60%以上的GDP、70%以上的技术创新成果、80%以上的城镇劳动就业、90%以上的企业数量，是市场经济的中流砥柱和活力源泉。越秀区民营经济运行总体平稳，贡献了10%以上的GDP、30%以上的规上营业收入、40%以上的规上就业人数、70%以上的规上企业数量，在全区经济社会高质量发展中扮演着不可或缺的角色，发挥着越来越重要的作用。本文通过分析近年来越秀区民营经济发展状况和越秀区民营企业问卷调查结果，提出促进民营经济高质量发展的对策建议。

关键词： 民营经济　民营企业　越秀区

---

* 课题组成员：杨秀钦，越秀区统计局党组书记、局长，研究方向为国民经济核算；钟雅慧，越秀区统计局总统计师，研究方向为国民经济核算；许楠，越秀区统计局综合核算科副科长，研究方向为国民经济核算；杜福华，越秀区服务业统计调查中心副主任，研究方向为国民经济核算、金融业和能源统计。执笔人：杜福华、许楠。

一 越秀区民营经济①发展现状分析

（一）总体情况

1. 民营经济贡献10%以上的GDP

从增加值看，越秀区民营经济增加值逐步提升，但发展速度较全区总体经济水平偏缓。全区民营经济实现增加值由 2019 年的 512.34 亿元增加至 2022 年的 554.53 亿元，占全区 GDP 比重由 2019 年的 16.10%下降至 2022 年的 15.19%，下降 0.91 个百分点（见图 1）。2020～2022 年，民营经济增加值年均增长 0.7%，低于全区 GDP 三年平均增速（2.9%）2.2 个百分点。

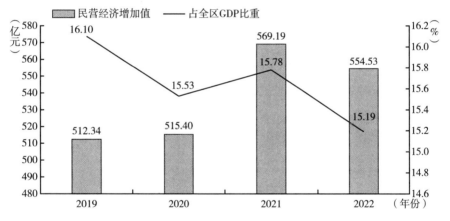

图 1　2019～2022 年越秀区民营经济增加值情况

资料来源：越秀区统计局。

2. 规模以上民营企业（以下简称"规上民营企业"）贡献30%以上的营业收入

从营业收入看，越秀区规上民营企业营业收入总量及占比均有所回落。2022 年，全区规上民营企业实现营业收入 2475.52 亿元，总量比 2019 年

---

①　本文中民营经济指国有控股、港澳台控股、外商控股之外的其他所有控股类型企业。

（2579.61 亿元）减少 104.09 亿元；占全区"四上"企业营业收入比重为
31.48%，比 2019 年（35.96%）低 4.48 个百分点（见图 2）。

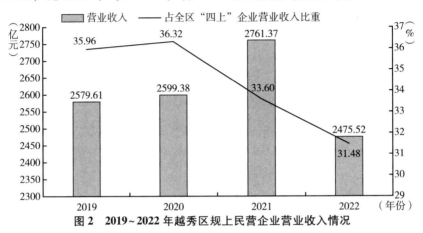

图 2　2019～2022 年越秀区规上民营企业营业收入情况

资料来源：越秀区统计局。

3. 规上民营企业贡献40%以上的就业人数

从就业人数看，越秀区规上民营企业对全区"四上"企业吸纳就业贡
献超四成。2022 年，全区规上民营企业就业人数为 21.49 万人，虽比 2019
年的 25.06 万人减少了 3.57 万人，但在全区"四上"企业中仍贡献了
42.87% 的就业岗位；2020 年就业人数为 27.44 万人，占"四上"企业就业
人数比重为 50.17%，是近四年来的高点（见图 3）。

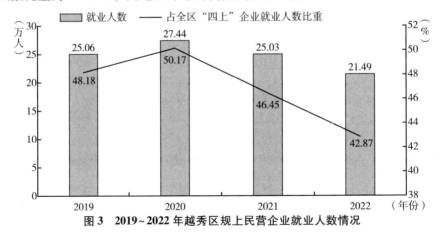

图 3　2019～2022 年越秀区规上民营企业就业人数情况

资料来源：越秀区统计局。

4. 规上民营企业贡献70%以上的企业数量

从企业数量看，越秀区规上民营企业数量有所增加，占全区"四上"企业数量比重超七成。2022年，全区规上民营企业数量为2980家，占全区"四上"企业数量比重达73.33%，比重比2019年（72.61%）高0.72个百分点（见表1）。

表1　2019～2022年越秀区规上民营企业数量情况

单位：家，%

年份	规上民营企业数量	占全区"四上"企业数量比重
2019	2768	72.61
2020	2965	73.87
2021	3002	73.61
2022	2980	73.33

资料来源：越秀区统计局。

5. 规上民营企业贡献近10%的税收

2022年，越秀区规上民营企业实现税收收入37.01亿元，比2019年减少6.63亿元，下降15.2%；占全区税收收入比重为8.75%，比重比2019年回落1.42个百分点。实现区库收入4.33亿元，比2019年减少0.64亿元，下降12.9%；占全区一般公共预算收入比重仅8.06%，比重比2019年回落0.53个百分点（见表2）。

表2　2019～2022年越秀区规上民营企业财税情况

单位：亿元，%

年份	规上民营企业税收	占全区税收收入比重	规上民营企业区库收入	占全区一般公共预算收入比重
2019	43.64	10.17	4.97	8.59
2020	38.21	8.59	4.40	7.51
2021	42.94	8.92	4.85	8.97
2022	37.01	8.75	4.33	8.06

资料来源：越秀区统计局。

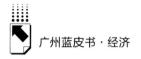

6. 民营经济质效稳步提升

盈利水平不断提高。越秀区规上民营企业营业利润有所下滑，但占"四上"企业营业利润的比重逐年提升。全区规上民营企业实现营业利润由 2019 年的 28.23 亿元降至 2022 年的 24.44 亿元，占全区"四上"企业营业利润比重为 13.04%，比重比 2019 年（9.71%）高 3.33 个百分点（见表 3）。

表 3 2019～2022 年越秀区规上民营企业营业利润情况

单位：亿元，%

年份	规上民营企业营业利润	占"四上"企业营业利润的比重
2019	28.23	9.71
2020	20.16	11.60
2021	24.12	11.72
2022	24.44	13.04

资料来源：越秀区统计局。

投资规模不断扩大。2022 年，越秀区实现民间投资额 10.59 亿元，占全区固定资产投资额的 10.13%；民间投资额比 2019 年增长 24.4%，2020～2022 年，越秀区民间投资额年均增长 7.6%，高于全区固定资产投资额年均增速（5.6%）2.0 个百分点。民间投资规模持续扩大，对全区固定资产投资拉动力有所增强。

创新活力不断提升。截至 2022 年底，越秀区有民营高新技术企业 411 家，占全区高新技术企业的 77.55%，累计实现营业收入 222.34 亿元，占全区高新技术企业总收入的 15.39%。2022 年，全区规上民营企业研发经费投入为 13.82 亿元，占全区"四上"企业研发经费总投入的 17.54%。其中，三盟科技股份有限公司、广州奥飞文化传播有限公司获得 2022 年中国专利优秀奖，在专利取得方面实现新突破。

上市企业不断增加。截至 2022 年底，越秀区有上市民营企业（指注册地在越秀区，下同）24 家，占全区上市企业数量（40 家）的六成。其中广州普邦园林股份有限公司、广东海印永业（集团）股份有限公司等企业在主板上市。通过上市，民营企业可以充分借助资本市场有效降低融资成本，同时有助于民营企业优化企业治理结构，促进企业经营和管理的规范化，加速企业转型升级。

7. 细分行业发展各具特色

商贸业撑起民营企业规模半壁江山。2022年，在规上民营企业中，批发和零售业企业有1158家，占全部规上民营企业数量比重为38.86%；实现营业收入1316.80亿元，占规上民营企业营业收入比重达53.19%。位居其后的是交通运输、仓储和邮政业以及租赁和商务服务业，营收规模占比分别为11.25%和10.25%（见表4）。

租赁和商务服务业吸纳就业近三成。从就业规模来看，租赁和商务服务业贡献最大。2022年，在规上民营企业中，租赁和商务服务业从业人员有5.99万人，占比达27.87%；批发和零售业、房地产业从业人员分别有3.03万人、3.01万人，分列第二位、第三位，占总从业人数的14.10%和14.01%。

交通运输、仓储和邮政业户均规模高。2022年，在规上民营企业中，交通运输、仓储和邮政业，建筑业，水利、环境和公共设施管理业，批发和零售业的户均规模高于全区规上民营企业的户均规模（0.83亿元/家）。其中交通运输、仓储和邮政业位居榜首，户均规模为1.98亿元/家，建筑业，水利、环境和公共设施管理业，批发和零售业户均规模分别为1.74亿元/家、1.32亿元/家、1.14亿元/家。

表4　2022年越秀区规上民营企业分行业基本情况

行业	营业收入（亿元）	营收占比（%）	企业数量（家）	从业人员（万人）	户均规模（亿元/家）
批发和零售业	1316.80	53.19	1158	3.03	1.14
交通运输、仓储和邮政业	278.49	11.25	141	0.92	1.98
租赁和商务服务业	253.63	10.25	489	5.99	0.52
建筑业	207.23	8.37	119	1.60	1.74
房地产业	111.26	4.49	240	3.01	0.46
信息传输、软件和信息技术服务业	99.89	4.04	139	1.30	0.72
科学研究和技术服务业	95.07	3.84	174	2.12	0.55
住宿和餐饮业	31.77	1.28	301	1.07	0.11

续表

行业	营业收入（亿元）	营收占比（%）	企业数量（家）	从业人员（万人）	户均规模（亿元/家）
卫生和社会工作	28.46	1.15	49	0.91	0.58
文化、体育和娱乐业	18.69	0.75	67	0.21	0.28
居民服务、修理和其他服务业	12.76	0.52	61	0.77	0.21
水利、环境和公共设施管理业	10.58	0.43	8	0.17	1.32
教育	8.45	0.34	28	0.35	0.30
工业	2.44	0.10	6	0.04	0.41
合计	2475.52	100.00	2980	21.49	0.83 *

注：＊为越秀区规上民营企业户均规模。

资料来源：越秀区统计局。

8. 龙头企业引领优势显著

2022 年，营业收入超 10 亿元的民营企业共 26 家，占全区规上民营企业数量（2980 家）比重不足 1%（0.87%），实现营业收入 682.39 亿元，占全区规上民营企业营业收入比重为 27.57%（见表 5）。其中营业收入超百亿元的企业有 2 家，分别为广州元亨能源有限公司和广州顺丰速运有限公司；营业收入在 20 亿~100 亿元的企业有广州市朴朴网络科技有限公司、广东壹号药业有限公司等新兴业态企业。

表 5　2019~2022 年越秀区营业收入超 10 亿元的民营企业情况

年份	企业数量（家）	营业收入（亿元）	占全区规上民营企业营业收入比重（%）
2019	26	862.10	33.42
2020	30	1008.69	38.81
2021	31	980.27	35.50
2022	26	682.39	27.57

资料来源：越秀区统计局。

（二）存在问题

1. 企业经营规模偏小

民营企业对区域经济的总体贡献偏小，竞争力不够强。从增加值占比看，越秀区民营经济实现增加值占全区 GDP 比重近几年维持在 15%～16%，远低于全国平均水平（60% 左右）。从户均规模看，全区规上民营企业户均规模由 2019 年的 0.93 亿元下降至 2022 年的 0.83 亿元，不足全区"四上"企业户均规模（1.94 亿元）的一半（42.8%）（见图 4）。从广东省工商联公布的"2023 年广东省民营企业 100 强"榜单看，广州市共有 27 家企业上榜，越秀区无企业上榜。

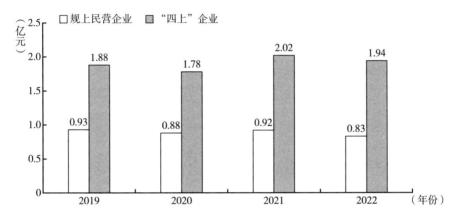

图 4　2019～2022 年越秀区规上民营企业与"四上"企业户均规模对比情况

资料来源：越秀区统计局。

2. 税收贡献度有待提高

2022 年，越秀区税收超 1000 万元的规上民营企业共 65 家，合计实现税收 15.84 亿元。其中，税收超亿元的企业仅有两家，分别是广州天力物业发展有限公司、广州市德华实业集团有限公司；税收在 5000 万到 1 亿元的企业仅有 3 家，分别是广州红海人力资源集团股份有限公司、广州顺丰速运有限公司、广州普邦园林股份有限公司。

3. 民间科技创新投入不足

民营企业整体创新动力不足，研发投入占比较低。2022 年，全区规上民营企业研究开发费用为 13.82 亿元，比 2019 年减少 1.02 亿元，下降 6.9%；占全区"四上"企业研究开发费用比重为 17.54%，比 2019 年降低 8.01 个百分点，且比重呈现逐年下降态势（见表 6）。

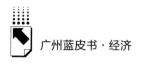

表6 2019~2022年越秀区规上民营企业研究开发费用情况

单位：亿元，%

年份	2019	2020	2021	2022
规上民营企业研究开发费用	14.84	15.84	14.48	13.82
占全区"四上"企业研究开发费用比重	25.55	24.13	19.07	17.54

资料来源：越秀区统计局。

4.企业外迁形势严峻

近10年，越秀区规上民营企业外迁情况加剧，在企业数量和营业收入上均出现较大逆差。2013~2022年，从外区迁入的规上民营企业有112家，按当年营收合计91.21亿元；而从越秀区迁出的规上民营企业有346家，按当年营收合计541.74亿元。10年间，规上民营企业数量合计净流出234家，营业收入合计净流出450.53亿元。外迁企业中，规模超10亿元的企业有10家，包括广州盛世欣兴格力贸易有限公司、广州市鼎钢商贸有限公司和广东粤合投资控股有限公司。

5.民营经济核心竞争力有待提升

当前，越秀区民营经济的主体仍停留在产业链低端，在经济结构调整、加快转变发展方式的高质量发展阶段，民营企业面临着巨大的生存和发展压力。一是民营企业亟须向高技术领域延伸。目前越秀区民营企业多分布于批发和零售业、租赁和商务服务业、住宿和餐饮业等行业（企业数量合计占比为65.37%），而科学研究和技术服务业，信息传输、软件和信息技术服务业，文化、体育和娱乐业企业数量合计仅占12.75%，技术研发、品牌创建等核心竞争力有待进一步增强。二是经营管理水平亟待提升。以家族式经营管理为主的民营企业不在少数，随着行业竞争加剧，"人治"的管理模式对企业转型升级、信息化管理、产业链条发展创新等形成制约。

二 越秀区民营企业问卷调查分析

2024年1月初，课题组开展了2023年生产经营景气状况调查，主要了解企业生产经营、资金使用、用工和享受政策措施等情况。本次采集越秀区规上民营企业调查对象共 200 家，单位规模涵盖大中小微型企业，且小型企业居多，占 58.5%（见图 5）；行业涉及交通运输、仓储和邮政业，租赁和商务服务业，信息传输、软件和信息技术服务业，科学研究和技术服务业，文化、体育和娱乐业，居民服务、修理和其他服务业，批发和零售业，住宿和餐饮业，建筑业和工业，行业分布如图 6 所示。

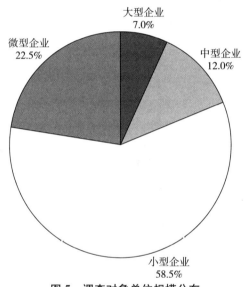

图 5　调查对象单位规模分布

（一）经营情况

超七成企业盈利基本持平或增加。调查结果显示，有 30.0% 的企业表示 2023 年第四季度盈利比上季度增加，41.5% 的企业表示盈利基本持平，28.5% 的企业表示盈利有所减少（见图 7）。

应收账款、货款回笼慢成为企业资金紧张的主要原因。受调查的 200 家规上民营企业中，有 54 家表示存在资金紧张的情况。造成资金紧张的主要原因包括应收账款及货款回笼慢、工资等刚性支出较多、融资成本高等。

超两成企业表示存在招工难的问题。受调查的 200 家规上民营企业中，

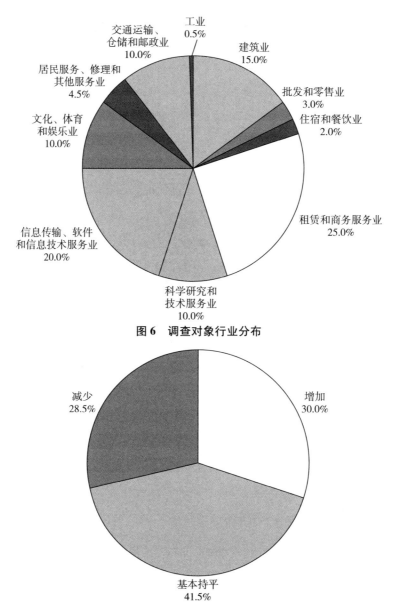

图 6　调查对象行业分布

图 7　调查对象 2023 年第四季度盈利情况

有 43 家企业表示存在招工难的情况，占比为 21.5%。这些企业用工面临的主要困难包括符合岗位要求的应聘者减少、应聘者对薪酬期望过高以及总体求职者减少等。

（二）政策实施情况

政策覆盖面近六成。受调查的 200 家规上民营企业中，有 116 家企业受益于当前政策，占比为 58.0%。减税降费对企业支持效果明显。上述 116 家企业受益的政策措施主要包括减税降费（占比为 87.9%）、财政补贴（占比为 12.1%）、"放管服"改革（占比为 10.3%）以及促就业稳岗位（占比为 7.8%）等。还有企业提出加大政策扶持力度以及宣传力度、减轻社保压力等方面的建议。

（三）投资计划和经营状况预期情况

固定资产投资预期保持稳定。受调查的 200 家规上民营企业中，有 164 家企业预计 2024 年第一季度投资将与 2023 年第四季度持平，不增加投资，占比为 82.0%，6 家计划增加投资，30 家计划减少投资。

市场预期总体平稳。对 2024 年第一季度企业经营状况的预期，有 59.3% 的企业表示一般，26.6% 的企业表示乐观，14.1% 的企业表示不乐观（见图 8）。对国内宏观经济形势的预期，有 64.5% 的企业表示一般，23.0% 的企业表示乐观，12.5% 的企业表示不乐观（见图 9）。

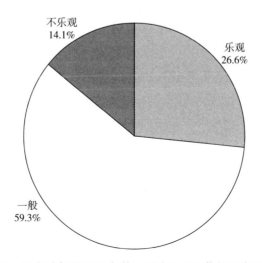

图 8　调查对象对 2024 年第一季度企业经营状况的预期

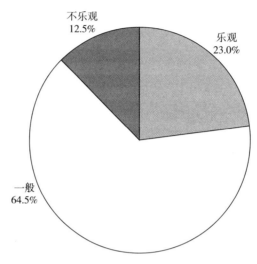

图9 调查对象对国内宏观经济形势的预期

三　促进越秀区民营经济高质量发展的对策建议

新征程推进民营经济高质量发展，要坚持"两个毫不动摇"，立足当前、着眼长远，针对越秀区民营经济发展现状和问题，按需施策、精准扶持，既注重量的扩张，更重视质的提升，不断提高民营经济对全区高质量发展的贡献度。

（一）推进政策落实落细，加大民营企业扶持力度

一是突出抓好促进民营经济发展的政策落实。2023年7月，中共中央、国务院印发《关于促进民营经济发展壮大的意见》（以下简称《意见》）。同年8月，广州市出台《广州市促进民营经济发展壮大的若干措施》（以下简称《措施》），要深入学习贯彻《意见》《措施》，重点推动各项政策落实落细。抓好《广州市越秀区促进产业高质量发展的实施意见》《广州市越秀区关于贯彻落实促进民营经济发展壮大若干措施的工作方案》等政策落实，鼓励符合越秀区产业发展方向的具有行业示范带动作用的企业扎根越秀

区发展，给予企业奖励支持，在人才入户、优质教育、医疗保健、资源对接等方面提供配套服务。

二是大力做好政策宣传解读。要全方位收集国家、省、市及越秀区现行经济政策信息，分类整理编制成通俗易懂的政策解读文件，以越秀区政府网为基础，结合"广州越秀发布"微信公众号、政务服务大厅、党群服务中心宣传栏等，利用便捷的宣传渠道和多样化的宣传手段，方便民营经济人士学习政策、读懂政策、会用政策，进一步提升政策覆盖率，优化民营企业发展政策环境。

（二）提升金融服务水平，补齐民营企业融资短板

一是提高融资服务质量。《措施》中第一条至第三条分别提出健全普惠贷款风险补偿机制、发挥信贷风险损失补偿资金池作用、加大知识产权质押融资力度等措施。要发挥越秀区银行集聚和数字普惠金融监管试验区的优势，区金融局要牵头研究落实相关措施，以银企对接会为平台，建立政银企三方沟通协调机制，引导金融机构积极对接民营企业重点项目，提升金融支持实体经济的能力水平。

二是建立健全信用管理体系。大力推进民营企业信用体系建设，加强中小微企业和个体工商户信用信息归集应用，鼓励建立发展社会信用服务机构，支持征信机构和信用评级机构为民营企业提供信用产品和信用服务，探索运用大数据、人工智能技术将企业自身数据与工商、税务、社保等信息数据进行智能匹配，为企业增加信用能力证明。进一步发挥广州"信易贷""粤信融""中小融"等平台企业融资综合信用服务功能，在街道试行配备"信贷专员"，引导金融机构为中小微民营企业提供个性化、专业化的金融服务，着力破解民营企业贷款时抵押物不足、信息不对称等难题。

（三）持续优化营商环境，激发民营经济发展活力

一是坚持市场化改革，优化公平竞争的市场环境。全面实施市场准入负

面清单制度，推行开办企业和跨部门涉企许可事项一站式联办服务，实现"准入即准营"，在全区范围内对违背市场准入负面清单情况开展排查处理，坚决消除在民间投资领域的各类歧视性条件和做法，确保民间投资在市场准入、要素配置、政策服务等方面得到公正对待。建立重点民间投资项目库，支持民间投资参与重大项目建设，将重点民间投资项目纳入越秀区"攻城拔寨"项目库，优化民间投资项目管理流程，搭建问题反映和解决渠道，多措并举激发民间投资参与意愿。

二是强化法治思维，优化平等保护的法治环境。法治是最好的营商环境。加强诚信政府建设，完善亲清政商关系的制度机制，依法保护企业产权和企业家权益。在行政执法方面，推行"双随机、一公开"监管，开展跨部门、跨区域联合监管，坚持联合执法、执法报备，坚决杜绝随意检查、多重检查、重复处罚等行为，保障企业合法经营。建立重点民营企业"白名单"并动态更新，按照"无事不扰、有求必应"原则，进一步健全和强化民营企业服务机制。

（四）发挥协会商会作用，助力民营经济转型升级

一是充分发挥行业协会桥梁纽带作用。持续推进广州市红联共建"红链计划"，将区内优势产业和重点企业串珠成链，吸纳更多民营企业和商（协）会入链，推动企业信息共享，根据不同企业、不同需求进行对接合作，抱团发展。鼓励行业协会通过广泛收集行业企业发展状况，及时反映本行业面临的困难和诉求，提出有价值的意见，推动相关部门优化政策措施，通过积极参与行业政策、规划的制定和行业发展研究工作，帮助民营企业掌握行业发展的主动权，更好实现转型升级。

二是充分发挥"越秀区政企沟通服务中心"阵地作用。区工商联搭建"越秀区政企沟通服务中心"，要继续做好民营企业、商协会联系走访工作，加快建设民营经济高质量服务平台。不断深化区法院、区检察院与民营企业的双向沟通联系，开展涉企普法宣传，搭建律师服务民营企业的新平台。持续深化"以商引商"机制，用好越秀区数字招商地图，把企业家的"朋友

圈"变为招商引资资源，探索形成"落户一企，带来一批"的"葡萄串"效应，助推招商引资出实效。

（五）不断强化创新能力，蓄积民营企业发展动能

一是加大对民营企业自主创新的扶持力度。对于具有领先水平的技术创新，实行政策性奖励和保护，充分发挥示范效应，培育更多专精特新民营企业。同时，借助越秀区"国家知识产权强县建设示范县"建设契机，组织企业专利技术对接和知识产权宣讲活动等，加强知识产权保护，激发民营企业自主创新的积极性。搭建科研院所、高校与民营企业合作沟通平台，推动科技创新成果与企业技术进步的融合，将科技成果转化为产业优势，从而提高民营企业的竞争力。

二是搭建国有企业和民营企业合作平台。充分发挥越秀区国有企业集聚发展的优势，利用国企资源优势和民企灵活机制，促进国企和民企合作发展。建立"企企"交流机制，通过加强产业链分工协作，在上下游领域优势互补、互利共赢，借助国有企业资源助推民营企业做大做强。支持大中小民营企业协同发展，构建优质中小企业梯度培育机制，促进人中小企业产业链、供应链、服务链、创新链、资金链、人才链、数据链全面融通。

参考文献

《2023 越秀统计年鉴》，广州市越秀区统计局网站，2023 年 12 月，http：//www. yuexiu. gov. cn/attachment/7/7561/7561963/9500598. pdf。

冒佩华、杨浩宇：《发展壮大民营经济的理论逻辑与现实进路》，《上海经济研究》2023 年第 6 期。

朱鹏华：《民营经济高质量发展的基础、挑战与路径》，《理论视野》2023 年第 4 期。

B.16
促进天河区都市工业高质量发展的
对策研究

卫建彬　彭健明　江中洌　刘至毅*

摘　要：　都市工业是以大都市为依托，与传统工业相联系，适宜在都市繁华地段和中心城区发展，与都市生态环境相协调的现代工业体系。结合新时代对新型工业化的发展要求，促进都市工业高质量发展是我国高质量发展的重要内容。本文在分析天河区发展都市工业的资源禀赋与政策机遇的基础上，结合剖析天河区都市工业园的产业基础、空间布局、科创格局和存在问题等基本情况，从都市工业谋划载体、建立清单、强圈补链、集约发展、创新管理、完善配套、创新驱动、产业金融八个方面提出促进都市工业高质量发展的对策建议。

关键词：　都市工业　新型工业化　天河区

一　都市工业的内涵、特征和经验借鉴

（一）都市工业的内涵、特征

1. 都市工业的内涵

都市工业是指一种与传统工业相联系的以大都市特有的信息流、物流、

卫建彬，广东睿博建筑设计研究有限公司广州分公司总经理、高级工程师，研究方向为国土空间规划、产业规划、土地开发、精细化城市设计及更新规划等；彭健明，广东省建筑设计研究院有限公司城镇规划研究所所长、高级工程师，研究方向为国土空间规划、产业规划、精细化城市设计、城市更新规划等；江中洌，广东睿博建筑设计研究有限公司总经理、工程师，研究方向为国土空间规划、产业规划、精细化城市设计、工程管理等；刘至毅，广州白云学院建筑工程学院，研究方向为国土空间规划、建筑设计等。

人才流、资金流和技术流等社会资源为依托，适宜在都市繁华地段和中心区域内生存和发展，并与城市和生态环境相协调，具有轻型、微型、环保和低耗特征，增长快、就业广、适应强，有税收、有环保、有形象的现代工业体系。

从成因来看，都市工业是城市产业结构调整和工业布局优化的必然要求，是城市制造业在城市化进程中升级进化后的存在形式，是解决"空城效应"和"产业空心化"问题的重要途径，也是提高大城市核心竞争力的战略布局。都市工业是"工业回城"新浪潮下的高端制造业形态，是城市工业"集聚、扩散（外迁）、再聚集"的结果。在科技回归都市浪潮下，高品质空间吸引高水平人才集聚，是支撑都市工业发展的重要因素。

从产业环节来看，产品设计、技术开发在都市工业中占比越来越高，都市工业逐渐向高端环节延伸。城市中心保留的生产环节是作坊式的加工企业，如服装定制工作室；进行样品试制的微工厂、中试基地以及其他小批量产品生产的企业；需要紧跟市场生产的企业，如包装印刷业等。

2. 都市工业的特征

从产业类型来看，国内都市工业的产业集群以上海为范本，集聚的产业类型基本一致，主要为服装、食品、印刷、电子信息、工艺美术设计等行业。国外都市工业的产业集群在发展电子信息、服装、日化、食品的同时，还涵盖运输设备、精密机械制造等行业。可见，都市工业的产业类型均属于无污染或极轻污染。

从空间载体来看，都市工业园以产业园区、工业楼宇、特色街区、特色小镇（杭州）为主要载体。初期主要集中在旧工业区，利用存量厂房改建、扩建，转型升级成集办公、生产、加工等于一体的都市工业楼宇。可见，相比传统工业对空间载体的交通区位、与原材料产地的距离等有一定的要求，都市工业对空间载体的要求比较低。都市工业聚焦高端产业领域或产业的高端环节，这些领域和环节的发展离不开科技、人才和现代服务业的支撑，而

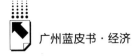

这些要素主要集聚在城市中心，由此产生了科技回归都市的浪潮。都市空间载体顺应科技回归都市的趋势，凭借城市高品质的空间、便捷的配套服务吸引高端人才，支撑都市工业高质量发展。可见，都市工业园是形成产业集群的最好载体。

（二）都市工业发展经验借鉴

纽约的都市工业经历了较长时期的发展，已具备相当的规模。凭借拥有的282个智能制造相关专业研究机构、1550.86亿元税收和102万从业人员，纽约市已成为全球智能制造发展最具潜力的城市。各种类型的制造企业在纽约城市核心区聚集，利用3D打印机、激光切割机、数字铣床等设备，生产定制化的家具、装饰品，甚至制造用来植入病患体内的半月板支架。在城市内直接制造可以满足本地需求。服装、出版、食品、化妆品、玩具等制造业也是纽约都市工业的重要部门。鉴于此，天河区应积极借鉴纽约经验，在劳动密集型、资本密集型轻工业基础上发展都市工业。

二　天河区都市工业发展现状分析

（一）产业基础

都市工业是天河区的主导产业之一，增加值占比接近6%，结构上以传统能源供应和传统都市消费工业为主，新兴产业尚在培育中，占比较低。如图1所示，天河区都市工业的第一梯队是能源供应，占比超过80%；第二梯队是都市消费工业和智能装备与机器人，占比均在7%以上；智能网联与新能源汽车、生物医药与医疗器械、半导体与先进材料等新兴产业则尚处于发育阶段，占比较低。如表1所示，目前，天河区已布局智能装备与机器人、生物医药与医疗器械、半导体与先进材料等产业的规划产值达281亿元。

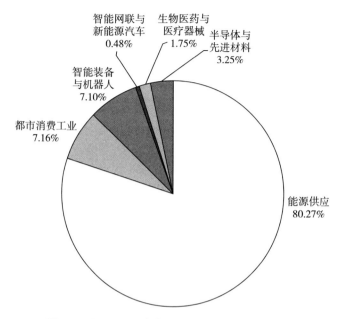

图 1　天河区 2023 年都市工业规上工业产值结构

资料来源：根据广州市统计局、广州市天河区人民政府网站资料整理。

表 1　天河区都市工业的规划产值分布情况

单位：亿元，年

产业园区	产业集群	产业规模	建设周期
中创汇·赛宝智能装备专业园	智能装备与机器人	8	3
广东省新材料与人工智能科技园	半导体与先进材料、人工智能	33	5
3 号生态智谷智能无人装备专业园	智能装备与机器人	30	3
高科机器人专业园	智能装备与机器人	10	3
		130	—
广汕路南产业带天河高端制造产业园	生物医药与医疗器械	70	
合计		281	—

资料来源：根据广州市统计局、广州市天河区人民政府网站资料整理。

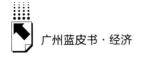

（二）空间布局

天河区从南向北已形成"科技金融—信息技术—未来产业"的产业格局。南部的珠江新城和金融城集聚了科技金融、高端专业服务、数字创意等产业；中部的智慧城及智谷和五山高教区形成了数字创意、人工智能、新能源和智能网联汽车、智能制造、创意设计、数字交互、食品材料、医药研制等产业；北部的龙洞集聚了工业互联网、新一代信息技术等产业。

天河区都市工业发展演化过程如图2所示。

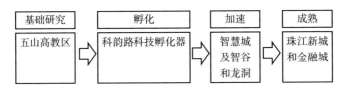

图2 天河区都市工业发展演化过程

资料来源：根据相关资料整理绘制。

从行业层面看，天河区都市工业中，生物医药与医疗器械、半导体与先进材料产业主要分布在广汕路沿线；智慧城及智谷是全区智能装备与机器人科创平台集聚区，也包含生物医药与医疗器械等领域科创平台；智能装备与机器人产业主要分布在天河智慧城，并以金融城为总部和研发基地；能源供应产业的总部集聚于珠江新城；智能网联与新能源汽车产业以小鹏汽车为代表，分布在天河智慧城内；都市消费工业在全区零散分布。可见，天河区生物医药与医疗器械、半导体与先进材料、智能装备与机器人集聚趋势明显，其余行业零散分布。

从产业环节层面看，天河区总部经济集中在珠江新城、金融城、天河北等传统商务区；研发设计集中在智慧城附近；生产制造产业少量分布在广汕路沿线、天河北以及智谷新塘街道。可见，天河区都市工业环节以总部经济、研发设计为主；制造环节较少，且主要集中在广汕路沿线及智谷新塘街道。

从空间布局层面看，天河智慧城核心区及智谷片区具有孵化五大高质量产业集群的优势，是打造粤港澳大湾区产业名片的重要片区。天河区的"两片区"是指广棠产业片区、小新塘片区，"两带"是指华观路产城融合带、广汕路南产业带，"两片区""两带"在产业空间上以重点区域破局，是推动天河区重大都市工业发展平台开发建设的重点。另外，广汕路沿线打造大湾区国家级技术创新中心产业基地。

（三）科创格局

天河区都市工业的科创要素丰富，区内高校和企业创新资源充足，国家级技术平台支撑实力强劲，大院大所提供研发和应用支撑。在半导体与先进材料领域拥有 3 家国家级实验室，在智能装备与机器人领域拥有 13 家省级科创平台，在生物医药与医疗器械领域拥有 7 家省级科创平台（见表 2）。

表 2　天河区都市工业产业与科创平台汇总

产业方向	细分领域	相关科创平台	
能源供应	传统能源供应（3 家*）	省级工程技术研究中心	智能燃气输配工程技术研究中心(广州燃气集团有限公司)，分布式储能与智能微电网工程技术研究中心、数据中心节能工程技术研究中心、光热先端材料工程技术中心、海洋可再生能源工程技术研究中心(中国科学院广州能源研究所)
		广东省重点实验室	广东省燃料电池技术重点实验室(华南理工大学)
都市消费工业	食品饮料（5 家*）	省级工程技术研究中心	广州鹰金钱食品工程技术研究中心(鹰金钱食品集团有限公司)，乳业生物工程技术研究中心(风行乳业)，特殊医学用途配方食品加工、果蔬加工、水产功能食品、蚕桑资源多元化加工利用(广东省农业科学院蚕业与农产品加工研究所)，甜、糯鲜食玉米工程技术研究中心(广东省农业科学院作物研究所)
		广东省重点实验室	广东省农产品加工重点实验室(广东省农业科学院蚕业与农产品加工研究所)

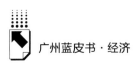

续表

产业方向	细分领域		相关科创平台
都市消费工业	智能家居（2家*）	省级工程技术研究中心	LED智能节能照明工程技术研究中心（德洛斯照明）、家居产业数字化工程技术研究中心（三维家）
	日用化工（1家*）	省级工程技术研究中心	绿色表面活性剂工程技术研究开发中心（浪奇）
智能装备与机器人	智能机器人（7家*）	省级科创平台	装配式建筑智能塔机工程技术研究中心（五羊建设机械有限公司）、广东省智能卡装备制造与服务工程技术研究中心（明森科技股份有限公司）、日立电梯重点工程技术研究开发中心、海洋高端装备核心配套零部件及材料检测工程技术研究中心（广东省科学院工业分析检测中心）、现代物流分拣装备工程技术研究中心（信源物流设备有限公司）、植保无人机工程技术研究中心（极飞科技）、新科佳都工业设计中心
	卫星导航、精密仪器设备（2家*）	省级科创平台	南方卫星导航工程技术研究中心（南方卫星导航仪器有限公司）、广东省精密装备与制造技术重点实验室（华南理工大学）
	通信设备（4家*）	省级科创平台	城市轨道交通智能系统工程技术研究开发中心（新科佳都科技有限公司）、智能宽带光网络工程技术研究中心（中睿通信规划设计有限公司）、超高容量电缆调制解调器终端系统工程技术研究中心（凯媒通讯技术有限公司）、广东省计算智能与网络空间信息重点实验室（华南理工大学）
半导体与先进材料	半导体材料（2家*）	国家重点实验室	发光材料与器件国家重点实验室（华南理工大学）
		省级科创平台	固态紫外光源工程技术研究中心、第三代半导体材料与器件工程技术研究中心（广东省半导体产业技术研究院）
	先进材料（5家*）	国家重点实验室	稀有金属分离与综合利用国家重点实验室（广州有色金属研究院）、聚合物新型成型装备国家工程研究中心（华南理工大学）

续表

产业方向	细分领域		相关科创平台
半导体与先进材料	先进材料(5家*)	省级科创平台	改性高分子材料工程技术研究开发中心(合诚技术股份有限公司)、广东省金属新材料制备与成形重点实验室(华南理工大学)、广东省金属强韧化技术与应用重点实验室、广东省金属材料短流程加工工程技术研究中心(广东省科学院材料与加工研究所)
生物医药与医疗器械	生物医药与医疗器械(7家*)	省级科创平台	广东省生物医用材料转化与评估工程技术研究中心(中山六院)、广东省妇产医疗器械工程技术研究中心(三瑞医疗器械有限公司)、蛋白质药物工程技术研究开发中心(广东天普生化医药股份有限公司)、广东省农业科学院动物卫生研究所、广东省农业科学院作物研究所、暨南大学、南方医科大学
智能网联与新能源汽车	智能网联与新能源汽车(4家*)	省级科创平台	广汽研究院、广东省汽车工程重点实验室(华南理工大学)、广东省汽车微电机制造智能装备工程技术研究中心(广东省机械研究所)、广东省智能网联汽车系统应用工程技术研究中心(小鹏汽车)

注: * 表示此处数量按照企业/研究院所统计,若同一机构对应多个平台,只统计1次。

资料来源:根据广州市人民政府、广州市统计局、广州市天河区人民政府网站资料整理。

三 天河区促进都市工业高质量发展的条件分析

(一)区位优势佳

天河区具备优越的区位优势。《广州市战略性新兴产业发展"十四五"规划》明确提出"一核、两带、三城、多节点"的广州战略性新兴产业空间新格局,要求天河智慧城依托核心区空间优势,统筹资源引领制造业调整升级。目前,科技人才需求变化催生科技回归都市浪潮,天河区作为中心城区以高品质空间吸引高技术企业集聚,具有发展都市工业的先天优势。

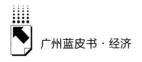

（二）重视程度高

2021年，天河区在"十四五"规划中首次将现代都市工业列为主导产业之一，提出到2025年的发展目标，即地区生产总值达7000亿元，年均增长6%左右；现代都市工业增加值达490亿元，占地区生产总值的7%。① 2022年6月，广州做出产业战略部署②，提出发展五大支柱产业③和五大特色优势产业④，其中相关产业均属于都市工业。2022年12月，天河区提出加速布局发展现代都市工业⑤，以构建天河特色的现代都市工业体系为重点，不断优化产业结构，加快革新"一带一区多园"的产业布局，为广州"产业第一，制造业立市"工作部署贡献天河力量。

（三）创新资源丰富

天河区的创新资源十分丰富，有重点实验室165家、粤港澳联合实验室3家、院士工作站5家、国家高新技术企业2995家。天河区环五山创新策源区范围内拥有3所大学和5家科研院所⑥，39家国家级孵化载体，其产业

---

① 《广州市天河区人民政府关于印发广州市天河区国民经济和社会发展第十四个五年规划和2035年远景目标纲要的通知》，广州市人民政府网站，2021年7月14日，https://www.gz.gov.cn/zt/jjsswgh/qjgh/content/post_7371541.html？eqid＝a6d09021000e5b180000000664781075。

② 《广州市人民政府办公厅关于印发〈广州市工业和信息化发展"十四五"规划〉的通知》，广州市工业和信息化局网站，2022年6月8日，http：//gxj.gz.gov.cn/zw/zfxxgkml/xxgkml/qt/ghjh/content/mpost_8323215.html。

③ 五大支柱产业是指数字经济核心产业、智能网联和新能源汽车、绿色石化和新材料、生物医药与健康、现代高端装备。

④ 五大特色优势产业是指纺织服装（含箱包皮具）、美妆日化、智能家电（含灯光音响、安防设备）、珠宝首饰、食品饮料。

⑤ 《广州市天河区人民政府办公室关于印发广州市天河区现代都市工业"十四五"发展规划的通知》，广州市天河区人民政府网站，2024年1月17日，http：//www.thnet.gov.cn/zwgk/ghjh/content/post_9572838.html。

⑥ 天河区环五山创新策源区内的3所大学和5家科研院所是指华南理工大学、华南农业大学、华南师范大学，以及中国科学院能源研究所、工业和信息化部电子第五研究所、中国科学院广州地球化学研究所、广东省科学院、广东省农业科学院。

发展定位契合广东省培育 20 个战略性产业集群的政策①，形成了以华南理工大学、华南农业大学、华南师范大学等高校及科研机构为核心的创新产业体系。

（四）平台资源多

天河区具备发展都市工业的平台资源。在产业能级上，天河区总部经济领跑广州市，GDP 连续 16 年稳居全市第一；在人才教育上，天河区高校院所数量占广州市的 50%，人才吸引力指数全市第一；在平台支撑上，天河区拥有广州国际金融城、中央商务区（珠江新城）、天河智慧城核心区及智谷片区、"两片区""两带"、天河软件谷等发展平台。

（五）省市政策机遇良好

1.国家以实体经济为本，广东省要求"制造业当家"

党的二十大报告提出，要把经济发展的着力点放在实体经济上，推进新型工业化，加快建设制造强国。为坚定不移推进制造强省建设，2023 年 6 月，广东省委、省政府出台《关于高质量建设制造强省的意见》，提出要加快实现由制造大省向制造强省跨越；到 2027 年，制造业增加值占地区生产总值比重达到 35% 以上，制造业及生产性服务业增加值占比达到 65%，高技术制造业增加值占规模以上工业增加值比重达到 33%，规模以上制造业全员劳动生产率达到 37 万元/人，工业投资年均同比新增超过 1000 亿元；到 2035 年，制造业及生产性服务业增加值占地区生产总值比重稳定在 70% 左右，制造业综合实力达到先进水平，成为制造业核心区和主阵地，全面实现制造强省。②

---

① 《广东省人民政府关于培育发展战略性支柱产业集群和战略性新兴产业集群的意见》，广东省人民政府网站，2020 年 5 月 20 日，http：//www.gd.gov.cn/xxts/content/post_2997774.html。

② 《中共广东省委 广东省人民政府关于高质量建设制造强省的意见》，广东省人民政府网站，2023 年 6 月 1 日，http：//www.gd.gov.cn/gdywdt/gdyw/content/post_4190174.html? eqid = 85087e2200021e6600000006648688e4。

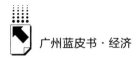

2. 广州要求"制造业立市"

2022 年，广州明确提出"坚持产业第一、制造业立市"①。为适应中心城区工业发展要求，广州提出"大力发展都市工业"的策略，加快构建现代化产业体系，为第二产业提供增长空间。

2015~2019 年，广州工业增加值增速从 7.0% 下降至 4.7%，均低于当年 GDP 增速；2010 年以前，广州处于中等收入阶段，但工业占比已呈现快速下降趋势，提前进入服务经济主导的发展阶段；2010 年后，广州进入高等收入阶段，工业增加值占 GDP 比重加速下降，从 2010 年 34.79% 下降到 2019 年的 24.00%，年均下降约 1 个百分点（见图 3）。

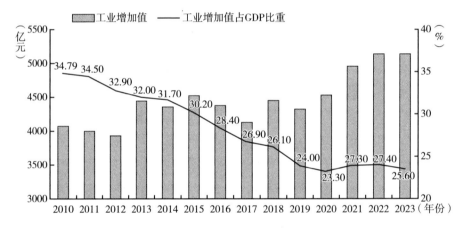

图 3　2010~2023 年广州工业增加值及其占比变化情况

资料来源：根据广州市统计局、广州市天河区人民政府网站资料整理。

从各区工业发展特征来看，越秀区、荔湾区、海珠区和白云区工业减量、产城融合；从化区以生态优先，工业集中入园；花都区和增城区向重点工业平台集聚；黄埔区和南沙区强化工业中心，做优做强；番禺区中心区工业减量，转向外围发展。可见，广州工业用地主要集中在番禺、黄埔、增城

---

①　《2022 年广州市政府工作报告》，广州市人民政府网站，2022 年 1 月 30 日，https://www.gz.gov.cn/zfjgzy/gzsrmzfyjs/sfyjs/zfxxgkml/bmwj/gfxwj/content/mpost_8065773.html。

等外围城区，天河区等中心城区为工业洼地。

2023 年，广州高技术制造业增加值占规模以上工业增加值比重为 20%。[①] 按照广东省 2027 年实现高技术制造业增加值占规模以上工业增加值的 33% 的目标，广州需在 2024~2027 年实现高技术制造业增加值年均增长 2.6%。[②] 广州作为广东省制造业大市，必然要大力发展高技术制造业。

四　天河区促进都市工业高质量发展的对策建议

（一）谋划载体，推动存量空间实现产业增量

不同的行业类型、不同生产工序对楼层的承重和层高的要求不尽相同，此外，还需要考虑噪声、污染等问题。在环保安全方面，使用、储存危化品的产业禁止上楼；对生产的火灾危险等级大于丙类的产业不建议上楼；对自然环境和人居环境有严重干扰和污染的产业不适宜上楼。在设备载重方面，核心生产设备不宜超过 1 吨/米^2。在垂直交通方面，在货梯要求上，原材料或成品单件重量不宜超过 2 吨，原材料或成品单件尺寸不宜超过 2.5m×3m× 2.2m（L×W×H）。在生产人员工作密度方面，生产厂房不宜超过 5 人/80 米^2。在减振隔振方面，需要特殊独立基础（如混凝土地基）的产业不宜上楼。在工艺需求方面，生产类型不宜为流程式生产。

承接上位规划，基于天河区现有产业基础及周边产业资源联动，结合片区空间载体及配套环境条件，筛选都市工业可用地块，从中选择产业载体质量好、交通区位好、有存量空间，可尽快引入企业、地块内或地块周边有优质企业集聚或带动的地块优先作为近中期建设的重点地块，并安排差异化建设时序。深度挖掘产业载体，摸清可用载体底数，探索符合片区特征的载体

---

① 《广州：3 万亿之城是如何炼成的》，南都广州，2024 年 1 月 17 日，https：//static. nfapp. southcn. com/content/202401/17/c8514280. html。

② 《中共广东省委　广东省人民政府关于高质量建设制造强省的意见》，广东省人民政府网站，2023 年 6 月 1 日，http：//www. gd. gov. cn/gdywdt/gdyw/content/post_ 4190174. html? eqid = 85087e2200021e6600000006648688e4。

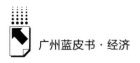

利用模式。与传统产业载体相比,新型都市工业的主要空间载体为多功能厂房、工业楼宇等,讲求从土地开发向产业开发转变,可解决从设计到研发、预生产、大规模制造等环节中的问题,促进设计、研发、生产、运营等多功能复合,形成相对独立的都市工业群落。

天河区可结合不同载体特征,重点探索工业综合体、城市工业更新、共享制造中心三种产业载体利用模式。在工业综合体模式中,用地属性为城市工业用地,集约建设工业楼宇、多功能厂房及配套服务设施,重点发展电子信息、生物医药、精密制造、新材料等战略性新兴产业以及生产性服务业,拓展研发制造发展空间、提升用地产出效益。在城市工业更新模式中,"工改工"已成为城市更新的重要类型,主要包括在 M0、M1 工业用地上进行的新建、改建、扩建工业厂房项目。项目建成后主要为标准工业厂房,以多层厂房为主,主要用于企业生产制造,可配套一定比例的研发与办公。在共享制造中心模式中,围绕生产制造各环节,运用共享理念将分散、闲置的生产资源集聚起来,弹性匹配、动态共享给需求方,共享制造是一种新型产业组织形态,可通过供应链共享、设备共享等方式极大缓解科创企业的量产成本压力。

(二)建立清单,助力产业正面导入及联动发展

按现代都市工业产业对载体空间、交通区位、周边环境及配套设施等方面的入驻需求进行符合性摸查,并依据园区主体的管理范围对部分同一权属的地块进行切割。建立清单,助力产业正面导入及联动发展,通过区内集聚、市外招引龙头企业带动片区发展。通过评估广汕路一带适合发展的都市工业类型及产业环节,建议其重点发展智能装备与机器人、智能网联与新能源汽车、生物医药与医疗器械、半导体与先进材料四大细分领域,培育一批龙头企业、行业领军企业和专精特新企业,建设一批产业特色鲜明、产业集中度较高、具备产业核心竞争力的优质园区,打造现代都市工业千亿元级产业集群。

（三）强圈补链，锻长板强优势与补短板增后势

结合企业分布及科创平台布局现状，天河智慧城集聚智能装备与机器人、半导体与先进材料、生物医药与医疗器械等领域发展要素，并以智能装备与机器人为主，以生物医药与高端医疗器械、半导体与先进材料为辅，搭建"1+3+N"大智造产业生态圈（见表3）。

表3　天河区产业体系与重点方向

产业体系	产业方向	细分领域
一大核心方向	大智造产业生态圈	
三大主导产业	智能装备与机器人（研发+制造）	智能机器人、通信设备、节能环保设备、数字农业设备、系统集成解决方案等
	生物医药与医疗器械（研发+制造）	植入介入产品、影像设备、治疗设备等
	半导体与先进材料（生产性研发+成果转化）	磁性材料、改性塑料、高性能金属材料

资料来源：根据广州市人民政府、广州市统计局、广州市天河区人民政府网站资料整理。

在产业链上，天河区应锻造都市工业产业链的长板并强化优势，补足产业链的短板并增强后势。紧扣大产业、大平台、大项目、大企业四大抓手，聚焦新增载体空间，加快建设新一代信息技术、智能网联与新能源汽车两个千亿元级产业园区和现代都市工业相关的若干个新兴产业园区，释放现代服务业发展势能，积极牵引龙头企业及"链主"企业，发挥自身优势，促进强链、补链、稳链，着力打造粤港澳大湾区科技协同创新引领区。

（四）集约发展，合理划分组团以提高单位产出

在集约高效发展上，天河区应提高土地利用效率和产出效益，塑造集聚、集群、集约平台发展新格局。建议在广汕路沿线由西到东划分五个都市工业组团。组团一发展生物医药与医疗器械，依托三瑞医疗器械、奥迈医疗科技、中华医药数字化智能化产业基地等重点企业和产业平台，重点发展新型医疗器械研发、中试、轻型生产等产业环节。组团二发展生物医药与医疗器械，

依托天普生化医药股份、国药集团医药物流公司等重点企业，重点发展创新药研发、试验等产业环节。组团三发展半导体与先进材料，发挥金发科技龙头带动作用，吸引先进材料上下游企业集聚，主要发展研发、试验等产业环节。组团四依托滨湖优美自然环境，吸引高科技人才集聚，发展智能网联与新能源汽车，联动天河智慧城小鹏汽车研发总部，主要发展汽车零部件研发、设计、测试、轻型生产等环节，未来可加入小鹏汽车供应链体系。组团五依托明森科技、金日科技、昌硕设备等现有企业，发展智能装备与机器人，沿广汕路布局形成智能机器人产业研发带，重点发展研发、设计、中试、组装、轻型生产、技术展示等产业环节。天河区要依托土地招商与楼宇招商，抓紧重点平台发展优势，促进区内企业自主培育，力争国家级科技型中小企业超3000家、规上高企达1100家，力争新增亿元以上企业20家、十亿元以上企业5家。

（五）创新管理，提供更为灵活的用地方式

创新用地管理模式，提供更为灵活的用地方式，提高土地产出效率。与传统产业用地相比，新型产业用地总体上拥有开发强度更高，配套产品丰富、分割转让灵活的优势，天河区可参考全国主要城市创新型用地试点（见表4）创新用地管理模式，推动研发、创意、设计、中试、无污染生产等都市工业产业环节的发展。

表4　全国主要城市创新型用地试点

新型产业用地类型	产业环节	分割转让限制	地块年限	开发强度	配套比例
M0（深圳、东莞、珠海、温州等）以东莞为例	研发、创意、设计、中试、无污染生产等创新型产业	严格限制M0的分割转让，比例不超过49%	一般为40年，不可分割；M0可延长至50年	工改M0容积率为50年不低于3.0，不超过5.0	配套用房计容建面不得超过30%
M4（北京、上海等）以北京为例	高新技术产业	禁止分割	土地租赁最长期限不超过15年，出让方式实行弹性	容积率在1.5~5.0不等	配套设施不超地上总建筑面积的15%

续表

新型产业用地类型	产业环节	分割转让限制	地块年限	开发强度	配套比例
M科(南京、无锡、宜兴等)以南京为例	生产研发类产业	分为不可分割销售(自用型)和可分割销售两种	允许分割产权年限不超过50年	容积率基本在1.5~4.0	可统筹配建不超过项目总建筑面积15%的配套服务设施
M创(杭州、福州、青岛、威海、武汉等)以杭州为例	以产品研发、核心技术产品生产试验为主产业	可分割销售不超过50%的面积,政府享有优先回购权	鼓励类产业用地土地出让年限可按50年确定,实行一次性出让	容积率原则上不低于2.0	商业配套一般不超过总建筑面积的10%
M+(惠州)以惠州为例	研发、创意、设计、中试、环境友好型生产等创新型产业	分割项目产业用房基本单元建筑面积不得小于300平方米	土地使用年限不超过40年	容积率原则上不低于2.5(含2.5)	配套用房计容建筑面积不得高于30%

资料来源:根据相关政府官方网站资料整理。

(六)完善配套,打造生产性配套服务体系

完善提升环境配套,围绕都市工业打造生产性服务、专业服务、商务服务、生活服务等配套服务体系。在生产性服务配套方面,主要包括研发中试服务、供应链服务、物业租赁服务、人力资源服务等领域;在专业服务配套方面,主要包括知识产权服务、技术交易服务、科技人才创业辅导、资质认证服务等领域;在商务服务配套方面,主要包括银行贷款服务、法务咨询服务、共享交流空间、保险咨询服务等领域;在生活服务配套方面,主要包括人才公寓、高端消费、休闲放松、教育和医疗配套等领域。

(七)创新驱动,促进产业多元融合与深度转型

利用天河区创新资源丰富、平台资源多等优势,加强基础研究,积极发展科技创新,并集聚大量的科技创新要素,使其为都市工业发展提供更多的

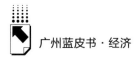
创新源泉。同时，这些创新源泉能促进不同产业的融合，也有助于产业的深度转型，为社会创造和提供更多高收入、高附加值的就业岗位。

（八）产业金融，多维度引导社会资本投资实体产业

利用珠江新城、金融城等城市金融创新平台，为天河区的都市工业发展提供资金支持。金融业的本质是投向最有前景、最具优势的产业，应积极利用此特点，制定适度的金融政策，借助融资平台优势，从土地开发利用政策、产业园区准入及租赁补贴、人才补贴、创新资金奖励等多个维度促进金融资本投向天河区最具投资价值的产业实体，为天河区都市工业发展提供有利的金融条件。

参考文献

戴东强：《我国都市工业园产业集群发展模式研究——以上海张江高科技园区为例》，《天津科技》2010 年第 6 期。

贾晓芬、邓楚韵、王福平等：《以都市工业支撑推进新型工业化的成都实践》，《国家治理》2023 年第 14 期。

戴东强：《新形势下我国都市工业园创新机制与模式研究》，博士学位论文，武汉理工大学，2012。

卫建彬：《中新广州知识城生态城区规划与建设实践反思》，硕士学位论文，华南理工大学，2017。

曹芳萍、秦涛：《国际大城市发展都市型工业的模式与经验》，《郑州航空工业管理学院学报》2007 年第 6 期。

B.17
增城区优化经济增长动力促进
高质量发展的战略研究

吴金城　吴晓锋　何伟锋　朱伟光*

摘　要： 本文对2010年以来增城区经济增长动力的基本特征及存在问题进行了系统总结，对增城区未来经济增长的机遇和挑战进行了全面分析。在此基础上，提出了增城区未来优化经济增长动力促进高质量发展的战略对策：实施制造立区战略，做大做强先进制造业；实施服务兴区战略，着力推动服务业转型升级；实施枢纽集聚战略，高水平规划建设东部中心；实施乡村振兴战略，加快推进"百千万工程"；实施项目带动战略，扎实做好招商引商稳商工作；实施改革创新战略，努力营造宜商宜业的软硬环境。

关键词： 经济增长动力　制造立区　增城区

一　增城区经济增长动力的基本特征分析

（一）总体情况

2010年以来增城区经济增长呈现两大特征。一是经济规模持续扩大，2023年增城区GDP达到1452亿元，占全市的4.8%；扣除价格因素计算，

---

* 吴金城，广州市增城区发展和改革局局长，研究方向为区域经济、发展改革；吴晓锋，广州市增城区发展和改革局副局长，研究方向为区域经济、体制改革、发展规划；何伟锋，广州市增城区发展和改革局发展规划科科长，研究方向为发展改革、发展规划；朱伟光，广州市增城区发展和改革局投资科科长，研究方向为区域经济、投融资和固定资产投资。

2023 年 GDP 是 2010 年的 2.52 倍，2011~2023 年，增城区 GDP 年均增长 7.4%，增速高于广州市 0.2 个百分点。二是经济从高速增长总体上向中高速增长调整，进入"新常态"，增长趋势与广州市基本同步，不过受经济体量相对较小等因素影响，年度波动大于全市（见图1、图2）。2018 年以来，在维信诺等一批重大项目投产带动下，增城区经济实现较快增长，2018~2023 年 GDP 年均增长 9.9%。

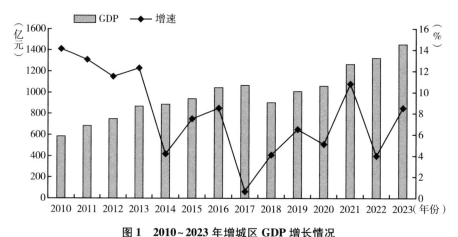

图1　2010~2023 年增城区 GDP 增长情况

资料来源：2010~2017 年资料来源于广州统计信息网，2018~2023 年资料来源于增城区统计局，下同。

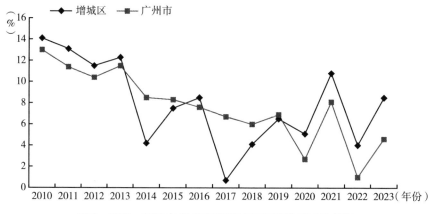

图2　2010~2023 年广州市和增城区经济增速对比情况

（二）产业动力分析

1. 产业发展总体情况

2010 年以来增城区经济发展呈现制造业与服务业"双轮驱动"特征。2023 年，增城区第一产业、第二产业、第三产业增加值分别达到 67.85 亿元、552.60 亿元、832.01 亿元，2011～2023 年三次产业年均增长 3.4%、5.8%、9.2%，三次产业结构由 2010 年的 7.1：54.5：38.4 调整为 2023 年的 4.7：38.0：57.3，第三产业增加值占比提高了 18.9 个百分点。从各年三次产业占 GDP 的比重情况看，2011～2015 年增城区第二产业占比虽超过 50% 但持续回落，第三产业占比稳步提升；2016 年第二、第三产业占比基本相当；2017 年以来第三产业占比明显高于第二产业，且差距大体保持基本稳定（见图 3）。

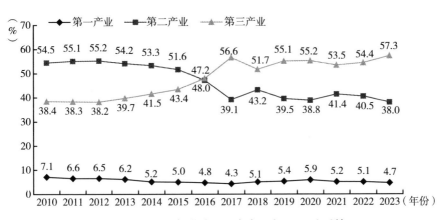

图 3　2010～2023 年增城区三次产业占 GDP 比重情况

2. 产业动力情况

第三产业是拉动增城区经济增长的主要动力。从 2013 年开始，增城区第三产业增加值增速持续高于第二产业，2011～2023 年第三产业年均增速为 9.2%，高于同期 GDP 年均增速 1.8 个百分点，高于同期第二产业增速 3.4 个百分点。从不同时期看，"十二五"时期第二、第三产业均实现较快发展，2011~2015 年，年均增速分别达到 10.9% 和 9.0%；"十三五"时期第二、第三产业发展出现分化，第三产业保持较快发展，第二产业增长乏力，2016~2020 年第三产业年均增速达到 9.5%，第二产业年均增速仅 0.7%；2021~2023 年第二产业恢复增长，年均增速提高至 6.3%，第三产业仍保持较快增长，年均增速为 9.2%（见表 1）。

表 1 不同时期增城区三次产业年均增长情况

单位：%

时间	GDP	第一产业	第二产业	第三产业
2011~2023 年	7.4	3.4	5.8	9.2
2011~2015 年	9.7	2.3	10.9	9.0
2016~2020 年	4.9	4.3	0.7	9.5
2021~2023 年	7.7	3.5	6.3	9.2

从近年情况看，第三产业对经济增长的贡献较大。2019~2022 年各年第三产业对经济增长的贡献率均保持在 50% 以上，其中 2019 年、2021 年分别达到 75.3% 和 90.3%（见图 4）。从重点行业看，批发和零售业以及工业是拉动经济增长的主要动力，2019~2022 年对经济增长的年均贡献率分别达到 48.7% 和 21.7%。

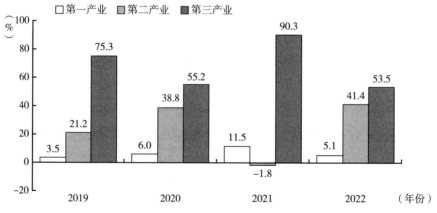

图 4 2019~2022 年增城区三次产业对经济增长的贡献率情况

（三）需求动力分析

1. 投资

2023 年，增城区完成固定资产投资 816.77 亿元，是 2010 年的 4.59 倍，2011~2023 年增城区固定资产投资年均增长 12.4%，高于同期 GDP 年均增速 5.0 个百分点。从不同时期看，"十二五"和"十三五"时期增城区固定资产投资均实现较快增长，2011~2015 年和 2016~2020 年增城区固定资产投资年均增速分别达到 19.8% 和 19.1%，高于同期 GDP 年均增速 10.1 个和 14.2 个百分点；受房地产市场下行等因素影响，2020 年以来增城区固定资产投资增长乏力，2020 年大幅下降 13.2%，2021 年仅增长 1.3%，2022 年、2023 年分别下降 17.7% 和 6.9%（见图 5）。

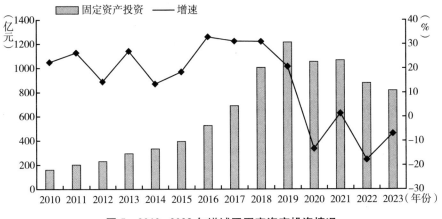

图 5　2010~2023 年增城区固定资产投资情况

从投资类别看，2018~2023 年增城区累计完成基础设施投资 1156.91 亿元、工业投资 1164.07 亿元、房地产开发投资 3418.09 亿元，分别占全区投资总额的 19.2%、19.3%、56.6%，房地产开发投资占据较高份额。从近年的情况看，房地产市场下行使相关投资出现明显下降，基础设施投资稳中趋升，工业投资则大幅增长，成为拉动全区投资增长的重要力量（见表 2）。

表2　2018～2023年增城区按投资类别分固定资产投资情况

单位：亿元，%

年份	固定资产投资		基础设施投资		工业投资		房地产开发	
	绝对值	增速	绝对值	增速	绝对值	增速	绝对值	增速
2018	1005.48	31.0	93.79	-27.8	273.22	-27.8	581.70	34.9
2019	1213.67	20.7	207.49	121.2	200.77	-26.5	753.31	29.5
2020	1053.30	-13.2	233.72	12.6	120.53	-40.0	663.42	-11.9
2021	1066.99	1.3	215.91	-7.6	150.19	24.6	679.13	2.4
2022	877.76	-17.7	184.50	-14.5	163.26	8.7	444.33	-34.6
2023	816.80	-6.9	221.50	20.1	256.10	56.9	296.20	-33.3

2. 消费

2023年，增城区实现社会消费品零售总额458.83亿元，是2010年的3.49倍，2011～2023年增城区社会消费品零售总额年均增长10.1%，高于同期GDP年均增速2.7个百分点。从不同时期看，"十二五"和"十三五"时期消费均实现较快增长，2011～2015年和2016～2020年增城区社会消费品零售总额年均增速分别达到15.7%和8.7%，高于同期GDP年均增速6.1个和3.8个百分点；受疫情影响，2021～2023年增城区社会消费品零售总额年均增速降至4.1%，低于同期GDP年均增速3.6个百分点（见图6）。

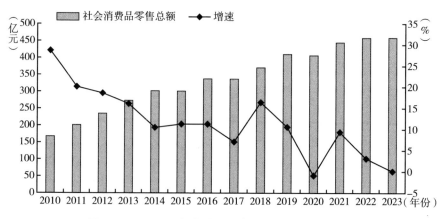

图6　2010～2023年增城区社会消费品零售总额情况

3. 出口

2023 年, 增城区实现外贸出口总额 832.82 亿元, 是 2010 年的 6.61 倍, 2011～2023 年增城区外贸出口总额年均增长 15.6%, 高于同期 GDP 年均增速 8.2 个百分点。从不同时期看, "十二五"时期出口实现较快增长, 2011～2015 年增城区外贸出口总额年均增速达到 8.1%; "十三五"时期出口增长放缓, 受企业出口下降等因素影响, 2019 年、2020 年增城区外贸出口总额连续两年出现负增长; 2021 年以来, 增城区积极培育外贸新增长点, 促进跨境电商等新业态拓展市场, 出口实现快速发展, 2021 年、2022 年、2023 年外贸出口总额分别增长 40.8%、10.3% 和 177.7%(见图 7)。

图 7 2010～2023 年增城区外贸出口总额情况

(四)要素动力分析

1. 土地

2011 年以来增城区各类用地供应保持基本稳定。2010～2018 年, 增城区工矿仓储用地年度成交量基本保持在 80 公顷左右, 2019～2021 年有所下降, 2022 年成交量大幅增加, 2022 年、2023 年成交量分别达到 130.72 公顷和 397.51 公顷(见图 8), 是 2010～2021 年平均水平的 1.68 倍和 5.12 倍。

2016～2019 年、2021 年增城区成功挂牌及协议出让居住用地面积基本

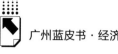
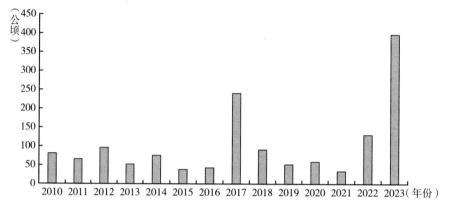

图8　2010~2023年增城区成功挂牌出让工矿仓储用地情况

资料来源：广州市规划和自然资源局增城区分局。

保持在 100 公顷左右，2020 年房地产市场活跃，供应量大幅增加至 189.47公顷。但是，受房地产市场下行影响，2022 年、2023 年增城成功挂牌及协议出让居住用地面积分别仅为 21.44 公顷和 42.53 公顷（见图 9），是2018~2021 年平均水平的 16.7% 和 33.2%，土地成交金额分别仅为 44.46 亿元和 40.72 亿元，是 2018~2021 年平均水平的 12.3% 和 11.2%。

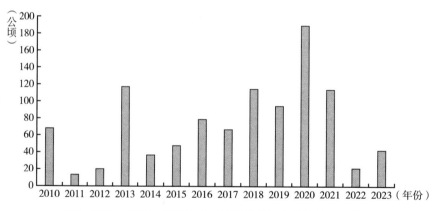

图9　2010~2023年增城区成功挂牌及协议出让居住用地情况

资料来源：广州市规划和自然资源局增城区分局。

2. 人口

2011年以来增城区常住人口总量基本实现稳定增长，人口素质有所提高。2023年增城区常住人口为158.67万人，比2010年增加54.91万人，增长52.9%，增速高于广州市4.8个百分点；占广州市人口总量的8.4%，比2010年提高0.2个百分点。其中，户籍人口为111.74万人，比2010年增加27.76万人，增长33.1%（见图10）。从年龄结构看，2010年以来增城区劳动年龄人口占比有所下降，2020年15~59岁常住人口为101.69万人，比2010年增长28.6%，占全区人口总量的69.3%，占比较2010年下降7个百分点（见表3）。常住人口受教育程度有所提高，2020年增城拥有大专及以上受教育程度的人口为29.70万人，比2010年增长188.8%，占全区人口总量的20.3%，占比较2010年提高10.4个百分点。

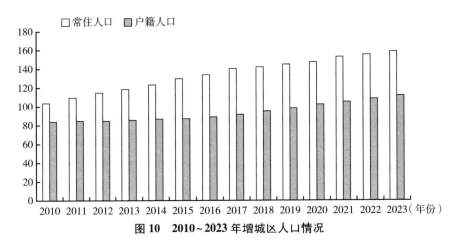

图10　2010~2023年增城区人口情况

表3　2010年和2020年增城区常住人口年龄结构情况

单位：万人，%

		2010年			2020年		
		0~14岁	15~59岁	60岁及以上	0~14岁	15~59岁	60岁及以上
人口数量	广州市	145.64	1000.84	123.72	259.02	1395.58	213.06
	增城区	14.82	79.10	9.79	28.28	101.69	16.67
人口占比	广州市	11.5	78.8	9.7	13.9	74.7	11.4
	增城区	14.3	76.3	9.4	19.3	69.3	11.4

资料来源：《2021广州统计年鉴》。

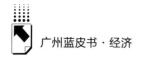

（五）存在问题

从产业维度看，工业综合竞争力有待提高，服务业结构亟须完善。在工业方面，工业规模相对较小，2023年增城区规模以上工业总产值分别仅为黄埔区、南沙区、番禺区和花都区的21.8%、48.7%、64.1%和81.3%；支柱工业根植性有待提高，广汽本田相关上下游配套企业在增城区布局较少，新型显示产业远未形成完整产业链。在服务业方面，批发和零售业以及房地产业占比过大，2022年这两个行业增加值占全区第三产业增加值的比重分别为38.5%和19.8%，高于广州市平均水平20.1个和5.1个百分点；现代服务业发展明显不足，交通运输业发展水平与增城区"三大枢纽"定位不相称，总部经济、信息软件以及科创服务等专业服务业十分薄弱。

从需求维度看，投资增长压力较大，消费和出口总体偏弱。在投资方面，受房地产市场下行等因素影响，2022年、2023年房地产开发投资分别大幅下降34.6%、33.3%；受企业内部决策、财政资金紧张等因素影响，2023年计划推进的产业项目中，有49个暂缓或停止实施。在消费和出口方面，2023年增城区社会消费品零售总额仅占广州市总量的4.2%，人均社会消费品零售总额为2.96万元，仅为广州市平均水平的50.3%；2023年增城区外贸出口总额仅占广州市总量的5.6%。

从要素维度看，保障能力需要夯实，使用效率有待提升。在土地方面，新增建设用地供应总体偏紧，"项目等地"问题较为普遍，区内大量土地资源被低层次产业占据，初步估算低效工业用地超2万亩，部分产业园区存在规模小、空间布局零碎分散等问题，优质高端产业载体供给明显不足。在资金方面，受土地市场成交大幅下降、房地产市场低迷等因素影响，2022年以来全区财政收入连续下降，2023年比2022年下降21.6%，不少政府投资项目建设资金存在较大缺口，资金不足严重制约基础设施改善进度。在人才和科创能力方面，2020年增城区拥有大专及以上受教育程度人口占比低于广州市平均水平7.0个百分点，高层次人才数量偏少，满足不了增城区经济社会快速发展需要；汽车制造业是增城区优势产业，目前专利仅419件，且九成以上专利为零部件的实用新型和外观设计,纺织服装等传统优势产业以代工制造为主,科技创新对产业发展的贡献明显不足。

二 增城区未来经济增长的条件分析

(一)增长机遇

1. 产业革命带动

当前全球产业发展已进入技术大变革时代,以信息化和工业化融合为基本特征的新一轮产业革命步伐加快,产业发展理念、生产方式和发展模式发生深刻变化。特别是以新一代信息技术、新能源、新材料、生物医药为重要内涵的新产业、新经济蓬勃发展,在全球范围内加快整合布局,为增城加快招商引资、实现弯道超车提供了重大机遇。预计未来5~10年新产业革命仍将持续甚至强化,这将是重要的机会窗口期。

2. 区域融合带动

《粤港澳大湾区发展规划纲要》实施以来,大湾区的基础设施建设、产业发展、创新合作、人文交流以及体制机制互鉴融通明显加快,粤港澳大湾区一体化已现雏形。增城区作为粤港澳大湾区的核心主轴和关键节点,具有区位好、空间大的良好优势,面对当前粤港澳大湾区融合的重大战略机遇,增城区可以充分发挥在区位、空间、产业、城市功能和要素成本等方面的综合竞争优势,积极融入大湾区经济社会发展,深化与广州、深圳、香港等核心城市的资源交流与产业合作,激发经济增长动力。

3. 政策创新带动

近几年国家、省、市出台或正在出台的相关政策对增城区经济社会发展构成重大利好。除《粤港澳大湾区发展规划纲要》这一国家级实质性利好政策,近期有两大政策对增城区具有重大、长远的促进作用。一是国家、省、市都在大力推动的"百县千镇万村高质量发展工程"(以下简称"百千万工程"),增城区乡镇面积大、人口多,乡村振兴、城乡融合的头绪多、任务重，"百千万工程"对增城区的促进作用明显、潜在获益巨大。二是广州进一步优化城市发展战略空间格局，推动城市老中轴、新中轴、活力创新轴融合互动，实现老城区"历史文化核"、东部中心"现代活力核"、南沙"未来发展核"联动发展。增城区是东部中心的重要承载区，未来很可能成为与南沙区并列的广州两大副中心，区域重要性显著提升，有利于吸引集聚各方资源，促进经济社会持续快速发展。

4. 良好基础带动

2000年以来，随着广州都市圈的不断壮大，增城区由传统的农业大县迅速成长为现代化新城区，在产业发展、空间建设、公共服务等方面均取得长足进步。2023年GDP达到1452亿元，财政可支配收入超过300亿元，常住人口有150万人左右，正在打造广州东部交通枢纽和东部中心，正在形成汽车、电子信息等现代产业集群。这些亮眼的成绩，为增城区迎接大湾区时代、获取更大发展空间创造了良好的基础和条件。

（二）面临挑战

1. 外部环境偏紧

从全球看，受地缘政治风险加剧、美欧对华政策收紧、国际金融市场动荡以及全球供应链持续调整等因素影响，世界经济进入了高通胀与低增长、高利率与金融动荡相伴的复苏困难期。从国内看，"十四五"后半程我国经济运行面临有效需求不足、社会预期偏弱、风险隐患仍然较多等困难和挑战，叠加人口老龄化逐步加重、区域分化有所加大等客观因素，经济增长动力有所不足。

2. 区域竞争加剧

粤港澳大湾区内城市产业体系同质化比较明显，未来周边区域竞争很可能加剧。在制造业方面，相较于东莞、佛山和广州黄埔区、南沙区等先进制造强市或强区，增城区在产业规模、产业基础、创新水平、人才集聚、扶持政策、开放程度等方面优势不突出，在接受粤港澳大湾区和国外制造业辐射、承接产业转移等方面的竞争优势不明显。在服务业方面，广州黄埔区、花都区等城区依靠自身优质环境和资源加快现代服务业集聚发展，佛山、东莞正在加大力度发展现代服务业，香港、深圳等地高端与新兴服务业优势明显。与上述地区相比，增城区服务业在产业基础、人才、政策等方面存在诸多不足。

3. 内部结构失衡

从产业发展来看，增城区存在明显的产业宽度和深度不足的问题。传统产业占比仍然较大，先进制造业和现代服务业呈现单兵突进局面，产业链条和配套明显不足，战略性新兴产业发展滞后。从需求动力来看，增城区内部需求偏弱，经济增长严重依赖外部需求，导致增长动力不足，抗风险能力较差。特别是房地产发展规模和速度长期超前于区内产业和人口需求，需要较长时间去修复、平衡。

4. 要素制约明显

土地、资金、人才等增长要素呈现不同程度的紧张状况。在土地方面，虽然增城区土地面积较大，但囿于规划和利用效率，新增建设用地并不容易，特别是较大面积连片产业用地供应比较困难。在资金方面，目前财政收支存在一定缺口，随着房地产市场持续低迷，资金压力呈现增大趋势。在人才方面，虽然增城区近年来人口增长较快，但契合本地产业需求的劳动人口仍欠缺，特别是高端人才缺乏，严重制约产业发展和转型升级。

三　增城区优化经济增长动力促进高质量发展的战略对策

（一）实施制造立区战略，做大做强先进制造业

加快推动"芯""显""车"三大主导产业发展，推动以传感器为核心的泛半导体产业集聚发展，促进发光半导体、面板材料、终端设备等新型显示产业全链条集聚发展，加快构建智能网联和新能源汽车产业全链条。大力促进战略性新兴产业融合集群发展，推动先进有色金属材料加工企业向下游材料精深加工领域延伸，加快"新能源+储能"产业一体化集聚发展，推进

机器人产业集群发展，打造粤港澳大湾区生物医药成果转化集聚地和中医药产业新高地。积极推进都市消费工业优化提升，推进智能家居产业发展，打造食品饮料优势产业集群，促进牛仔纺织服装产业发展。持续提升产业科技创新水平，聚力突破制造业关键核心技术，不断提高重点支柱产业科技创新能力及核心竞争力，加快培育和发展创新主体，积极推进创新平台建设。

（二）实施服务兴区战略，着力推动服务业转型升级

优化提升生产性服务业，大力发展现代物流业，强化批发零售优势，积极培育信息服务业，着力发展总部经济，加快发展高端研发、科技金融、创业孵化等专业服务业。积极打造东部国际消费新中心，建设主题鲜明、载体多元的商业空间，发展壮大旅游服务产业，促进文商旅康体娱食深度融合发展。努力确保房地产平稳健康发展，积极做好房地产业发展计划，在城中村改造和重点项目建设中实施"房票"安置，做好"保交楼"工作，加强房地产市场正面宣传和舆论引导，合理推进新增住宅用地储备。

（三）实施枢纽集聚战略，高水平规划建设东部中心

高水平规划建设东部中心，聚焦"现代活力核""新广州"战略定位，高水平推动城市设计、空间拓展、产业集聚，推进交通提升、产业发展、土地整备、城市功能优化、绿美生态建设行动，着力打造引领湾区、面向全球的广州东部综合门户。不断完善城市基础设施，加快广州东至新塘五六线、广州东部公铁联运枢纽、莞番高速等项目建设，实施"断头路"道路连通工程，加大电网建设力度，强化新型基础设施建设。积极推进与周边地区融合发展，提高与黄埔区产业融合水平，联手共建汽车与新能源汽车、半导体与集成电路、新型显示等千亿元级产业集群，对接南沙"智能制造+智能服务"产业链，推动与香港、深圳、东莞等大湾区重点城市产业合作发展。

（四）实施乡村振兴战略，加快推进"百千万工程"

着力发展壮大镇域经济，坚持"宜工则工、宜农则农、宜商则商、宜

游则游"，分类推进"一镇一业"特色产业提质扩面。高质量发展现代农业，推进"一村一品、一镇一业"农业专业化发展，做好"土特产"文章，推动农业产业多元化发展，深入建设国家乡村振兴示范区，提标建设省级现代农业产业园。加快建设绿美增城，实施生态建设"八大工程"，全面落实河长制、林长制，做好东江、增江"一江两岸"风貌管控，深入推进蓝天、碧水、净土保卫战，促进工业、建筑、交通等领域绿色低碳转型。

（五）实施项目带动战略，扎实做好招商引商稳商工作

扎实做好招商引商工作，实施招商引资"双百"计划，发挥黄埔招商优势和增城空间优势，探索"黄埔招商—增城落地""黄埔招大—增城配套"的招商模式，加强重点产业靶向招商，扎实推进"招大引强"与"延链补链"相结合。积极打造一批"万亩千亿"园区平台，加快推进土地整备和城市更新，做好低效用地、村镇工业集聚区改造升级工作，推动集体留用地高效节约利用，推广"大项目供地、中项目供楼、小项目租赁厂房"以及"交地即开工""标准地出让""带方案出让"等模式。持续深化全生命周期筹建服务，建立健全项目落地投运评估问效机制，用好"地方债"和"专项金融扶持"等各类资金，积极争取国家、省、市更多政策和资金支持。推进科技成果转化"补改投"改革试点。

（六）实施改革创新战略，努力营造宜商宜业的软硬环境

聚焦"宜商兴业"主题打造国际一流营商环境，着力营造有利于产业高质量发展的市场环境、要素环境、政务环境和法治环境，全面提升服务企业、服务项目、服务招商的专业水平，持续降低企业成本，探索全生命、全天候、全市域的政务服务新生态，推动惠企政策"免申即享""即申即享"，全面落实民间资本准入平等待遇。努力营造优质宜居生活环境，加大公共服务投入力度，增加学前教育、义务教育优质学位供给，努力打造通勤便捷、设施完善、服务优质的高端优居环境。切实做好人才综合服务，完善"1+

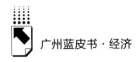

4+14”高层次人才服务网络，精细做好人才落户、子女入学、就医就诊等
服务，积极建造人才社区和高端人才公寓。

参考文献

《广州市增城区人民政府关于印发广州市增城区国民经济和社会发展第十四个五年
规划和 2035 年远景目标纲要的通知》，广州市增城区人民政府网站，2021 年 6 月 22 日，
https：//www. zc. gov. cn/zfxxgkml/gzszcqrmzf/bmwj/qtwj/content/post_7342690. html。

《2023 年增城区人民政府工作报告》，广州市人民政府网站，2023 年 3 月 28 日，
https：//www. gz. gov. cn/zwgk/zjgb/gqgzbg/zcq/content/post_ 8931106. html。

苏芳：《中国式现代化背景下县域经济增长：动力机制、现实挑战和优化路径》，
《改革与战略》2024 年第 2 期。

改革创新篇

B.18
创新广州重大项目投融资模式的
思路研究

中共广州市委政研室课题组*

摘　要： 为推动高质量发展，持续提升城市能级并增强枢纽功能，广州提出万亿元投资目标。"大投资"需要有"大资金"支持，但广州财政负担较重，建设资金问题主要靠融资解决，资金平衡压力较大。本文围绕广州"攻城拔寨"项目开展调研，提出要解决"钱从哪儿来""家底怎么用""怎样更好借钱"等问题，打通项目关、融资关、成效关的关键在于建立"投行思维"，并从集中财力办大事、多方争取资金、做好项目策划设计、盘活存量资产、壮大功能性平台、吸引社会资本参与六个方面提出务实举措。

关键词： 存量资产　投融资模式　广州

---

* 课题组成员：兰向旭，广州市委政研室经济研究处处长，高级经济师，研究方向为产业经济、项目投融资；庞全坤，广州市委政研室经济研究处一级主任科员，研究方向为产业经济；桂骏，广州市委政研室经济研究处二级主任科员，研究方向为产业经济；夏华菁，广州市委财经办秘书处三级主任科员，研究方向为项目投融资。执笔人：兰向旭、庞全坤、桂骏、夏华菁。

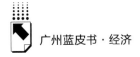

为推动高质量发展，持续提升城市能级并增强枢纽功能，广州提出万亿元投资目标，谋划布局了一大批中长期项目。"大投资"需要有"大资金"支持，预计"十五五"期间广州每年需要1.5万亿~1.6万亿元投资资金，城中村改造、"百县千镇万村高质量发展工程"（以下简称"百千万工程"）、南沙开发开放、东部中心、北部增长极等战略部署都需要大量资金。但广州财政负担较重，建设资金主要靠融资解决，现有融资渠道、融资模式越来越难以满足建设资金需求，资金平衡压力非常大。为此，本文围绕广州"攻城拔寨"项目开展调研，对新形势下广州重大项目投融资面临的问题进行深入分析研判，提出要解决"钱从哪儿来""家底怎么用""怎样更好借钱"等问题，打通项目关、融资关、成效关关键要做到以下六点：一是集中财力办大事，确保财政资金与重大项目投资有效衔接；二是多方争取资金，用好专项债、专项基金、专项贷款等各类金融工具；三是做好项目策划设计，推动重点领域投融资模式创新；四是盘活存量资产，为中长期项目建设腾出融资空间；五是壮大功能性平台，提高广州城投、水投、交投等经营能力和市场化融资能力；六是吸引社会资本参与，最大限度释放有效投资潜能。

一 广州重大项目投融资基本情况

（一）广州重大项目投融资现状

广州重大项目多、领域广、资金需求量大，近五年固定资产投资规模先后跨越7000亿元、8000亿元大关，其中"攻城拔寨"项目作为广州重点投资项目，对稳定经济增长发挥了重要作用（见表1）。以2023年为例，广州安排了1722个"攻城拔寨"项目，涉及基础设施、产业、生态环保、社会民生等领域，年度计划投资5261亿元（总投资65925亿元）。

表1　2019~2023年广州固定资产投资情况

单位：亿元，%

年份	固定资产投资	同比增速
2019	6920	16.5
2020	7611	10.0
2021	8500	11.7
2022	8321	−2.1
2023	8624	3.6

资料来源：根据历年广州市政府工作报告整理所得。

1.“攻城拔寨”项目概况及投资进度

2023年，广州“攻城拔寨”项目包括白云国际机场三期扩建工程、南沙港区五期、东部公铁联运等重大工程，广汕、广湛等8个高铁及佛穗莞等12个城际、8号线北延段等13个地铁项目，机场第二高速、从埔高速等21个高速公路和东部快速通道等市政路桥项目，康鹭等127个城中村改造项目等。2023年“攻城拔寨”项目完成投资6035亿元，其中基础设施类、产业类、生态环保类、社会民生领域、城市更新领域项目分别完成投资2315亿元、2358亿元、114亿元、341亿元、907亿元。

2.资金来源及构成

广州重大项目资金来源主要是企业自有资金、财政资金、专项债、政策性金融工具、银行贷款等。据估算，广州“攻城拔寨”项目资金约有30%来自企业自有资金、财政资金、专项债和政策性金融工具，有70%来自银行贷款等社会融资，其中机场、地铁、城际、水环境治理、产业园区等重大基础设施项目使用专项债和政策性金融工具较多。

以广州最大的“攻城拔寨”项目白云国际机场三期扩建工程周边临空经济产业园项目基础设施工程为例，项目建设分为三期，各期资金来源及构成如下：一期总投资215.63亿元，其中专项债67.29亿元、自有资金0.34亿元、银行贷款148.00亿元；二期总投资328.50亿元，其中专项债76.70亿元、自有资金5.30亿元、银行贷款246.50亿元；三期总投资560.00亿元，政策性金融工具 56.00 亿元，专项债 136.86 亿元，其余资金拟申请银行贷款解决（见表2）。

表 2　白云国际机场三期临空经济产业园区建设资金来源构成

单位：亿元

项目	总投资	专项债	政策性金融工具	自有资金	银行贷款
一期	215.63	67.29	0.00	0.34	148.00
二期	328.50	76.70	0.00	5.30	246.50
三期	560.00	136.86	56.00	—	367.14
合计	1104.13	280.85	56.00	5.64	761.64

资料来源：根据调研收集数据整理。

3. 主要投融资模式

广州积极推进投融资领域改革创新，目前重大项目主要投融资模式包括政府和社会资本合作（PPP）、"股权投资+施工总承包"、轨道交通沿线场站综合体开发（TOD）等。一是 PPP 模式。全市推进的 PPP 模式项目超过 30 个，总投资近 800 亿元，包括金融城站综合交通枢纽、黄埔区有轨电车 1 号线等 7 个交通基础设施项目，庆盛枢纽区块综合开发等 4 个片区开发项目，广花管廊、天河智慧城管廊以及垃圾污水处理等 15 个市政设施项目。二是"股权投资+施工总承包"模式。该模式已成功在广花城际、芳白城际等项目中实施，吸引央企、民企等社会资本投资 170.14 亿元，有力缓解了政府财政支出压力。其中，广州交投集团通过设立项目私募股权基金模式吸引施工企业参与投资，筹集社会资本资金 7.80 亿元。三是 TOD 模式。TOD 模式作为广州地铁开发运作的主要模式，2021~2023 年由广州地铁通过沿线场站综合体开发筹集资金，其中白云（棠溪）站综合交通枢纽一体化工程场站综合体项目等筹集资金 121 亿元，赤沙车辆段场站综合体项目筹集资金 184 亿元。四是其他模式。其他模式包括企业发行公司债、中期票据、ABS直接融资等。例如，广州交投集团成功发行美元境外债 4 亿元、广州机场高速资产证券化（ABS）产品融资 44 亿元等。

（二）广州重大项目投融资存在的问题

广州重大项目建设资金来源不足，特别是基础设施、民生类项目资金需求大，但财政负担重、自给率低，同时也面临投融资政策趋紧、存量资产盘活不足、难以撬动更多社会资本参与投资等现实问题，资金供需矛盾突出。

1. 财政资金来源不足，自给率低且撬动能力弱

一是可支配财政资金不足，自给率低。2022 年，广州财政总收入为 6681 亿元，但地方留存不到三成，自给率（一般公共预算收入/一般公共预算支出）仅为 60.8%，不仅低于全国平均水平（78%），而且远低于杭州（99%）、南京（95%）、深圳（88%）、上海（86%）等城市。区级财政自给率仅为 48%，主要靠调入资金和上级转移支付补助实现收支平衡。二是受土地市场不景气影响，政府性基金收入持续减少。广州土地财政依赖度在北上广深中排名第一。受房地产市场降温等因素影响，广州土地出让收入从 2020 年的 2389 亿元锐减至 2022 年的 1552 亿元，降幅为 35%，且财税增长乏力，对财力可持续发展产生较大不利影响。

2. 投融资政策趋紧，传统投融资模式难以延续

10 多年来，我国投融资政策不断演变，从早期的委托代建（BT）模式，到政府购买再到 PPP 模式，政策要求越来越严格，以往的单一模式难以为继。一是 PPP 模式有关政策发生重大调整。2023 年 11 月，国家发展改革委正式印发了《关于规范实施政府和社会资本合作新机制的指导意见》，新机制强调聚焦使用者付费项目、优先选择民营企业参与、全部采取特许经营模式等要求，对广州准备申报入库的地下综合管廊等项目造成一定影响。二是专项债资金投入范围严控。国家对专项债投向领域实行负面清单管理，特别是严禁流入各类非公益性资本支出项目，广州急需政府投入的水环境治理、土地储备项目无法使用专项债资金，轨道交通等项目也无法使用专项债作为资本金。三是非经营性项目融资困难。市政道路、社会民生类项目由于无收费权质押、融资途径较少，目前仅能通过财政资金解决部分前期融资，资金供需最为紧张。近三年，市政路桥项目每年需要资金约 130 亿元，但实

际到位资金仅几十亿元。正在推进的医院、学校项目资金需求约 200 亿元，而财政拨付资金仅 20 亿元，资金缺口较大。四是城中村改造等领域投融资模式难以搭建。城中村改造需要大量资金用于征拆、补偿及复建安置，单个项目难以实现经济平衡。

3. 存量资产盘活不足，投融资空间未能充分释放

广州在基础设施等领域已形成了一大批建成运营的存量资产，但存在部分优质资产闲置、盘活利用率不高等现实情况，存量资产并没有转化为可持续使用的资金流。特别是市属高速公路、轨道交通、产业园、供水、保障房等优质资产，符合发行 REITs 项目条件，可深入挖潜的空间巨大。以广河高速为例，项目建设投资 40 亿元，重估后价值近 91 亿元，通过 REITs 盘活后充实了其他重大项目的资金来源。城市公用事业供水资产重新评估后有较大的溢价空间，目前青岛、银川等地都在相关领域发力。广州保障房、供水资产等规模较大、效益较好，但大部分仅通过抵质押、ABS 等方式融资，权益性融资偏少，资产价值释放不够。

4. 参与投资难度较大，难以充分调动社会资本积极性

广州社会资本一直保持较强活力，但由于准入不畅、合适项目较少和信任缺失，社会资本参与重大项目投资的积极性不高。一是基础设施项目前期手续多、投资回收期长、未来不确定性大，与社会资本偏重利润、关注短期收益的诉求存在错位。二是社会资本偏向短期有一定收益、条件相对成熟的项目，但目前向社会资本开放的大多是高负债、回报周期较长的基建项目，短时间内难以看到收益。三是部分项目在招标中存在门槛虚高、责权利条件设置不合理等情况，且社会资本难以准确获取相关信息，加大了社会资本投资的难度。

二 创新广州重大项目投融资模式的政策条件和经验借鉴

（一）创新广州重大项目投融资模式的政策条件

中共中央、国务院高度重视重大项目投融资模式改革创新，出台了

《中共中央　国务院关于深化投融资体制改革的意见》等顶层设计文件。国家有关部委先后发布了《关于进一步推进基础设施领域不动产投资信托基金（REITs）常态化发行相关工作的通知》和《关于规范实施政府和社会资本合作新机制的指导意见》，持续完善重大项目投融资政策。2024年1月22日，国务院常务会议强调要"更加注重投融资动态平衡"，释放了进一步优化投融资机制的强烈信号。随着稳增长政策的加码落地、稳地产政策的持续发力以及宽松货币环境的营造，国内投融资市场环境总体向好。广州投资项目多、市场活跃度高，在国家政策支持下，有基础、有条件推动重大项目投融资模式创新。

（二）国内重点城市创新重大项目投融资模式的经验借鉴

近期国内重点城市在盘活存量资产、扩大有效投资等方面积极探索新路径、新模式，本文总结了其中一些经验做法和典型案例，包括国家发展改革委盘活存量资产扩大有效投资的案例、省内外重大项目投融资成功做法、各大金融机构的创新模式等，为解决广州重大项目投融资问题提供参考。

1. "专项债+贷款+融资再安排"模式

"融资再安排"指对还债压力较大和融资成本较高的存量债务进行重组，但并非简单的借新还旧、展期，主要是通过调整还款期限、缓解偿债高峰期压力、降低债务成本等途径，实现优化债务结构、降低资产负债率、增强融资能力的目的。操作中视情况需要通过改建、扩建等方式合规延长特许经营期等，这对于专项债配套融资项目同样适用。以广湛高铁项目为例，总投资998亿元，由国家开发银行授信499亿元，贷款期限30年，并将融资再安排资金作为还款来源，进一步减轻还款压力。

2. 全要素资源统筹模式

"全要素资源统筹一体化"是在不依赖政府信用、不新增政府债务的前提下，运用综合开发模式，将公益性较强、收益较差的项目与收益较好的关联产业进行整合，"肥瘦搭配"整体立项，再通过编制实施方案等把政策及资源转变为"可变现的增量资产"，以此实现现金流的综合平衡，达到融资

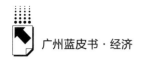

条件。以白云国际机场三期扩建工程周边临空经济产业园项目（一期）为例，项目总投资 215.63 亿元，银行贷款 148 亿元，贷款期限为 18 年。该项目通过制定资金平衡方案和专项制度办法，由政府注入政策性房源和经营性物业资产，形成项目经营性收入，以此构建项目还款现金流。

3. 基础设施领域不动产投资信托基金（REITs）模式

REITs 是由专门投资机构进行不动产投资经营管理，并将投资综合收益按比例分配给投资者的信托基金，既可以封闭运行，又可以上市交易流通，适用于能够产生长期、稳定现金流的基础设施项目。以深圳安居保障性租赁住房 REITs 项目为例，该项目盘活的存量资产为深圳人才安居集团运营的安居百泉阁等 4 个保障性住房项目，共涉及房源 1830 套，资产评估值约为 11.58 亿元，项目收益主要是房屋租金收入。该 REITs 项目创下网下询价倍数全国最高、公众认购倍数全国最高的纪录。

4. 天津港保税区海港区域城市更新模式

海港区域城市更新项目是天津首个百亿元级"工改工"城市更新项目，盘活的存量资产为天津港保税区海港区域 6.5 平方公里的工业园。2022 年，天津港保税区城市更新投资建设集团有限公司作为实施主体，将园区内闲置和生产效率低的资产进行分批收购、统一规划管理，实现存量资产盘活。该城市更新项目的主要特点：一是采用"工改工"方式对存量土地进行盘活，维持工业用途的土地性质不变，没有采取大拆大建的地产开发模式；二是通过整体策划、分批收购，将园区低效资产统一规划管理，提高了存量资产的利用效率；三是改变传统的财政资金收储土地模式，引入市场主体和社会资本，开展土地收储补偿。该项目将招拍挂程序前移，改变单一"竞地价"模式，综合评估后一次性确定项目实施主体和土地受让主体，并以协议方式进行供地。项目取得较好的融资效果，完成 85 亿元银团贷款协议签订和发放，同时引入了战略投资机构、产业发展基金，为项目推进提供了坚实保障。

三 创新广州重大项目投融资模式的思路与对策

抓投资、上项目、促发展是广州经济工作的重中之重。破解资金供需矛盾，首先要解决"钱从哪儿来""家底怎么用""怎样更好借钱"等问题，其中的关键在于建立"投行思维"，在发挥财政资金托底和带动作用基础上，坚持拓展增量、盘活存量，推动投融资模式创新，提高政府平台经营能力和市场化融资能力，调动各方积极性共同开展投资。

（一）集中财力办大事，确保财政资金与重大项目投资有效衔接

一是财政要"聚焦用力、量力而行"。严把项目入口关，强化项目必要性、可行性分析，不要一味贪大求全，合理安排上项目的"轻重缓急"顺序，把有限的财政资金用在刀刃上，优先满足"百千万工程"、东部中心、绿美广州、海洋创新发展之都等省市重大战略部署项目资金需求，在预算编制环节就确定合理的调入规模。二是加强政府投资项目造价管控。推进全过程财政投资评审，切实做到政府投资项目在估算、概算、招标、决算等各个环节的全过程造价控制，尤其要注意在工程单位造价上"货比三家"，健全通用支出定额标准，坚决避免由于设计、施工、财务等因素出现造价虚高、大幅度超概算的情况。三是强化财政资金与金融资源的协同互补。在项目谋划阶段加强对投融资方式的论证，能够通过市场化融资的，应引导项目单位与区域内重点金融机构、社会资本方会商对接，优先采用市场化手段解决资金来源问题。财政资金应逐步退出经营性和竞争性领域，通过"搭桥"方式，打通市场和金融资源的"最后一公里"，重点保障经济社会发展急需的公益性项目建设。

（二）多方争取资金，用好专项债、专项基金、专项贷款等各类金融工具

一是高度重视专项债发行工作。专项债是当前政府类项目主要资金来源之一，并且可用于13个领域项目的资本金，要吃透国家政策、确定主体，筛选符合投向和相关条件且手续成熟的项目，申请金额能大则大、越多越好。此外，学习上海、温州等地做法，探索通过城投发行自贸区债、境外债等方式争取资金。二是密切关注后续出台的政策性金融工具。政策性金融工

具属于权益性融资，不计入地方政府债务。2022年广州签约金额240亿元，为重大项目落地提供了有力保障。在当前稳增长的大背景下，预计后续国家还会出台新的政策性金融工具，要做好项目储备和前期工作，最大限度争取资金支持。三是争取银行贷款等中长期信贷资金。推动政策性与商业性、中长期与短期贷款合理搭配，合理利用融资再安排优化存量债务结构，尤其要关注各类专项贷款的有关进展。四是建好用好基础设施基金。扎实推进基础设施基金投资运作，打造优秀的管理团队，提升项目评估能力，完善退出机制和配套政策。发挥基金撬动作用，支持重大基础设施项目和非经营性项目融资，积极发行REITs等。

（三）做好项目策划设计，推动重点领域投融资模式创新

建立"大交通"、城中村、社会民生等领域投融资对接协调机制，做好项目策划设计，引导金融机构创新模式和产品支持广州重大项目建设。一是合理策划和运作项目。在编制项目可研和立项阶段，要围绕"百千万工程"、东部中心、绿美广州、海洋创新发展之都等省市重大战略进行谋划布局。针对广州融资困难的"小而散"项目（如污水、管网等），可争取合并立项，将同类型项目打包成一个项目整体上报。部分市政路桥等无收益项目可以与产业园区合并为片区开发项目，必要时可打破行政区划界限，由市层面统筹操作。二是根据项目收入特征设计融资模式。对于无收益项目，可通过项目公司股东注入现金流及物业、股权资产等方式，补充现金流来源以达到融资条件；对于有收益项目的基础设施建设和运营服务，可采用"专项债+市场化融资""专项债+PPP"等模式满足资金需求。三是推广全要素资源统筹模式，借鉴白云国际机场三期远期配建物业项目的模式，将无收益（少量收益）的基础设施与有收益的经营性项目合理搭配，整体立项，再通过编制实施方案等把政策及资源转变为"可变现的增量资产"，以此补充项目现金流，实现综合平衡，满足融资条件。四是推动城中村改造融资模式创新，通过整体算"大账"的方式，联动城市一级土地整理储备收益、二级房地产开发收益、三级产业经营收益和

四级城市综合运营收益，通过申请城中村改造专项贷款、统筹公司现金流还款等方式开展融资。

（四）盘活存量资产，为广州中长期项目建设腾出融资空间

建立市级投融资创新盘活存量资产工作领导机制，对市属国有资产和项目进行摸底、灵活处理、分类施策，盘活各类低效运转、闲置的存量资产，打通"投""融""管""退"各环节，形成资金和资产的良性循环。一是对于有当前收益的存量项目资产，提高资产整合度，积极开展以未来收益为支持的融资。比如结合国家鼓励的基础设施领域不动产投资信托基金（REITs）等盘活存量资产，争取在地铁、高速公路、产业园、保障房等领域的项目上先行先试发行 REITs，或通过资产证券化（ABS）、资产支持票据（ABN）等，拓展政府资金来源。二是对于适宜盘活变现的经营性资产，考虑以转让—运营—移交（TOT）、改建—运营—移交（ROT）、转让—拥有—运营（TOO）、委托运营、股权合作等模式，将部分符合条件的项目经营权、收费权、股权等转让给社会资本，变现回收资金用于新项目建设。三是形成回收资金的良性循环，统筹好国有企业自留资金和国资收益，将盘活的资金投资广州城投、水投、交投等功能性平台和政府性基金，或直接投资符合导向、具有潜力的新建重大项目，为广州高质量发展和财政下一轮溢价增值奠定基础。

（五）壮大功能性平台，提高广州城投、水投、交投等经营能力和市场化融资能力

一是做大做强政府功能性平台。聚焦广州城投、水投、交投等，在资本金注入、公益事业项目补贴、优质资产划转、特许经营权获取等方面加大支持力度，在市国资部门统筹下通过资源整合、并购重组等方式，优化企业资产负债表，以便在金融机构获得更高的信用等级、更低的融资成本和更多的授信额度。二是主动谋划推进平台公司转型升级。优化平台公司业务结构，强化资产运营、造血功能，尤其是用好经营性土地资源、国企优质股权资

源、政府物业房产资源。规划更多有经营收入的基础设施项目，以项目收入开展市场化融资，整合资源反哺公益性项目建设。三是引导形成平台公司发展合力。发挥广州城投、水投、交投互相引流的作用，在重大基建项目投资、融资、设计、建设、管理、运营等方面协同配合，形成服务广州经济发展和项目建设的合力。

（六）吸引社会资本参与，最大限度释放有效投资潜能

通过政策激励带动全社会投资，尤其要以创新方式为社会资本投资提供灵活路径，吸引资金实力雄厚的央企、国企、民企等共同投资。一是要明确社会资本投资范围。用好省会城市资源优势，鼓励驻穗央企、国企、本地民企等社会资本参与"大交通"、水利、城中村、社会民生以及完全使用者付费的特许经营项目等建设，滚动筛选并建立重点领域投资项目库，动态更新完善促进民间投资的政策文件并及时发布指引。二是要加大特许经营项目储备力度。推动政府和社会资本合作规范运行，用好 PPP 模式新机制推动一批特许经营项目建设，提高项目成熟度，更好地撬动社会资本投资。三是要做好投资服务对接工作。在项目协调机制中，纳入促进投资工作机制，搭建向社会资本推介项目的平台、召开项目推介会，便于社会资本更便捷地获取相关项目信息。四是要简化社会资本投资项目流程。压缩社会资本投资项目核准备案、规划施工等环节的流程，积极探索开展"多评合一、一评多用"的综合评估模式，提高工作效率。五是要加大宣传推介力度。适时公布面向社会资本推介的示范项目和应用场景，打造吸引社会资本参与的有效投资标的，大力宣传引入社会资本投资的成功案例，提振信心，激发投资活力。

参考文献

《2024 年广州市政府工作报告》，广州市人民政府网站，2024 年 1 月 26 日，https：//

www. gz. gov. cn/zwgk/zjgb/zfgzbg/content/post_9462719. html。

阮敬科：《PPP 模式下的基础设施建设投融资存在的问题及解决策略》，《环渤海经济瞭望》2021 年第 2 期。

辛光中：《PPP 模式下基础设施建设项目投融资探究》，《商讯》2019 年第 11 期。

社保费征管改革背景下构建
"税费皆重"征管格局的研究

国家税务总局广州市税务局课题组*

摘　要：　随着社会保险费征管职责划转改革梯次落地，征税和收费都已成为税务部门的主责所在，税务部门征管格局也从"征税为主"转变为"税费皆重"。"税费皆重"是一项系统且复杂的工程，当前税务部门正在持续推进社保费征管改革，提高征缴效率，在此背景下推进"税费皆重"，不仅要把握好社保费征管各个环节的联系，还要处理好其与税收征管改革的联系，还要处理好与其他治理主体之间的关系。本文以构建"税费皆重"征管格局的背景、内涵和意义为切入点，运用整体性治理理论，系统剖析社保费和税收碎片化征管的原因并探索解决路径，提出构建"税费皆重"征管格局，推进税收治理能力提质增效的对策建议。

关键词：　税费皆重　社保费　系统集成　整体性治理理论

党的二十大对健全社会保障体系做出重要部署，提出要健全覆盖全民、统筹城乡、公平统一、安全规范、可持续的多层次社会保障体系。社会保险是社会保障的核心部分，社保费征管能力的提升，对于"健全社会保障体

---

* 课题组组长：曾玉勤，国家税务总局广州市税务局党委委员、副局长，研究方向为税收理论研究。课题组成员：卢民勇，国家税务总局广州市税务局社会保险费处处长，研究方向为社会保险理论及征缴实践研究；陈蓉，国家税务总局广州市税务局社会保险费处一级主任科员，研究方向为社会保险理论及征缴实践研究；徐迎，国家税务总局广州市税务局社会保险费处副科长，研究方向为社会保险理论及征缴实践。执笔人：徐迎。

系",满足人民对"病有所医""老有所养"的期盼,具有极其重要的意义。社保费征管职责划转完成后,针对社保征管多模式并行问题,税务部门与财政、人社等部门共同启动社保费征管改革工作,以进一步整合税费征收职能、提升税费治理能力。立足"税费①皆重"工作新格局,应以系统集成、协同高效的改革思路为指导,增强改革和发展的整体性、系统性、耦合性,探索构建税费一体化的征管体系,平稳有序提高征管效率,助力社会保险制度的可持续发展。

一 构建"税费皆重"征管格局的背景、内涵和意义

当前税务部门的组织收入项目、服务缴费对象已发生较大改变,构建税和费管理水平齐头并进的"税费皆重"工作格局,已成为征管体制改革的重要内容,面对征管变化,分析"税费皆重"改革的提出背景、内涵和意义尤为重要。

(一)"税费皆重"理念提出的背景

1. 当前社保费和税收征管规模相当,"税费皆重"是进一步整合税费征收职能的内在需要

从体量上看,2023 年全国税务机关组织的社保费收入规模首次超过 8 万亿元,占税务部门全年组织税费总收入的近 1/3。从征管规模上看,职责划转后税务部门服务对象覆盖自然人和机关、团体、企业、事业单位等各类用人单位,单位缴费人与单位纳税人数量基本持平,自然人缴费人数量超过自然人纳税人数量。与之相对应的是,税务部门在"税"和"费"管理水平齐头并进上还有一定差距,提出"税费皆重"就是希望把"费"放到同"税"同等重要的位置去抓,将有限的执法、服务、监管、共治资源合理配

---

① "费"包含社保费和非税收入,本文在社会保险费征管改革背景下开展研究,因此本文中"费"仅指社会保险费。

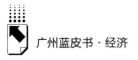

置，促进税费收入实现质的有效提升和量的合理增长。

2.社保资金长期平衡面临挑战，"税费皆重"是落实提升社会保险资金效率改革要求的现实需要

党的二十大报告在阐述社会保障体系时，首次提出"安全规范"的要求。"安全规范"就是要统筹"发展和安全"，确保社会保障基金收支平衡，制度长期稳定运行，只有安全性得到了保障，可持续性得到了提高，才能够给广大参保人以安全感。当前社会保险基金收支规模不断扩大、基金风险不断凸显，基金安全和可持续发展受到较大挑战。早在2014年，社会保险基金的征缴收入和待遇支出就出现了"入不敷出"的情况，这一态势一直持续至今（见图1）。未来受我国人口加速老龄化和养老金刚性上调等因素叠加影响，养老保险基金的收支平衡面临较大压力。对此，2018年发布的《深化党和国家机构改革方案》做出了"各项社会保险费交由税务部门统一征收"的重要决定，其目标是"提高社会保险资金征管效率"。"税费皆重"理念的提出就是要求税务部门要充分依托整体资源，通过税费工作同研究、同部署、同推进、同发展，规范税费征管秩序，提高社会保险费征缴效率，最大限度减少社会保险费源流失，以高质量征缴助力社会保险制度可持续发展。

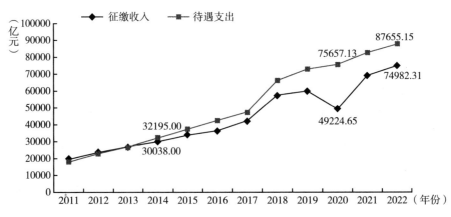

图1　2011~2022年社会保险基金征缴收入和待遇支出情况

资料来源：2011~2022年《中国财政年鉴》，2022年社会保险基金决算。

3. 各项社保制度亟待规范统一，"税费皆重"是深化社会保险制度改革的发展需要

党的十八大以来，党中央把社会保障体系建设摆在更加突出的位置，推动我国社会保障体系建设进入快车道。经过不断改革发展，截至 2024 年 3 月，我国基本养老保险覆盖近 11 亿人，医保参保人数超 13 亿人，[①] 织就了世界上规模最大的社保安全网。然而随着我国社会主要矛盾发生变化和城镇化、人口老龄化、就业方式多样化加快发展，制度建立初期确定的属地化管理带来的各地政策细则、执行口径不统一和多种征管模式并行等，使不规范问题越发凸显，不利于全国统一大市场的形成和发展。"税费皆重"不仅在税务部门内部推进社保费征管融入税务工作全局，通过"以税促费"，切实提高社保费征管规范性，还强调要调动一切社会力量协同共治，构建公平、规范、和谐的税费征管环境，促进社会保险制度更深层次改革。

（二）"税费皆重"的内涵解构

习近平总书记在《促进我国社会保障事业高质量发展、可持续发展》一文中，提出我国社会保障制度改革已进入系统集成、协同高效的阶段。税务部门在落实税收政策的同时，要运用系统思维，做好顶层设计与整体的统筹规划，实现系统内部的上下行动统筹、业务部门推进统筹和工作事项见效统筹，提升服务质量，确保税费征收的准确性及及时性。同时，也要注重运用现代信息技术手段，推动税费征管工作的智能化、便捷化，为纳税人提供更加高效的服务。在协同共治方面，要与其他相关部门紧密合作，形成合力，实现治理效能最大化。

"税费皆重"不是简单地将社保费和税收征管"一刀切"管理，而是在尊重两者特性和差异的基础上，更为精细、系统地谋划。以系统集成、协同高效为根本遵循，以"融合+补强"为主线，推动一体化改革，一方面，要

---

① 《要点！央行、财政部、商务部、发改委、证监会负责人答记者问》，腾讯网，2024 年 3 月 6 日，https：//new.qq.com/rain/a/20240306A07ASS00/。

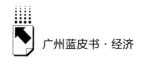
充分发挥税务部门垂直管理优势，从各层级推进社保费征管融入税务征收全过程；另一方面，要深入把握税与费及各社保险种规律和新发展阶段社保非税工作新特点，对于社保费管理有别于税收的特点和当前税务部门在社保费征管中的明显短板，有针对性地做好"补强"。

（三）"税费皆重"的意义和分析框架构建

随着社会保险费征管职责划转改革梯次落地，征税和收费均已成为税务部门的主责所在。构建"税费皆重"征管格局是落实党的二十大关于社会保障体系建设的重要抓手；是税务部门担好主责主业的重要前提和必然要求；是提高税收治理能力、展现税费共治新作为的重要路径；是促进政府职能转变，保障各项改革落实落地，推动高质量发展的重要举措。

以系统集成、协同高效为根本遵循的"税费皆重"，与主张通过协调和整合来提升治理效率的整体性治理理论具有高度的内在契合性。

第一，在治理导向层面，整体性治理理论强调政府运作的核心应是解决人民生活问题而非解决政府问题；"税费皆重"更强调税务部门要着眼国计民生和群众的切身利益，及时回应"民之关切"。

第二，在制度规范层面，整体性治理理论特别强调制度的规范性，也就是制度的法制化、科学化以及明晰化；在"税费皆重"理念下推进税费征管一体化改革，重中之重就是坚持依法治税。

第三，在治理机制层面，整体性治理理论主张通过互惠的利益共享、健全的利益补偿来更好协调各参与主体间的利益博弈；"税费皆重"征管格局的构建需要税费一体化的征管机制，通过"以税促费""以费促管"，实现税务系统资源的充分共享。

第四，在治理工具层面，整体性治理理论认为现代信息技术可有效打破各级政府间、政府内部各部门间、政府与社会间的信息壁垒。"税费皆重"征管格局的构建需要充分运用数字技术工具为税费一体化征管赋权增能。

第五，在治理结构层面，整体性治理理论主张跨部门的整合与协调，即在发挥政府主导作用的同时，寻求建立多元合作伙伴关系；"税费皆重"要求在税务系统内部要建成"归总指挥、统筹协调、紧密配合"的组织结构，在税务系统外部要构建政府主导下的多元主体协同结构。

基于此，本文从价值导向、制度保障、治理工具、治理结构、运行机制五个维度来构建基于整体性治理理论的"税费皆重"征管格局分析框架，具体如图 2 所示。

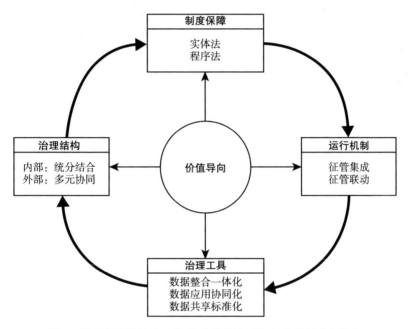

图 2　基于整体性治理理论的"税费皆重"征管格局分析框架

二　当前税费征管的基本情况和存在问题

（一）税费征管的基本情况

1. 社会保险费征管改革历程

在针对社会保险费征收主体进行了近 20 年的争论后，社会保险费最终确定由税务部门统一征收，这虽然是社会经济发展的必然选择，但回顾历史可以发现，税务部门的参与程度是逐渐增强的。

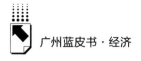

（1）企业代收代发阶段（1951~1985年）

1951年《中华人民共和国劳动保险条例》正式发布，标志着我国开始实行劳动保险制度。该条例规定劳动保险的各项费用全部由实行劳动保险的企业行政方或资方负担。1953年修订的《中华人民共和国劳动保险条例实施细则修正草案》，将实施范围扩大到除城镇机关、事业单位的所有企业和职工，确定中华全国总工会为全国劳动保险事业的最高领导机关。改革开放后，中国建立了社会主义市场经济体制，各项劳动保险制度逐渐恢复。总体上来说，这一阶段基本上由企业负责社会保险费的征收、管理与支付，在运行上有明显的封闭性。

（2）社会保险经办机构征收阶段（1986~1998年）

1986年4月通过的《中华人民共和国国民经济和社会发展第七个五年计划》提出"社会保障资金应由国家、企业和个人合理负担"。1991年，国务院颁布的《关于企业职工养老保险制度改革的决定》规定，养老保险由国家、企业、个人三方共同负担。1994年，全国人大常委会通过的《中华人民共和国劳动法》明确，社会保险基金经办机构负责征收社会保险费。至此，社会保险基金经办机构成为法定的社会保险费征收机构。

（3）社会保险费二元征收阶段（1999~2018年）

20世纪90年代中后期，国家成立劳动和社会保障部负责全国各项社会保险经办管理工作，而一些地区也开始实行地税机关"部分代征"社会保险费。1999年出台的《社会保险费征缴暂行条例》，明确社会保险的征收工作由社会保险经办机构和税务部门负责，正式认可"二元征收"模式。2011年7月《中华人民共和国社会保险法》开始实施，用"社会保险费征收机构"指代社会保险费征缴具体负责机构，从全国法律层面认可税务部门征收社保费。

（4）全国税务部门统一征收社保费阶段（2019年至今）

2018年，中办、国办印发《国税地税征管体制改革方案》，明确从2019年1月1日起，将各项社会保险费交由税务部门统一征收，这标志着社保费"二元征收"格局正式结束。经过短期过渡，2020年11月，全国社会保险费征管职责划转工作全面完成。

2. 当前税务部门税费征管实施情况

2018年国地税征管体制改革以来,税务部门在平稳推进社会保险费征管职责划转的同时,积极探索社保费征管质效提升路径,将工作重心从"转得稳"向"管得好"转变,为后续税费一体化改革打下基础。

一是初步实现社会保险费税务部门统一征收。2018年3月,《深化党和国家机构改革方案》出台后,税务部门立即启动征管职责划转的准备工作。受当时国内外经济社会发展形势的复杂变化影响,党中央、国务院对改革步骤及时做出调整,按照"成熟一省、移交一省"的原则分步分批开展划转。2020年11月,随着最后13个省市完成职责划转,我国真正实现了由税务部门统一征收社保费。

二是初步实现社会保险征管信息系统全国统一。为巩固社会保险费征收职责划转成果,为统一规范社保费征收服务工作提供信息化支撑,2019年1月税务部门在启动社保费征缴职责划转的同时,同步推进各省(区、市)金税三期社保费征管信息系统(标准版)上线,经过近3年的持续迭代完善,2022年全国34个省(区、市)均已完成系统上线,至此税务系统实现社保费征管信息系统全国统一,为后续地域间、金税三期系统各数据间信息的集成管理提供底层信息基础。在此基础上,税务部门推行社会保险经办和缴费业务"一网通办",企业社保缴费"网上办"、个人缴费"掌上办"业务量占比超95%,全国3800多个办税服务厅、政务服务中心实现社保缴费业务"一厅通办"。

三是深度参与社会保险制度改革。征管职责划转后,税务部门在扎实做好组织收入的同时,充分发挥税收在国家治理中的基础性、支柱性、保障性作用。2019年税务部门根据习近平总书记在民营企业座谈会上提出的"降低社保缴费名义费率,稳定缴费方式"的指示精神,① 积极开展测算并向上汇报,推动《降低社会保险费率综合方案》的顺利出台,不仅从制度上减轻了企业社保缴费负担,也为实施划转扩大了制度空间。2022年按养老保

---

① 中共中央党史和文献研究院编《十九大以来重要文献选编(上)》,中央文献出版社,2019。

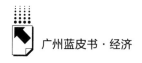
险全国统筹实施方案要求，从顶层设计层面厘清税务部门的征管职责，推进征缴规范化；全面参与实施"全民参保计划"，推进新就业形态就业人员职业伤害保障试点建设，用好前端征缴数据"以费资政"，在缴费负担水平调整优化、试点范围拓展等方面提供切实可行的意见建议。

（二）税费征管存在的问题和原因剖析

社保费征管职责划转后，税务部门在国家治理中的作用大大增强，但因其新、险、难，社保费征管成为整体工作中突出的短板和弱项，制约了税务部门税费"统征统管"优势的发挥，税费治理能力难以提升。

1. 对社保费征管重要性和特殊性认识不到位导致治理理念"碎片化"

国家税务总局党委书记、局长王军在 2023 年 6 月《学习时报》上刊发的《奋力推进税收现代化服务中国式现代化开新局建新功》指出，"广大税务干部特别是领导干部'税费皆重'的工作理念树得还不够牢"。这主要是因为，当前仍有部分税务人员还存在"重税轻费"的思想观念，对社保工作重视程度不足，对社保费征管的特殊性研究不深，习惯用税式思维去推进谋划征管工作，导致部分地市税务部门的社保费征管"水土不服"。

2. 社会保险征管法制建设滞后造成一体化征管制度规范"碎片化"

社保费立法相对滞后，相比于立法明确赋予税务机关对"税"的行政执法主体地位和征收管理依据，社会保险费的法律法规还不完善。在征收方面，目前《中华人民共和国社会保险法》《社会保险费征缴暂行条例》均未明确规定"税务部门统一征收"，"税费同征"的法律支撑不足。在管理方面，目前大量"管"的职权仍集中于社保部门，税务部门虽然履行征管职责，但其积累的稽查、监管等征管优势难以真正应用于社保费管理中，在实践中税务部门虽然实现了税费"同征"，却无法"同管"。

3. 社保费和税收征管集成联动不到位致使治理机制"碎片化"

当前税务部门统一征收社保费仍处于起步阶段，社保费和税收仍呈现条块分割管理状态，在部分事项上仍存在不系统、不协调。在管理集成方面，目前税费流程、岗责体系一体化整合梳理还不够，社保费执法规范性和标准化水平与税收差距较大；在税费联动方面，税收风险管理和纳税信用等级体系尚未将社保费指标纳入其中，社保费的分析也尚未融入税收经济分析的整体框架中，导致税费联动分析挖掘的深度和广度不足。

4. 社保费征管数字化升级改造不充分加剧治理工具"碎片化"

金税三期社保费征管信息系统（标准版）是以实现基础征收为导向开发的，可实现的系统功能十分有限，像数据抓取、风险自动分级、缴费人画像等功能还未应用于社保费管理，加之税费数据库还未实现整合归集，企业所得税和个人所得税等申报征收信息无法与社保费的相关数据信息进行交叉比对分析，难以对缴费单位社保费申报、缴纳情况做出精准的分析和判断，税费联动管理难以实现。当前税务与人社、医保部门间的数据标准不统一，明细数据无法实时传输至人社、医保部门，直接影响缴费人待遇享受。

5. 税务系统内外协作分散交叉带来治理结构"碎片化"

内部专业化分工落实不到位。虽然国家税务总局出台了明确"税费皆重"的具体文件，并基于专业化分工视角明确各部门职责，由于落实不到位，社保部门从政策指导部门变为全流程参与的"统管"部门，加之人员配置不足，社保费主管部门人员工作严重超负荷。多部门参与的税费协作共治机制待优化。目前大部分省（区、市）虽然建立了税费共治机制，但部分省（区、市）未把社保费纳入其中。即使部分省（区、市）纳入，内容也多集中在税收，对于社保费征管的协作缺乏细化措施（见表1），在涉及群众社保权益等部门协作方面，相关部门参与主动性不强，严重制约征管质效的提升。

表1 部分省（区、市）税费共治机制建立情况

类别	省(区、市)	文件名称
建立税收共治机制（不含社保费）	北京市	《北京市税收征收保障办法》
	河北省	《河北省税收征管保障办法》
	重庆市	《重庆市税收征管保障办法》
	辽宁省	《辽宁省税收征管保障办法》
	吉林省	《吉林省税收保障办法》
	黑龙江省	《黑龙江省税收保障条例》

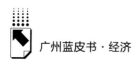
续表

类别	省（区、市）	文件名称
建立税收共治机制（不含社保费）	福建省（除厦门）	《福建省税收保障办法》
	江西省	《江西省税收保障条例》
	海南省	《海南省税收保障条例》
	内蒙古自治区	《内蒙古自治区税收保障办法》
	广西壮族自治区	《广西壮族自治区税收保障条例》
	甘肃省	《甘肃省税收保障办法》
	青海省	《青海省税收保障办法》
还未建立税收（税费）共治机制	河南省	—
	西藏自治区	

类别	省（区、市）	文件名称	是否单列社保费征管共治条文	实施时间
建立税费共治机制（含社保费）	天津市	《天津市税费征收保障办法》	是	2023 年 6 月 20 日
	上海市	《上海市税费征收保障办法》	是	2023 年 1 月 10 日
	江苏省	《江苏省税费征管保障办法》	是	2023 年 1 月 1 日
	浙江省	《浙江省税费服务和征管保障办法》	是	2023 年 3 月 1 日
	山东省	《山东省税收保障条例》	否	2022 年 7 月 1 日
	湖北省	《湖北省地方税费征收保障办法》	是	2009 年 5 月 1 日
	湖南省	《湖南省税费精诚共治办法（试行）》	否	2022 年 12 月 8 日
	四川省	《四川省税费征管保障办法》	是	2022 年 4 月 15 日
	贵州省	《贵州省税费征管保障办法》	是	2023 年 3 月 14 日
	云南省	《云南省税收征管保障办法》	是	2022 年 4 月 27 日
	陕西省	《陕西省税费保障办法》	否	2022 年 3 月 1 日
	宁夏回族自治区	《宁夏回族自治区税费保障办法》	否	2020 年 5 月 15 日
	新疆维吾尔自治区	《新疆维吾尔自治区税费保障办法》	是	2022 年 1 月 10 日
	广东省	《广东省税费征管保障办法》	否	2024 年 1 月 1 日
	山西省	《山西省税费服务和征管保障办法》	是	2024 年 2 月 1 日
	厦门市	《厦门市税费共治保障办法》	是	2023 年 12 月 1 日
	安徽省	《安徽省税费征管和服务保障办法》	是	2024 年 2 月 1 日

资料来源：根据各省（区、市）政府网站发布信息整理。

三 构建"税费皆重"征管格局的总体思路
——基于广州实践

在全面梳理 20 余年社保费征管经验和税费同管实践的基础上，广州以"税费皆重"工作理念为指导，围绕社保费和税收相同点，推进社保执法、服务、监管三个关键领域"相融合"，聚焦社保费的特点，推进信息建设、组织体系两个支撑保障体系"共补强"，实现"税费皆重"征管格局建设纵深推进。

（一）聚焦税费征管对象同质，着力推进税费征管制度"相融合"

一是征管执法"相融合"。按照"一个主体执行、一个口子对外"的原则，全面梳理税费征管异同，推进社保费征管融入税收征管。据广州税务局数据，2023 年底，广州已实现社保费十大事项 51 个子项纳入征管事项清单；社保费 3 个类别 53 个事项纳入管理服务清单；社保费 7 个事项 11 个子项纳入管理岗责和事项清单，初步实现税费事项全覆盖、标签化管理。二是税费服务"相融合"。以"同一主体一同服务"为目标，对全部税费事项进行扎口管理，落实全市税费依申请事项同城通办要求，将全市办税服务厅依申请社保同城通办事项扩围至 47 项，实现征管职能从税收向税费拓展、征管对象从企业向自然人拓展。三是税费监管"相融合"。拓展内控风险防御系统（RED 系统）和内控系统的社保费监控范围，建立多个社保费补缴风险疑点模型，推进企业的社保缴费人数和金额纳入"广州税信码"管理。

（二）聚焦社保数据时效性要求高、与个人利益密切的特点，着力"补强"信息化、便捷化建设

一是用好"区块链"技术，"补强"征缴信息共享机制。运用区块链技术上线"区块链+医保政府资助"等多个应用场景，实现了社保明细信息的共享读取，大幅缩短缴费人等待时间。二是搭建智能平台，"补强"跨部门联办阵地。联合人社、医保部门围绕企业和群众急难愁盼的高频跨部门业务梳理业务口径，形成指引资料，构建"问、办、查、评"一体化智能服务

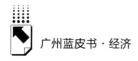

体系，三部门按照"一号服务、一窗受理、一次告知、一套资料、一户咨询"的原则，通过辅助系统线上联办、互派业务骨干进驻大厅等方式，实现社保和医保业务的一站式办结。当前全市"一站式"服务已办理超30万件社保业务，显著降低缴费人办费成本。

（三）聚焦社保工作链条长、舆情多等特点，着力"补强"共治组织建设

一是优化人才培养体系，着力"补强"争议处置专业人才队伍。建立全省首个社保费征缴争议实训基地，构建"市—区—所"递进式实训体系和"四位一体"实训课程，全面提升税务干部破解社会保险难题能力，同时在市局机关设立社保费争议综合处置中心，通过"以干代训"为社保攻坚储备"生力军"。二是完善部门间协作共治制度化建设，"补强"税费综合治理机制。一方面持续加强与人社、医保部门的对接协作，推动三部门共同制发社会保险费管理协作机制和具体规则，稳固社保费管理"基本盘"；另一方面以社保费征缴争议为切入点，加强地方党政共商共建，牵头九部门联合制发覆盖全市的社保费争议联合处置工作方案，推动广州成为全国首个社保费争议联合处置机制全域覆盖的副省级城市。截至2023年末，全市依托184个实体化联合处置中心，共为5500多位缴费人解决了争议，引导企业主动补缴社保费1.2亿元。①

四　构建"税费皆重"征管格局的对策建议

（一）理念重塑：坚持以人民为中心，建立"求同化异"的整体治理观

要实现从"税主费辅"到"税费皆重"征管格局的根本性转变，首先需要思想理念的转变。要坚持以人民为中心，始终将"税费皆重"的落脚

---

① 贾政、申卉：《广州交出十件高分"民生答卷"》，《广州日报》2024年1月15日。

点回归到"积极响应纳税人缴费人合理诉求",创造性地改进提升税费服务工作,不断提高缴费人的获得感、幸福感、安全感。在此基础上要坚持"求同化异",一方面,要充分认识社保征管对保持税务工作系统性、完整性的重要性,并全面推进税收治理能力的提档升级。另一方面,要深入解析社保费和社保费征管的特殊性,在开展税费征管一体谋划时,充分尊重税费差异,通过"以同缩异、以同化异",推动社保费和税收征管有重点融合和有区分"皆重"。

（二）法治立本：坚持"补齐短板",实现税费一体征管法制制度的统筹性供给

一是抓紧修订完善《社会保险费征缴暂行条例》。稳步推进 2024 年《社会保险费征缴暂行条例》修订,从法律层面明确统一由税务部门征收,通过进一步明确税务部门"管"的职权,增强税务机关征收执法的刚性与威慑力,提升征管质效。二是积极参与社会保险政策制度建设。充分发挥税务部门征收优势,在社会保险制度改革创新、缴费负担水平确定、社会保障制度完善等方面提供切实可行的意见和建议,提高税务部门在制度建设方面的话语权。三是启动社保费和税收程序法异同梳理,通过对税收和社保费缴政策性文件的"立改废释",从法制层面助力税费征管一体融合。

（三）机制再造：坚持"协调联动",建立"一体统筹、协同联动"的税费征管链条

一是以"清单管理"为抓手,推进税费征管基础管理统一。按"能统一则统一"的原则,进一步整合税费征管流程,健全各级税务机关的岗责体系,重点优化整合县、分局层级税费服务和税源管理部门的岗责设置,支撑税费征管服务集约化、智能化处理机制的运行。二是以"以税促费"为关键,贯穿税费联动征管全流程。在注册登记环节,将社保缴费登记信息采集、登记注销融入"新办纳税人套餐""企业注销套餐",实现涉税、涉费信息同步采集,登记、注销同步申请。以场景化设计为基础,构建社保费和

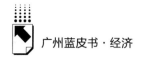

税收联动管理机制。在日常监管方面，完善社保费风险指标和模型，将税费数据的关联性转化为税费数据的实体应用，通过开展税费数据的深度挖掘和交叉比对，督促、引导缴费人自主纠正。在稽查方面，建立税费"征风稽"联动机制。将社保费重大违规案件查处纳入税务"征风稽"工作，对于涉及人员较多或金额巨大等情节严重的违法案件，由稽查部门主导处置，适时移送公安部门，有效提升社保缴费遵从度，降低税务执法风险。

（四）技术赋能：坚持"集成共享"，优化社保费征管的信息化支撑供给

一是推进金税三期并库。推动金税三期社保费征管信息系统（标准版）建设与金税三期系统并库，为全税费种集成治理打好数据基础。通过"数据+规则"驱动，全方位响应基于人群和社会保险政策调整的业务变更，助力税费征管同步开展。二是加快推进数据共享。与地方政数管理部门和联系密切的职能部门建立数据共享机制，共同制定数据质量标准、采集校验规则，实现征缴明细数据在部门之间的高效传输。三是加大税费领域大数据、云计算应用创新。基于税与费，特别是税费联动，探索开展基于大数据的业务监督、信息分析及决策支持应用。健全数据采集、整理、清洗机制，不断提升数据质量，推进数据分析应用。

（五）结构变革：坚持"整体智治"，建立多元主体、齐抓共管的有机共治体

一是健全税务系统内部"统分结合"管理架构，加强人才队伍建设。参考税收管理，从重点工作中提炼对应的目标考核任务，推动综合部门在扎口管理时主动担负"统"的主责，让社保部门回归社保费政策业务主业，通过公务员招录遴选、干部交流轮岗等方式选优配强岗位人员，提升社保干部队伍整体战斗力。二是优化横向与相关部门的协调合作。与人社、医保构建起常态化工作协调机制，强化社保费管理链条主责部门的协作共治；不断加强"枫桥经验"在税务领域的实践运用，将社会保险费争议化解纳入地

方平安建设，建立以地方党政为主导，税务、人力资源和社会保障、医保、信访、人民法院等部门共同参与的联合处置机制。

参考文献

习近平：《促进我国社会保障事业高质量发展、可持续发展》，《先锋》2022年第4期。

郑功成：《中国社会保险法制建设：现状评估与发展思路》，《探索》2020年第3期。

鲁全：《中国养老保险法制建设：法律性质、现状与未来发展》，《探索》2020年第3期。

胡巍：《把"税费皆重"的工作理念贯彻到提质增效的实践探索中》，《中国税务》2023年第6期。

白维军：《高质量发展视角下的社会保障制度整合优化》，《中国高校社会科学》2023年第2期。

王利敏：《树牢税费皆重理念 提升社保非税征管质效》，《税务研究》2023年第6期。

闫文杰、唐刚：《推进税费协同共治的思考》，《财金观察》2022年第2辑。

宋晔琴、顾丽梅：《整体性视角下老年人数字鸿沟治理的实践困境与优化路径》，《兰州学刊》2023年第5期。

周华：《以新理念推进新发展阶段社保费征管工作高质量发展》，《中国财政》2022年第4期。

简世德、康乃心、王亚梅：《高校内部治理碎片化及整体性治理路径》，《科教导刊》2021年第32期。

马奎升：《提高税务部门非税收入征收能力的思考》，《税务研究》2020年第3期。

张智：《社会保险费征管中存在的问题及对策》，《税务研究》2019年第4期。

刘潇阳、魏楠：《地方政府"放管服"改革提升路径研究——基于整体性治理视角》，《领导科学》2018年第32期。

吴红梅：《中国社会养老保险政策"碎片化"问题审视》，《黔南民族师范学院学报》2014年第6期。

汪基德、韩雪婧、汪滢：《义务教育优质均衡发展的路径、机制与策略——基于整体性治理的视角》，《开放教育研究》2022年第4期。

B.20
广州涉案企业合规改革工作成效
与对策建议

广州市人民检察院　广州市工商业联合会　泰和泰（广州）律师事务所课题组*

摘　要：　涉案企业合规改革工作全面推开以来，广州涉案企业合规改革工作取得了明显成效，但涉案企业合规意识有待加强、涉案企业合规整改团队能力存在不足等实务难题逐步显现，改革工作进入深水区。本文在总结涉案企业合规改革先行先试地区先进经验的基础之上，结合广州营商环境与企业经营管理现状，提出了持续优化涉案企业合规第三方组织建设、细化有效合规标准、探索建设合规互认机制、深化"大合规"体系建设等多项对策建议，以助推广州经济高质量发展。

关键词：　涉案企业合规改革　第三方监督评估机制　"大合规"建设　广州

　　2021 年 4 月，广州市人民检察院（以下简称"市检察院"）和天河区人民检察院、从化区人民检察院被最高人民检察院（以下简称"最高检"）确定为第二批试点单位，开展涉案企业合规改革工作。2021 年 10 月，广州市涉案企业合规第三方监督评估机制管委会（以下简称"第三方机制管委会"）成立。在试点工作开展过程中，第三方机制管委会各

---
　　*　课题组负责人：李学东，广州市人民检察院党组副书记、副检察长，研究方向为刑法、刑事诉讼法、检察实务；曾纯青，广州市工商业联合会专职副主席，研究方向为民营企业法律服务。课题组成员：鄢静、董李培、贺辰、杨南钦、张吕、谢振声、吴漫珊、胡淳。执笔人：贺辰，广州市民营企业投诉中心主任，研究方向为民企法律服务、合规建设；张吕，泰和泰（广州）律师事务所党支部书记、主任，中华全国律师协会企业合规法律专业委员会副主任，研究方向为企业合规、民商事法律。

成员单位按照上级工作部署，在市委政法委领导下，在市人大及其常委会监督支持下，积极探索，勇于实践，努力积累试点工作经验，力求形成制度、理论和样本"三位一体"试点效果，努力实现"办理一案，带动一片"，引导企业从"事后合规"向"事前合规"转化，从"一企合规"向"一起合规"转变。2022年6月，在国家层面涉案企业合规第三方监督评估工作推进会上，第三方机制管委会办公室（广州市工商业联合会，以下简称"市工商联"）作为全国各地管委会办公室唯一代表在会上报告工作经验。

广州涉案企业合规改革工作开展以来取得了明显成效，但随着改革工作的不断深化，实务难题也逐步显现。市工商联、市检察院与泰和泰（广州）律师事务所研究团队组成联合课题组，对"广州市涉案企业合规改革工作的成效"开展了专题调研。结合定量与定性研究方法，通过实地考察、现场访谈、问卷调查，与检察院、第三方机制管委会办公室、第三方机制专业人员等开展座谈交流，对广州及市辖区内各区人民检察院、工商联、第三方组织及涉案企业进行了深入调研，并到先行先试地区实地考察、学习涉案企业合规改革先进经验，统计了广州涉案企业合规整改办理情况，总结了广州涉案企业合规改革工作成效，深度剖析了广州涉案企业合规改革推进过程中存在的问题及根源，并有针对性地提出应对之策。

一　涉案企业合规改革工作的背景和意义

涉案企业合规改革，是指检察机关对于办理的涉企刑事案件，在依法做出不批准逮捕、不起诉决定或者根据认罪认罚从宽制度提出轻缓量刑建议等的同时，针对企业涉嫌具体犯罪，结合办案实际，督促涉案企业做出合规承诺并积极整改落实，促进企业合规守法经营，减少和预防企业犯罪的改革举措。

2020年3月，最高检在上海、江苏、山东、广东4个省市的6个基层

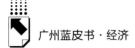

人民检察院开展第一批试点工作。2021年6月，最高检会同司法部、财政部、生态环境部、国务院国有资产监督管理委员会、国家税务总局、国家市场监督管理总局、中华全国工商业联合会（以下简称"全国工商联"）、中国国际贸易促进委员会共九部门联合制定发布《关于建立涉案企业合规第三方监督评估机制的指导意见（试行）》。2022年4月，最高检会同全国工商联召开"全国检察机关全面推开涉案企业合规改革试点工作部署会"，决定全面推开改革试点工作。据统计，截至2022年12月，全国检察机关累计办理涉案企业合规案件5150件，其中适用第三方监督评估机制的案件有3577件（占全部合规案件的69.5%），较2022年4月初全面推开时分别新增3825件、2976件；对整改合规的1498家企业、3051人依法做出不起诉决定。① 2023年7月14日发布的《中共中央　国务院关于促进民营经济发展壮大的意见》要求引导民营企业通过合规经营不断提升发展质量，促进民营经济做优做大做强；提出深化涉案企业合规改革，推动民营企业合规守法经营。

涉案企业合规改革工作是国家治理体系和治理能力现代化建设在市场微观主体层面的重要内容，将企业管理模式从强调行政命令和处罚震慑的传统模式转变至侧重企业自我管理和自我整改的现代模式，是在我国刑事案件发生结构性变化的背景下，以诉源治理为目的，集末端处理与前端治理于一体的推动国家治理体系与治理能力现代化新举措。"法治是最好的营商环境"，以规范作为企业生产经营的根本遵循，是稳定、透明、公平和可预期的法治化营商环境的重要基础，涉案企业合规改革工作为协调国家利益、公共利益和企业利益，维持稳定良好的经济秩序和社会环境做出了重要贡献。

---

① 《充分发挥典型案例指引作用　深入推进涉案企业合规改革——最高人民检察院第四检察厅负责人就发布涉案企业合规典型案例（第四批）答记者问》，最高人民检察院网站，2023年1月16日，https：//www.spp.gov.cn/xwfbh/wsfbt/202301/t20230116_598548.shtml#3。

二　广州涉案企业合规改革工作成效

（一）广州涉案企业合规案件办理情况

截至 2023 年 5 月底，广州及市辖区内各区人民检察院共经办涉案企业合规案件 61 件，涉案企业 65 家，企业规模、行业领域呈现如下特点。

1.企业规模

在涉案企业中，大型企业数量为 4 家，占 6.15%；中型企业数量为 11 家，占 16.92%；小微企业数量为 50 家，占 76.92%（见图 1）。根据数据统计结果，中小微企业占比为 93.84%，在涉案企业合规整改案件中是主要对象。

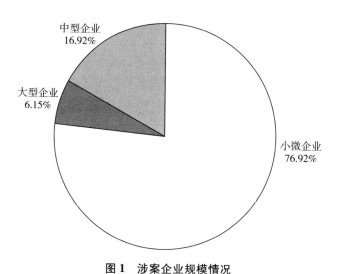

图 1　涉案企业规模情况

资料来源：课题组调查数据。

2.行业领域

涉案企业中科技公司数量为 19 家，占比接近 30%。涉及软件、信息技术、通信等高科技行业的案件数量为 14 件，占比接近 23%。其他类型企业、

311

行业，如建筑房地产（7件）、印刷（4件）、医药（2件）、医疗器械（1件）等，均不足10件（见图2）。相较之下，在广州涉案企业合规改革案件中，涉案企业主要集中在科技创新领域。

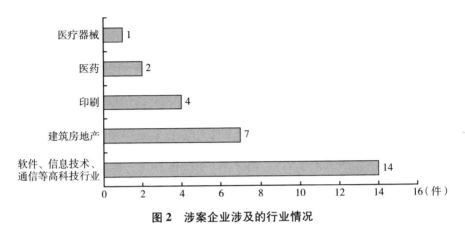

图2 涉案企业涉及的行业情况

资料来源：课题组调查数据。

根据上述数据，广州合规整改相关涉案企业大多为民营企业，其中很多是中小微企业，行业涉及科技、建筑房地产、印刷、医药等，所涉犯罪类型主要包括虚开发票、污染环境、商标造假等。

通过涉案企业合规整改案件办理，截至调查时已有37家涉案企业通过了合规整改验收，其中，问卷回收数据分析结果显示，93%的涉案企业有聘请律师等专业团队协助开展合规整改。该部分企业根据自身特点建立了相应的合规体系，如搭建合规管理三道防线，梳理与涉案相关的合规义务及风险，完善企业选人用人、重大项目决策、合同订立、付款审批等制度流程。部分企业专门成立合规风控部门，开展合规法律培训，培育合规文化。

（二）广州涉案企业合规改革工作成效

1.建立健全涉案企业合规改革工作制度规程，确保改革有章可循、规范有序

市工商联切实担起第三方机制管委会办公室牵头职责，市检察院充分发

挥涉案企业合规改革主力军作用和司法办案主导作用，共同制定了广州涉案企业合规第三方监督评估机制实施办法、第三方监督评估机制管理委员会工作规则、第三方监督评估机制专业人员选任管理办法、第三方监督评估组织（以下简称"第三方组织"）运行规则等规范性文件，搭建起了涉案企业合规改革基本制度框架。为规范涉案企业合规办理，制定了《广州市企业合规案件办理工作规程（试行）》等工作规范，形成了一整套规范、标准的企业合规工作"八步法"，包含审查审批、机制启动、合规考察、考察实施、考察结论、实质审查、费用结算、案件处理等。同时，第三方机制管委会不断探索建立标准化工作规程，牵头组建广州市涉案企业合规第三方机制管委会巡回检查小组并建立相关工作机制，提升第三方监督评估工作质量。

2. 着力打造涉案企业合规改革联动机制，推动改革形成合力、全域推进

市工商联与市检察院、市财政局、市国资委、市司法局、市生态环境局、市税务局、市市场监督管理局、市地方金融监管局、市贸促会、广东证监局、广州海关、黄埔海关共13家单位联合成立了第三方机制管委会，创新性地引入地方金融局、证监局和海关作为成员单位，充分契合广州地区金融证券和对外贸易活跃的特点，也体现了相关行政部门对企业合规工作的重视和支持。第三方机制管委会成立后推动建立广州涉案企业合规第三方监督评估机制，有效凝聚司法、执法、行政、行业监管，形成合力。同时选聘了涵盖政府监管部门公职人员、律师、会计师、审计师、税务师、专家学者、行会商会人员等在内的155人，组成涉案企业合规第三方机制名录库。

3. 深入开展涉案企业合规整改工作，以"真整改""真合规"促进企业高质量发展

一是明确有效合规计划，严把合规整改过程。第三方组织深入了解企业涉案情况，加强对企业制订合规计划的审查把关。全程从严从实把握企业合规整改。二是针对案件和企业特点，合理确定合规考察方式。可以指派检察官进行合规指导监督，也可以协同相关行政主管部门、行业协会、工商联等联合考察，大多数是启动第三方机制对企业履行合规承诺、执行合规计划情况进行指导、监督、考察和评估，切实防止"纸面合规""形式整改"。三是针对企业规模不同，合理规划整改考察内容。对于涉案小微型企业，采取合规考察简易模式，重点考察企业专项合规计划制订和落实情况。对于涉案大中型企业，采取合规考察规范模式，重点考察企业全面合规管理体系建设情况。四是落实司法政策，保障企业正常经营。将"少捕慎押"与认罪认罚从宽制度适用、企业合规改革试点结合起来，最大限度减少司法办案给民营企业正常经营活动带来的影响。

4. 积极主动作为，从治罪走向治理，从"一企合规"向"一起合规"转变

一是以全面合规为目标，消除涉案企业再犯可能。在涉案事项专项合规整改基础上，检察机关与第三方组织共同指导制订企业合规计划，明确合规管理规范，构建合规组织体系，完善业务流程，防止再次发生违法犯罪行为，逐步形成全面系统的合规体系。二是强化能动履职，推动行业领域合规治理。通过合规整改案件办理，切实找准案件背后的普遍性、行业性问题和社会治理问题，加强与行政主管部门和行业自律组织的沟通，提出并制发适用于某一领域企业的行业合规指引，从源头上预防和减少相关案件的发生，促进从"个案合规"提升为"行业合规"。三是推动企业未雨绸缪开展合规体系建设。通过以案说法、政策宣讲、合规讲座、公布典型案例、开展日常法律咨询等方式，强化企业合规意识，变"要我合规"为"我要合规"，实现企业"事前合规"。

5. 体系化发展，推动构建社会"大合规"工作格局

一是在监管方面，广州市国资委印发了《广州市市属企业合规管理指引（试行）》《广州市国资委监管企业数据安全合规管理指南（试行2021年版）》，并将2022年确定为合规管理强化年。二是在企业方面，经各级检察机关和各方推动，全部在穗中央企业已成立合规委员会。此外，越来越多的民营企业主动购买合规法律服务或者向检察机关表达寻求合规指导的意愿、咨询合规培训事宜。三是在第三方机构方面，经各方努力，社会组织、人民团体和自律组织等纷纷建立合规职能机构。四是在高校方面，在穗高校陆续建立合规研究机构，设立合规专业课程。

三 广州涉案企业合规改革工作存在的主要问题

（一）涉案企业合规意识有待加强

一是在合规整改重视程度上，部分涉案企业负责人在合规整改工作开展前期对合规整改重视力度不够，未亲自指挥与把关。二是在合规整改工作安排上，部分涉案企业在合规整改的工作执行效率、频率、员工响应等方面存在认知不到位，对合规整改的意义认识不足，涉案企业部分工作人员未能积极配合合规整改律师做好相关工作。三是在合规整改内容上，涉案企业重心在对涉案行为的合规整改上，对企业事前合规的重视力度仍不足、意识不到位。

（二）涉案企业合规整改团队能力存在不足

在广州涉案企业中，中小微企业占比超过九成，经营管理能力较差，难以培养自身专业合规人才。在聘请外部整改团队时，较少聘请专业合规团队协助其开展合规建设及相关整改工作，往往是在涉嫌刑事案件后聘请刑事辩护律师作为整改律师，但刑事辩护律师可能缺乏合规整改经验。在企业合规整改团队能力缺失的情况下，本应发挥合规评估、合规审查作用的第三方监督评估组织与经办检察机关在实际开展工作时不得不充当涉案企业合规建设者的角色，不仅增加了工作量，还容易造成自身定位与职责相背离。

（三）第三方组织运行机制有待优化

一是对第三方机制相关制度不熟悉。多数第三方组织成员往往直到履行第三方监督评估职责时才开始研究第三方机制相关制度。二是缺乏第三方组织内部议事规则。第三方组织成员出现意见分歧时的议事规则不明确。三是缺乏第三方组织履职考核与退出机制、市区两级第三方机制专业人员互融互用机制。

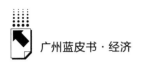

（四）合规有效性评估标准有待明确

在调研过程中，多名第三方组织成员表示，办法列举的评估重点内容过于原则化，在具体对涉案企业合规整改有效性进行评估时，专家与专家之间的理解不尽相同，由第三方组织专家现场制定涉案企业评估指标体系可能存在客观性、科学性的缺陷，有待建立一套明确、可量化的合规整改有效性评估指标或标准指引供第三方组织在进行企业合规评估时使用。

（五）"刑行"衔接机制未完全建立

在广州涉案企业合规改革工作开展过程中，有部分涉案企业经合规整改免予起诉后仍面临行政机关高额行政处罚、资质吊销等情况，对企业后续健康持续发展产生了不小的影响。在涉企合规案件中，检察机关是否可以就行政处罚的种类、强度、履行方式等提出具体明确意见在实践中仍存在疑问，检察机关不敢提，行政机关不接受现象仍有发生。涉案企业合规改革工作与行政机关之间如何在法律框架下形成有效衔接，是目前亟待解决的实务难题。

四 深化广州涉案企业合规改革的对策建议

（一）持续优化涉案企业合规第三方组织建设

1. 完善第三方工作机制

在《广州市涉案企业合规第三方监督评估机制实施办法（试行）》等八项工作制度的基础上，探索建立第三方组织成员内部议事规则，保障第三方组织规范履职，同时明确适用第三方机制的案件范围，完善第三方机制启动程序和运行流程等。

2. 强化第三方组织人员管理

广州涉案企业合规改革采用第三方组织对涉案企业进行监督评估的占比

接近75%，通过建立健全第三方组织成员激励与考核机制，明确淘汰与退出规则，加强监督回访，促进第三方组织成员履职尽责。

3. 加强第三方组织人员培训

制定第三方组织人员企业合规监督评估培训课程清单，将专项培训和常态化培训相结合，组织第三方组织人员完成全程培训，并组织履职专业能力测试，不合格人员暂缓上岗，不断提升第三方组织人员履职能力和水平，以充分发挥涉案企业合规第三方机制的"外脑作用"。

（二）完善繁简分流机制，细化有效合规标准

1. 健全完善繁简分流的监督评估机制

明确"简式合规"的适用条件，做到"简式不减质"，以此提升简单案件的办案效率，将精力集中在复杂案件的办理上。

2. 明确个案合规评估工作方案与评分表

在个案监督评估过程中制定合规评估工作方案与评分表，每个个案结合企业的实际情况，进一步明确考察期限、考察标准、考察程序、考察要点、考察方法、中止中断情形等，以指导涉案企业对标整改。

3. 形成常态化合规有效性评估标准

结合典型案例，总结形成行业合规指引或重点领域合规指南，就不同行业领域、不同企业类型制定常态化合规有效性评估标准。

（三）推动全流程合规，探索建立合规互认机制

1. 先行先试

由第三方机制管委会内部探索推动行政合规和刑事合规成果互认，签订合规互认框架协议，协议效力及于第三方机制管委会成员。对于已由检察机关做出合规不起诉的企业，同时又涉及在管委会成员单位（行政机关）监管领域违规经营的，由办案检察机关主动向成员单位发出检察建议，充分说明合规整改过程和成效，依法提出从宽处理的意见建议，作为管委会成员单位（行政机关）对企业做出行政处罚决定的重要参考。

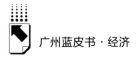

2. 逐步推广

广州各级检察机关与各级行政机关签署合规互认协议，在现有法律框架下逐步建立"刑行衔接"机制，加强与审判机关工作协调，做好起诉与审判阶段工作衔接，使实施合规整改的涉案企业不仅可以获得刑事宽大处理，还可以进一步获得较为轻缓的处理或者免除行政处罚、司法审判。

3. 事前激励

推动建立事前合规"白名单"，鼓励广州企业开展事前合规管理体系搭建及认证工作，以通过合规认证的企业名单为依托，推动建立事前合规"白名单"，在现有法律框架下给予白名单企业一定程度的行政激励。

（四）多管齐下，持续深化"大合规"体系建设

1. 建立企业合规促进委员会

由人大、政协、纪委监委、法院、检察院、发展改革委、工业和信息化、市场监管、工商联、司法等职能部门及区镇等成员单位组成企业合规促进委员会，以涉案企业合规改革工作为基础、以推动企业事前合规建设为目标，双管齐下，积极推动广州企业合规管理体系建设，推进全社会企业合规工作。

2. 帮助企业加强合规建设

第一，探索制定广州企业合规管理体系建设标准，引导企业从事后合规主动走向事前合规；第二，探索形成重点领域或重点行业合规指南，结合广州科技公司数量众多、网络犯罪影响深远等特点，编写《数字科技企业数据安全与数据融通合规指引》；第三，推动建立企业事前合规体检机制，对标国际标准 ISO 37301：2021 及国内标准《合规管理体系要求及使用指南》（GB/T 35770—2022），对广州拟上市民营企业、行业领军企业开展全方位合规体检，帮助民营企业筑牢合规经营底线等。

3. 加强企业合规宣讲培训

进一步整合企业合规工作力量，发挥好第三方机制管委会、第三方机制专业人员库、企业合规建设讲师团等工作力量的作用，借助广州市律师协会

合规与内控业务专业委员会等平台，形成工作合力，对广州企业、商协会等开展企业宣讲、知识宣贯和指导企业防控合规风险。

4. 加强企业合规人才培养

探索借助广州市律师协会合规与内控业务专业委员会、法学会企业合规研究会、高校合规研究院等端口，搭建"政行企律校研"一体化合规交流平台与合规人才培养基地。

5. 引入合规信息化系统

借助信息技术对涉案企业、重点行业、重点领域、重点环节、重点人员等进行实时动态监控，以期实现从"事后合规"整改变为"事前合规"预警。

参考文献

陈卫东、李国权：《企业合规从宽处理的实践样态与建构路径》，《中国人民大学学报》2024 年第 2 期。

刘艳红：《企业合规改革的一体推进与未来展望》，《华东政法大学学报》2024 年第 2 期。

《充分发挥典型案例指引作用　深入推进涉案企业合规改革——最高人民检察院第四检察厅负责人就发布涉案企业合规典型案例（第四批）答记者问》，最高人民检察院网站，2023 年 1 月 16 日，https：//www. spp. gov. cn/xwfbh/wsfbt/202301/t20230116_5985 48. shtml#3。

调查实证篇 ⊿⊃

B.21
广州战略性新兴产业经营状况
和营商环境企业调查分析

广州市社会科学院经济研究所课题组*

摘 要： 大力发展战略性新兴产业，对于广州加快形成新质生产力，打造经济高质量发展重要支撑，具有重大现实意义。课题组于 2023 年 9~10 月组织实施了广州战略性新兴产业相关企业问卷调查，调查结果显示，大部分样本企业生产经营状况比较理想，对广州营商环境总体感觉比较满意，但生活成本等部分指标满意度偏低。本文建议从大力吸引集聚各类人才、积极推动企业集群发展、引进壮大科创金融、聚力打造优质产业发展空间、健全完善各类基础设施、努力营造优质宜居生活环境六个方面优化营商环境，促进广州战略性新兴产业高质量发展。

---

* 课题组组长：欧江波，博士，广州市社会科学院经济研究所所长、研究员，研究方向为宏观经济、城市经济、房地产经济等；课题组成员：周圣强、唐碧海、伍晶、范宝珠、陈璐。执笔人：欧江波、范宝珠。

关键词： 战略性新兴产业　经营情况　营商环境　广州

　　大力发展战略性新兴产业，对于广州加快形成新质生产力，促进经济高质量发展，具有重大现实意义。广州市社会科学院经济研究所课题组组织实施了广州战略性新兴产业相关企业问卷调查，深入了解了近年来企业生产经营情况，重点从基础设施与条件、人力资源与技术状况、资本市场与资金融通、产业配套与产业集群、经济发展与市场需求、优惠政策与政府服务、市场体系与法制环境、人文与生活环境8个维度系统了解企业对当前广州营商环境的评价情况。

一　调查说明

　　本文调查时间为2023年9~10月，采用"调查问卷+集中座谈"的形式进行。课题组共发放企业调查问卷265份，回收有效问卷228份，其中有60家企业还参加了集中座谈调研会。样本企业具有以下几个特点：一是涵盖多种所有制形式，其中国有或国有控股企业占比为25.3%，民营或私人控股企业占比为68.0%；二是企业覆盖面较广，既有多个知名企业或重点企业，如粤芯半导体、广汽埃安、小鹏汽车、捷普电子、视源电子、国显科技、因湃电池等制造业企业以及网易、酷狗、唯品会、云从科技等服务业企业，也有众多中小微企业，52.0%的样本企业2022年产值或营业额在5亿元以下，58.1%的样本企业员工规模在500人以下；三是大部分企业以广州为总部，62.7%的样本企业总部所在地为广州，29.7%的样本企业没有成立分公司且主要业务在广州及周边区域；四是大部分企业成立时间在5年以上，成立时间在5~10年以及10年以上的样本企业占比分别达到57.9%和28.9%。

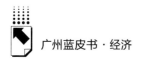

二 调查分析

（一）样本企业生产经营情况与未来预测

1.2020～2022年样本企业生产经营情况分析

2020～2022年大部分样本企业生产经营状况比较理想。调查结果显示，2020～2022年产值或营业额、利润、员工人数、员工薪金有所增长或大幅增长的企业占比分别达到43.8%、32.9%、31.5%、28.6%，保持基本稳定的企业占比分别为26.0%、27.1%、37.0%、42.9%（见图1）。

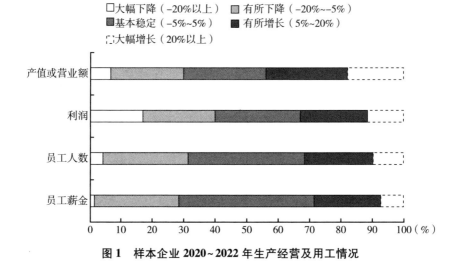

图1 样本企业2020～2022年生产经营及用工情况

2020～2022年大部分样本企业土地或场地成本、税费及资金成本保持稳定，而原材料价格有所增长。调查结果显示，超过50%的企业认为土地或场地成本、税费、资金成本保持基本稳定；对于原材料价格，认为有所增长或大幅增长的企业占比达到58.5%，认为保持基本稳定的企业占比为36.9%（见图2）。

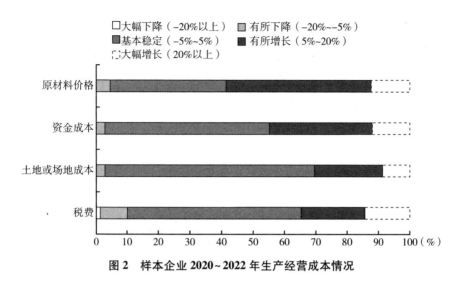

图 2 样本企业 2020~2022 年生产经营成本情况

2. 样本企业对2023年生产经营情况

大部分样本企业 2023 年生产经营状况比较理想。与 2022 年相比，2023 年产值或营业额、利润、员工人数、员工薪金有所增长或大幅增长的企业占比分别达到 38.9%、30.6%、23.9%、23.2%，保持基本稳定的企业占比分别为 29.2%、31.9%、45.1%、47.8%（见图 3）。

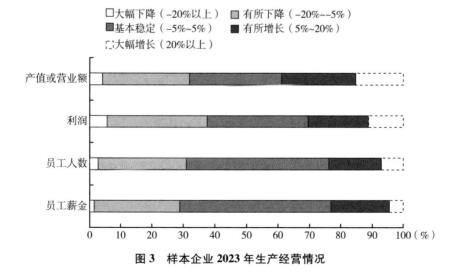

图 3 样本企业 2023 年生产经营情况

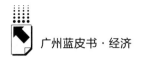

2023 年大部分样本企业生产经营成本保持稳定。调查结果显示,有
70.0%的企业认为土地或场地成本基本稳定,有55.2%的企业认为资金成本
基本稳定;认为原材料价格和税费保持基本稳定的企业占比为47.6%和
49.3%,认为原材料价格和税费有所增长或大幅增长的企业占比为39.7%和
43.7%(见图4)。

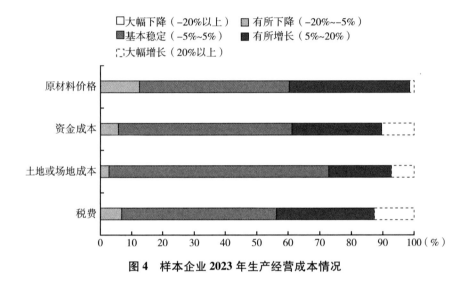

图4 样本企业2023年生产经营成本情况

3. 样本企业对2024年生产经营情况的预判

大部分样本企业预期 2024 年生产经营情况将保持稳定或有所增长。从
2024 年生产经营情况预期看,预计产值或营业额、利润、员工人数、员工
薪金有所增长或大幅增长的企业占比分别达到 43.5%、40.3%、24.6%、
23.9%,保持基本稳定的企业占比为 39.1%、41.8%、52.2%、53.7%(见
图5)。

大部分样本企业预计 2024 年生产成本将保持基本稳定。从 2024 年生产
经营成本预期看,认为原材料价格、资金成本、土地或场地成本将保持基本
稳定的企业占比分别达到 59.4%、64.6%、70.1%。不过,在税费方面,有
47.4%的企业认为保持基本稳定,约 50.0%的企业认为有所增长或大幅增长
(见图6)。

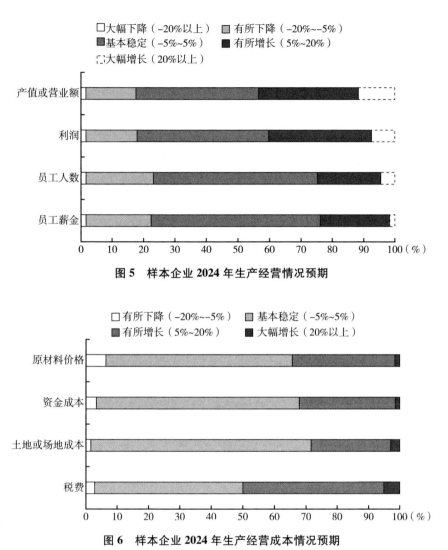

图 5　样本企业 2024 年生产经营情况预期

图 6　样本企业 2024 年生产经营成本情况预期

（二）样本企业对广州营商环境的评价

本次调查通过基础设施与条件、人力资源与技术状况、资本市场与资金融通、产业配套与产业集群、经济发展与市场需求、优惠政策与政府服务、市场体系与法制环境、人文与生活环境 8 个维度的 39 个指标对当前广州战略性新兴产业的营商环境进行评价，具体结果如下。

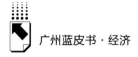

1. 基础设施与条件

基础设施与条件主要调查企业对土地、能源保障和交通通信方面的看法。调查结果显示，这些方面对营商环境有比较重要的影响，认为交通通信便利程度对其发展重要的样本企业占比达到71.1%。从满意度评价看，样本企业对水电油气供应与价格状况、土地供应状况及土地成本比较满意，表示满意（包括很满意和满意，下同）的企业占比分别达到67.3%、66.9%，而对交通通信便利程度的满意度相对较低，表示满意的企业占比为64.9%（见表1、图7）。

表1 样本企业对基础设施与条件的评价

单位：%

	对企业发展的重要性评价			企业对广州市实际状况的满意度评价				
	重要	一般	不重要	很满意	满意	一般	不满意	很不满意
土地供应状况及土地成本	58.9	31.2	9.9	12.8	54.1	29.7	2.7	0.7
水电油气供应与价格状况	62.2	27.0	10.8	18.3	49.0	27.9	4.1	0.7
交通通信便利程度	71.1	20.3	8.6	12.6	52.3	33.1	2.0	0.0

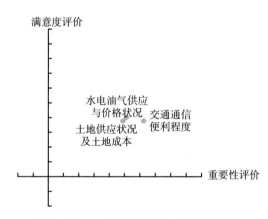

图7 样本企业对基础设施与条件的评价

注：为了形象地展示调研企业对各项影响因素的满意度和重要性评价情况，本文采用了重要性评分和满意度评分指标。其中，重要性评分=表示"重要"的企业占比×1+表示"一般"的企业占比×0+表示"不重要"的企业占比×（-1）；满意度评分=表示"很满意"的企业占比×1+表示"满意"的企业占比×0.5+表示"一般"的企业占比×0+表示"不满意"的企业占比×（-0.5）+表示"很不满意"的企业占比×（-1）。按照上述方法计算各影响因素的重要性评分和满意度评分，以重要性评价为横坐标，以满意度评价为纵坐标，得到样本企业对各影响因素的评价图。以下同。

2. 人力资源与技术状况

人力资源与技术状况主要调查企业对各类人才的供应情况以及技术市场发育情况的看法。调查结果显示，这些方面对营商环境有比较重要的影响，认为技术人才紧缺程度、生产经营人才紧缺程度对其发展重要的样本企业占比分别达到79.1%和78.9%。从满意度评价看，样本企业对广州人力资源与技术状况满意度相对较低，对广州生产经营人才紧缺程度、技术市场发展状况、技术人才紧缺程度表示满意的企业占比分别达到64.9%、62.5%和61.6%（见表2、图8）。

表2　样本企业对人力资源与技术状况的评价

单位：%

	对企业发展的重要性评价			企业对广州市实际状况的满意度评价				
	重要	一般	不重要	很满意	满意	一般	不满意	很不满意
生产经营人才紧缺程度	78.9	17.8	3.3	11.9	53.0	31.8	3.3	0.0
技术人才紧缺程度	79.1	18.3	2.6	13.2	48.4	34.4	4.0	0.0
技术市场发展状况	69.3	26.8	3.9	12.5	50.0	36.8	0.7	0.0

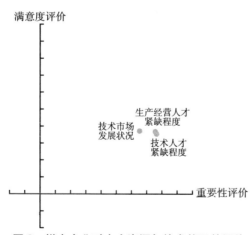

图8　样本企业对人力资源与技术状况的评价

3. 资本市场与资金融通

资本市场与资金融通主要调查企业对金融机构、资本市场和融资成本方

327

面的看法，调查结果显示，这些方面对营商环境有比较重要的影响。从满意度评价看，样本企业对广州融资便利性与融资成本、金融机构发达程度的满意度较高，表示满意的企业占比分别达到71.1%、68.9%，对资本市场成熟程度的满意度相对较低，表示满意的企业占比为64.6%（见表3、图9）。

表3 样本企业对资本市场与资金融通的评价

单位：%

	对企业发展的 重要性评价			企业对广州市实际状况 的满意度评价				
	重要	一般	不重要	很满意	满意	一般	不满意	很不满意
金融机构发达程度	55.0	37.6	7.4	13.5	55.4	29.1	2.0	0.0
资本市场成熟程度	57.0	33.6	9.4	13.3	51.3	32.0	3.4	0.0
融资便利性与融资成本	61.5	29.7	8.8	13.4	57.7	25.5	2.7	0.7

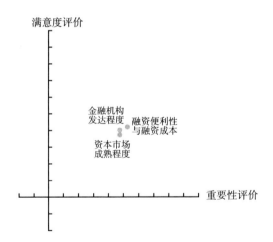

图9 样本企业对资本市场与资金融通的评价

4. 产业配套与产业集群

产业配套与产业集群主要调查企业对产业发展的上游、中游、下游环境以及支撑产业发展的专业服务业发展的看法。调查结果显示，这些方面对营商环境有比较重要的影响，认为原材料和零部件供应的多样性与稳定性对其发展重要的样本企业占比达到73.9%。从满意度评价看，样本企业对广州产业配套与产业集群方面的指标满意度相对较低，对原材料和零部件供应的多样性与稳定性等4项指标表示满意的企业占比在60.5%~64.9%（见表4、图10）。

表4　样本企业对产业配套与产业集群的评价

单位：%

	对企业发展的 重要性评价			企业对广州市实际状况 的满意度评价				
	重要	一般	不重要	很满意	满意	一般	不满意	很不满意
原材料和零部件供应的 多样性与稳定性	73.9	17.0	9.1	13.2	51.7	33.8	1.3	0.0
产业集群和产业链的完 善程度	67.8	25.0	7.2	16.4	46.8	35.5	1.3	0.0
行业协会的发展情况	50.7	42.0	7.3	12.6	51.7	32.4	2.6	0.7
支撑产业发展的专业服 务业情况	58.2	35.3	6.5	13.2	47.3	37.5	2.0	0.0

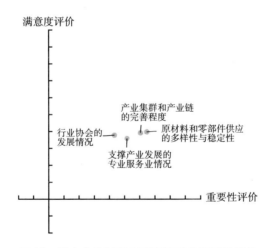

图10　样本企业对产业配套与产业集群的评价

5.经济发展与市场需求

经济发展与市场需求主要调查企业对经济增长、市场成长及影响力、国际化程度方面的看法。调查结果显示，这些方面对营商环境有比较重要的影响，认为本地经济增长和市场成长情况、对华南市场的影响力和带动力、对全国市场的影响力和带动力对其发展重要的样本企业占比分别达到79.3%、76.7%和72.8%。从满意度评价看，样本企业对经济发展与市场需求比较满意，对本地经济增长和市场成长情况、对华南市场的影响力和带动力、国际化程度与进出口的便利性、对全国市场的影响力和带动力表示满意的企业占比分别达到72.0%、71.9%、68.7%、67.5%（见表5、图11）。

表5　样本企业对经济发展与市场需求的评价

单位：%

	对企业发展的重要性评价			企业对广州市实际状况的满意度评价				
	重要	一般	不重要	很满意	满意	一般	不满意	很不满意
本地经济增长和市场成长情况	79.3	18.7	2.0	16.7	55.3	26.0	2.0	0.0
对华南市场的影响力和带动力	76.7	19.9	3.4	17.8	54.1	26.0	2.1	0.0
对全国市场的影响力和带动力	72.8	23.2	4.0	16.5	51.0	30.5	2.0	0.0
国际化程度与进出口的便利性	59.3	30.4	10.3	12.9	55.8	28.6	2.7	0.0

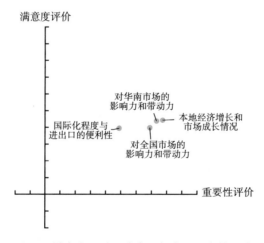

图11　样本企业对经济发展与市场需求的评价

6. 优惠政策与政府服务

优惠政策与政府服务主要调查企业对各种优惠政策和支持政策、公平市场环境以及政府部门工作效率的看法。调查结果显示，这些方面对营商环境有重要或者比较重要的影响，认为税费减免政策、公平市场环境、政府部门服务效率对其发展重要的样本企业占比分别达到88.0%、84.8%、84.0%。从满意度评价看，样本企业对政府部门服务效率、公平市场环境、出口支持政策、融资支持政策的满意度较高，表示满意的企业占比分别达到78.9%、74.2%、72.5%、72.3%，对信息支持政策、技术支持政策、税费减免政策、土地减免或载体支持政策也比较满意，表示满意的企业占比分别达到69.1%、67.8%、66.3%、65.6%（见表6、图12）。

表6　样本企业对优惠政策与政府服务的评价

单位：%

	对企业发展的重要性评价			企业对广州市实际状况的满意度评价				
	重要	一般	不重要	很满意	满意	一般	不满意	很不满意
融资支持政策	70.1	23.8	6.1	16.9	55.4	25.7	2.0	0.0
税费减免政策	88.0	12.0	0.0	14.6	51.7	29.7	3.3	0.7
土地减免或载体支持政策	68.0	25.2	6.8	14.9	50.7	32.4	2.0	0.0
技术支持政策	75.0	20.9	4.1	14.4	53.4	31.5	0.7	0.0
出口支持政策	49.3	36.3	14.4	16.6	55.9	26.8	0.7	0.0
信息支持政策	75.3	22.0	2.7	15.4	53.7	28.2	2.7	0.0
公平市场环境	84.8	13.9	1.3	16.6	57.6	19.2	4 6	2.0
政府部门服务效率	84.0	14.7	1.3	18.4	60.5	19.1	1.3	0.7

7. 市场体系与法制环境

市场体系与法制环境主要调查企业对市场化程度以及相关的法律法规、社会信用方面的看法。调查结果显示，这些方面对营商环境有最为重要的影响，认为产品市场成熟程度、知识产权保护力度、法律法规的完善程度、社会整体信用环境对其发展重要的样本企业占比分别达到83.8%、83.3%、82.1%、82.0%。从满意度评价看，样本企业对市场体系与法制环境方面的

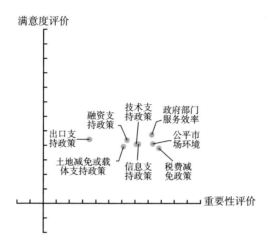

图 12　样本企业对优惠政策与政府服务的评价

指标满意度较高，对法律法规的完善程度等 8 项指标表示满意的企业占比在72.3%~76.5%（见表 7、图 13）。

表 7　样本企业对市场体系与法制环境的评价

单位：%

	对企业发展的重要性评价			企业对广州市实际状况的满意度评价				
	重要	一般	不重要	很满意	满意	一般	不满意	很不满意
市场准入/退出的难易程度	64.9	29.0	6.1	19.6	52.7	27.0	0.7	0.0
市场信息的完善程度	73.5	22.5	4.0	16.8	56.4	25.5	1.3	0.0
人财物等要素市场成熟程度	79.7	18.3	2.0	17.0	55.8	25.8	1.4	0.0
产品市场成熟程度	83.8	15.5	0.7	17.8	56.2	25.3	0.7	0.0
法律法规的完善程度	82.1	16.5	1.4	17.9	58.6	21.4	2.1	0.0
司法部门处理经济纠纷能力与效率	76.0	20.7	3.3	17.6	58.1	21.6	2.0	0.7
社会整体信用环境	82.0	18.0	0.0	19.1	55.3	21.6	3.3	0.7
知识产权保护力度	83.3	15.4	1.3	19.2	55.6	22.6	2.6	0.0

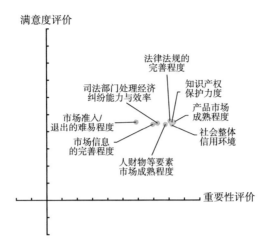

图13 样本企业对市场体系与法制环境的评价

8. 人文与生活环境

人文与生活环境主要调查企业对生活成本、生活配套、文化娱乐、生态环境、社会治安等方面的看法。调查结果显示，这些方面对营商环境有比较重要的影响，认为社会治安状况、生态环境情况、生活成本情况对其发展重要的样本企业占比分别达到84.8%、75.3%、74.7%。从满意度评价看，样本企业对生态环境情况的满意度最高，表示满意的企业占比达到82.6%，对社会治安状况、生活配套完善程度、文化氛围与文化娱乐设施的满意度较高，表示满意的企业占比分别为73.0%、68.9%、68.2%，而对生活成本情况、住房价格情况的满意度较低，表示满意的企业占比仅为58.7%、50.3%（见表8、图14）。

表8 样本企业对人文与生活环境的评价

单位：%

	对企业发展的重要性评价			企业对广州市实际状况的满意度评价				
	重要	一般	不重要	很满意	满意	一般	不满意	很不满意
生活配套完善程度	70.9	27.1	2.0	15.2	53.7	28.5	2.6	0.0
生活成本情况	74.7	24.6	0.7	14.7	44.0	35.3	5.3	0.7
住房价格情况	69.5	27.2	3.3	11.9	38.4	37.1	8.6	4.0

续表

	对企业发展的 重要性评价			企业对广州市实际状况 的满意度评价				
	重要	一般	不重要	很满意	满意	一般	不满意	很不满意
文化氛围与文化娱乐设施	59.6	37.8	2.6	13.9	54.3	28.5	3.3	0.0
社会治安状况	84.8	13.2	2.0	24.3	48.7	14.5	8.6	3.9
生态环境情况	75.3	22.7	2.0	47.0	35.6	11.4	4.7	1.3

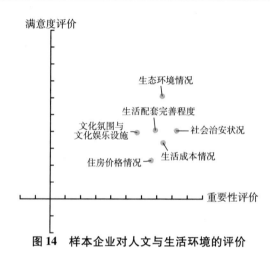

图14 样本企业对人文与生活环境的评价

（三）广州与其他区域的营商环境比较

根据与广州在地理空间位置上的远近，本文将广州以外的其他区域划分为粤港澳大湾区其他城市和广东省外其他城市。样本企业中，在港澳大湾区其他城市有投资经营活动的企业有71家，在广东省外其他城市有投资经营活动的企业有49家。为了更好地反映调研企业对广州与其他城市的营商环境对比情况，本文采用了对比评分指标，对比评分=表示"比广州明显好"的企业占比×（−1）+表示"比广州好一些"的企业占比×（−0.5）+表示"与广州相当"的企业占比×0+表示"比广州差一些"的企业占比×0.5+表示"比广州明显差"的企业占比×1。

1.广州与粤港澳大湾区其他城市的营商环境比较

从表9的数据可以看出，与粤港澳大湾区其他城市相比，广州在产业配套与产业集群方面具有明显优势，在人文与生活环境、人力资源与技术状况、基础设施与条件、市场体系与法制环境、资本市场与资金融通方面具有一定优势。不过，在经济发展与市场需求方面可能稍有不足，在优惠政策与政府服务方面可能存在明显劣势。

表 9　广州与粤港澳大湾区其他城市在营商环境方面的比较

	选择该项的企业占比					对比评分
	比广州明显差(%)	比广州差一些(%)	与广州相当(%)	比广州好一些(%)	比广州明显好(%)	
基础设施与条件	5.7	28.6	38.6	20.0	7.1	0.029
人力资源与技术状况	2.9	33.3	39.1	17.4	7.2	0.036
资本市场与资金融通	2.9	26.1	43.5	24.6	2.9	0.007
产业配套与产业集群	5.9	33.8	50.0	8.8	1.5	0.169
经济发展与市场需求	2.9	23.5	45.6	23.5	4.4	−0.015
优惠政策与政府服务	4.4	7.4	50.0	27.9	10.3	−0.162
市场体系与法制环境	5.6	14.1	64.8	8.5	7.0	0.014
人文与生活环境	2.9	22.1	60.3	10.3	4.4	0.044

2. 广州与广东省外其他城市的营商环境比较

从表 10 的数据可以看出，与广东省外其他城市相比，广州在产业配套与产业集群方面具有一定优势，在人文与生活环境、基础设施与条件、人力资源与技术状况、市场体系与法制环境方面略有优势。在资本市场与资金融通、经济发展与市场需求方面存在提升的空间，在优惠政策与政府服务方面存在较为明显的劣势（见表 10）。

表 10　广州与广东省外其他城市在营商环境方面的比较

	选择该项的企业占比					对比评分
	比广州明显差(%)	比广州差一些(%)	与广州相当(%)	比广州好一些(%)	比广州明显好(%)	
基础设施与条件	6.3	22.9	43.8	20.8	6.3	0.010
人力资源与技术状况	6.1	22.4	46.9	16.3	8.2	0.010
资本市场与资金融通	0.0	23.4	55.3	14.9	6.4	−0.022

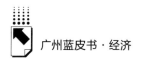
续表

	选择该项的企业占比					对比评分
	比广州明显差(%)	比广州差一些(%)	与广州相当(%)	比广州好一些(%)	比广州明显好(%)	
产业配套与产业集群	6.1	28.6	46.9	10.2	8.2	0.071
经济发展与市场需求	2.1	25.0	45.8	18.8	8.3	−0.031
优惠政策与政府服务	2.0	6.1	53.1	22.4	16.3	−0.225
市场体系与法制环境	6.1	12.2	65.3	10.2	6.1	0.010
人文与生活环境	6.3	16.7	58.3	12.5	6.3	0.021

（四）调查结论

综合以上各类分析，本文得到如下结论。

1. 大部分样本企业生产经营状况比较理想

从 2020~2022 年生产经营情况看，产值或营业额、利润、员工人数、员工薪金有所增长或大幅增长的企业占比分别达到 43.8%、32.9%、31.5%、28.6%，保持基本稳定的企业占比分别为 26.0%、27.1%、37.0%、42.9%。从 2023 年生产经营情况看，产值或营业额、利润、员工人数、员工薪金有所增长或大幅增长的企业占比分别达到 38.9%、30.6%、23.9%、23.2%，保持基本稳定的企业占比分别为 29.2%、31.9%、45.1%、47.8%。从 2024 年生产经营情况预期看，预计产值或营业额、利润、员工人数、员工薪金有所增长或大幅增长的企业占比分别达到 43.5%、40.3%、24.6%、23.9%，保持基本稳定的占比为 39.1%、41.8%、52.2%、53.7%。

2. 样本企业认为市场体系与法制环境是影响营商环境最为重要的方面

重要性评分[①]较高的指标主要集中在市场体系与法制环境、优惠政策与政府服务以及人力资源与技术状况三大类。具体来看，市场体系与法制环境相关指标有 5 个，分别是产品市场成熟程度、知识产权保护力度、法律法规

---

① 重要性评分=表示"重要"的企业占比×1+表示"一般"的企业占比×0+表示"不重要"的企业占比×（−1）。

的完善程度、社会整体信用环境、人财物等要素市场成熟程度；优惠政策与政府服务相关指标有 3 个，分别是税费减免政策、公平市场环境、政府部门服务效率；人力资源与技术状况相关指标有 2 个，分别是技术人才紧缺程度、生产经营人才紧缺程度。此外，社会治安状况、本地经济增长和市场成长情况 2 个指标重要性评分也较高（见表 11）。

表 11　重要性评分较高的评价指标情况

序号	指标大类	具体评价指标	重要性评分
1	优惠政策与政府服务	税费减免政策	0.880
2	优惠政策与政府服务	公平市场环境	0.835
3	市场体系与法制环境	产品市场成熟程度	0.831
4	人文与生活环境	社会治安状况	0.828
5	优惠政策与政府服务	政府部门服务效率	0.827
6	市场体系与法制环境	知识产权保护力度	0.820
7	市场体系与法制环境	社会整体信用环境	0.820
8	市场体系与法制环境	法律法规的完善程度	0.807
9	市场体系与法制环境	人财物等要素市场成熟程度	0.777
10	经济发展与市场需求	本地经济增长和市场成长情况	0.773
11	人力资源与技术状况	技术人才紧缺程度	0.765
12	人力资源与技术状况	生产经营人才紧缺程度	0.757

3. 样本企业对广州营商环境总体感觉比较满意

样本企业对广州营商环境总体感觉比较满意，39 个具体评价指标中，满意度评分[①]在 0.40 分以上的指标有 23 个。样本企业最为满意的评价指标集中在以下 3 个方面：一是市场体系与法制环境方面，法律法规的完善程度等 8 个具体指标满意度评分较高；二是优惠政策与政府服务方面，政府部门服务效率、出口支持政策 2 个具体指标满意度评分较高；三是生态环境情况、对华南市场的影响力和带动力等方面（见表 12）。

---

① 满意度评分=表示"很满意"的企业占比×1+表示"满意"的企业占比×0.5+表示"一般"的企业占比×0+表示"不满意"的企业占比×（-0.5）+表示"很不满意"的企业占比×（-1），下同。

表 12　满意度评分较高的评价指标情况

序号	指标大类	具体指标	满意度评分
1	人文与生活环境	生态环境情况	0.611
2	优惠政策与政府服务	政府部门服务效率	0.473
3	市场体系与法制环境	法律法规的完善程度	0.462
4	市场体系与法制环境	知识产权保护力度	0.457
5	市场体系与法制环境	市场准入/退出的难易程度	0.456
6	市场体系与法制环境	产品市场成熟程度	0.455
7	市场体系与法制环境	司法部门处理经济纠纷能力与效率	0.449
8	市场体系与法制环境	社会整体信用环境	0.444
9	市场体系与法制环境	市场信息的完善程度	0.443
10	市场体系与法制环境	人财物等要素市场成熟程度	0.442
11	优惠政策与政府服务	出口支持政策	0.441
12	经济发展与市场需求	对华南市场的影响力和带动力	0.438

　　满意度评分较低的项目集中在以下 5 个方面：一是人文与生活环境方面，住房价格情况、生活成本情况 2 个指标满意度评分最低；二是人力资源与技术状况方面，技术人才紧缺程度、生产经营人才紧缺程度、技术市场发展状况 3 个指标满意度评分较低；三是产业配套与产业集群方面，支撑产业发展的专业服务业情况、行业协会的发展情况、原材料和零部件供应的多样性与稳定性 3 个指标满意度评分较低；四是基础设施与条件方面，交通通信便利程度、土地供应状况及土地成本 2 个指标满意度评分较低；五是优惠政策与政府服务方面，税费减免政策满意度评分较低（见表 13）。

表 13　满意度评分较低的评价指标情况

序号	指标大类	具体指标	满意度评分
1	人文与生活环境	住房价格情况	0.228
2	人文与生活环境	生活成本情况	0.334
3	人力资源与技术状况	技术人才紧缺程度	0.354
4	产业配套与产业集群	支撑产业发展的专业服务业情况	0.359
5	产业配套与产业集群	行业协会的发展情况	0.365
6	人力资源与技术状况	生产经营人才紧缺程度	0.368

序号	指标大类	具体指标	满意度评分
7	人力资源与技术状况	技术市场发展状况	0.372
8	资本市场与资金融通	资本市场成熟程度	0.373
9	基础设施与条件	交通通信便利程度	0.377
10	基础设施与条件	土地供应状况及土地成本	0.378
11	优惠政策与政府服务	税费减免政策	0.381
12	产业配套与产业集群	原材料和零部件供应的多样性与稳定性	0.384

4. 广州战略性新兴产业的营商环境与粤港澳大湾区其他城市相比具有一定优势

与粤港澳大湾区其他城市相比，广州在产业配套与产业集群方面具有明显优势，在人文与生活环境、人力资源与技术状况、基础设施与条件、市场体系与法制环境、资本市场与资金融通方面也具有一定优势。不过，在优惠政策与政府服务方面存在明显劣势，对比评分较低。

5. 广州战略性新兴产业的营商环境与广东省外其他城市基本相当

与广东省外其他城市相比，广州在产业配套与产业集群方面具有一定优势，在人文与生活环境、基础设施与条件、人力资源与技术状况、市场体系与法制环境、资本市场与资金融通、经济发展与市场需求方面基本相当。但是，在优惠政策与政府服务方面存在较为明显的劣势，对比评分较低。

三　促进广州战略性新兴产业的对策建议

（一）大力吸引集聚各类人才

人才是发展壮大战略性新兴产业的首要资源，企业问卷调查结果显示，技术人才、管理人才等各类人才是影响营商环境的重要因素，但相关指标的满意度评分相对偏低。因此，大力实施人才兴市战略，丰富完善产业人才供给体系，对于促进广州战略性新兴产业发展具有重要意义。

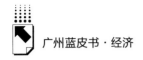

优化"广聚英才"人才工程项目体系，在更高层次上打造"广州留学英才招聘会""海归羊城·新锐广州""海归 YOUNG 城海外人才创新创业大赛"等品牌，加快吸引集聚国际一流战略科技人才、科技领军人才、青年科技人才和高水平创新团队，重点引进一批相关专业博士、博士后和全球知名高校毕业生来穗创业就业。围绕半导体和集成电路、智能网联与新能源汽车等21条重点产业链及子链条，以重点职业工种为纽带，着力打造"战略产业技能人才培养+技能等级评价+实现高质量就业+技能水平提升"的产业技能人才培训、评价和供应全链条服务体系。创新人才激励和评价机制，聚焦集成电路、超高清视频、新型显示、轨道交通、氢能源等先进制造业、高技术制造业人才，推进人才评价体制机制改革，探索建立符合新技术与新产业发展规律的多要素评价体系。切实做好人才综合服务，精细做好人才落户、子女入学、就医就诊等服务。

（二）积极推动企业集群发展

企业集群发展有助于集聚知识、科技、人才、资本等高端要素，有助于促进行业知识和技术的创造、积累及扩散。企业问卷调查结果显示，产业配套和产业集群是影响企业发展的重要因素。积极推动企业集群发展，培育壮大战略性新兴产业集群，做好产业链和供应链稳链、补链、强链工作，是提高广州战略性新兴产业竞争力的重要举措。

聚焦重点产业集群，支持有条件的单项冠军企业和大企业不断增强国际竞争力，提升对产业链、供应链、创新链的引领整合能力，使其发展为产业链领航企业，引领带动相关行业发展。精准开展产业链招商引资，积极探索资本招商、以商招商、人才招商，深入推进产业链补链、建链、强链招商，努力吸引产业链核心企业和上下游配套企业落户广州。优化国有资本布局结构、强化资本运作，围绕新能源汽车等战略性新兴产业延伸产业链。深度参与大湾区战略性新兴产业体系融合，全面深化广佛产业协同发展，协同共建先进装备制造、汽车、新一代信息技术、生物医药与健康4个万亿元级先进制造业集群，推动深莞惠电子信息制造业优势和广州土地空间优势相结合，鼓励深莞惠企业来穗设厂，支持珠海等珠江西岸城市加强与广佛在新能源汽车、轨道交通、机械工业及自动化控制等产业的合作。以服务制造业高质量发展为导向，积极推动生产性服务业高端化，大力发展金融、信息服务、工业设计、检验检测等行业。

（三）引进壮大科创金融

战略性新兴产业的发展离不开有效的科创金融支持，企业问卷调查结果显示，广州与广东省外其他城市相比，在资本市场与资金融通方面存在提升空间。积极发展多元化多层次金融市场，壮大科创金融，营造服务战略性新兴产业的良好金融环境，是促进战略性新兴产业发展的重要内容。

进一步健全以创业投资为核心的多层次资本市场，完善风险投资的募、投、管、退各个环节，提高直接融资比例，改善融资结构。提高银行支持科技创新的适配性，进一步探索健全银行和资本市场协同支持科技创新的相关政策。探索创新科创信用贷款、知识产权质押贷款等产品，针对企业发展不同阶段，提供全链条、综合化服务。健全政府引导基金的运行机制和绩效评价机制，探索政府对科创企业增信和风险补偿的机制。健全包容审慎的监管框架，细化落实激励约束和尽职免责政策，在防控风险的基础上给企业留足充分的试错空间。协同发挥各方合力，利用相关部门、行业协会认证资质名单（如高新技术企业、专精特新"小巨人"企业等），以及科技部门建立的科创企业、科技创新项目的打分评估机制，更好量化评价企业科技创新能力，合理评估相关技术风险，为相关金融产品的创设提供支持。

（四）聚力打造优质产业发展空间

优质的产业空间是促进战略性新兴产业高质量发展的基础条件，企业问卷调查结果显示，土地供应状况及土地成本是影响企业发展的重要因素，该项指标的满意度评分相对偏低。因此，"筑巢引凤"聚力打造优质产业发展平台，积极推动产业空间的优化配置与存量更新，是促进战略性新兴产业高质量发展的重要途径。

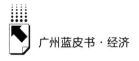

加快推进南沙等重大产业平台发展，充分利用现有产业集聚区作用，因地制宜、因业布局，培育壮大形成一批产业链条完善、辐射带动力强的战略性新兴产业集群，高标准建设"一区三城"科技创新平台，大力推动白云湖数字科技城等平台高质量发展。抓紧抓实亩均增加值、亩均税收、亩均投资等主要指标，改造提升一批产业园区。加快推进土地整备和城市更新，积极盘活低效产业用地，有序推动村镇工业集聚区整治提升。积极推广"大项目供地、中项目供楼、小项目租赁厂房"模式以及"交地即开工""标准地出让""带方案出让"等模式，加快实施"工业上楼"厂房空间建设，努力为不同类型企业提供高品质、低成本、定制化产业空间。

（五）健全完善各类基础设施

良好的基础设施对战略性新兴产业发展具有重要的支撑作用。企业问卷调查结果显示，交通通信便利程度是影响企业发展的重要因素，而该项指标的满意度评分相对较低。加快建设新型基础设施，完善交通能源等传统基础设施，促进各类生产要素高效配置，是优化战略性新兴产业营商环境的重要内容。

加快建设新型基础设施，深化国家超级计算广州中心应用，布局建设人工智能、物联网等新型基础设施，强化数字港与空港、海港、铁路港联动赋能，加快物联网、工业互联网、卫星互联网、千兆光网建设，前瞻布局量子通信网、卫星互联网、6G等未来网络。全面发展融合基础设施，推动5G、人工智能、大数据等技术与交通物流、能源、生态环保、水利、应急、公共服务等深度融合，加快推进智慧城市建设。加快建设综合立体交通网络，加快打造"轨道上的大湾区"，大力实施"断头路"道路连通工程，持续完善高快速路网和市政骨架路网。强化能源基础设施建设，加大电网建设力度，加快天然气管网建设，切实满足企业生产需求。

（六）努力营造优质宜居生活环境

企业问卷调查结果显示，生活成本情况和住房价格情况是影响营商环境的重要因素，认为对其发展重要的样本企业占比分别达到74.7%和69.5%，但是这2个指标的满意度评分相对偏低。因此，努力营造优质宜居的生活环境，对于吸引战略性新兴产业市场主体及相关人才尤为重要。

加大公共服务投入力度，加强重点区域公建配套设施建设，努力打造通勤便捷、设施完善、服务优良的优质宜居环境。积极做好住房保障工作，建立健全以公共租赁住房、保障性租赁住房和配售型保障性住房为主体的租购并举的住房保障体系，补齐保障性住房建设短板，提高保障性住房在住房供给中的比例，统筹解决城市户籍人口和引进人才住房困难问题。加快建设人才社区、高端人才公寓、"创业客栈"，适时出台普惠性战略性新兴产业购房补贴政策，努力为战略性新兴产业人才提供实惠住房。大力增加优质教育供给，鼓励国内外名校或名教育机构合作办学，创办和打造一批优质中小学校。

参考文献

浙江省统计局课题组：《营商环境持续改善　优化提升仍有可为——浙江营商环境企业满意度调查分析》，《统计科学与实践》2023年第5期。

刘欢、开喆：《南京江北新区中小企业营商环境满意度评价研究——基于AHP-熵权法》，《经营与管理》2022年第8期。

李文彬、陈晓绚：《供需关系视角下的营商环境满意度分析——源自广东省的探索性调查》，《广东行政学院学报》2020年第3期。

B.22
广州重大平台高质量发展调研报告

广州市发展与改革研究中心博士后创新实践基地课题组*

摘 要： 重大平台是经济发展的重要载体，串联起了城市发展空间结构，在推动广州高质量实现老城市新活力、"四个出新出彩"中发挥着重要作用。课题组对广州重大平台进行实地调研，发现广州重大平台存在平台发展空间有待拓展、平台能级有待提升、平台创新驱动发展功能有待加强、平台综合服务效能有待提高等问题，并据此提出优化重大平台空间分布、提升重大平台能级、推进重大平台资源整合、完善重大平台配套保障四个方面的对策建议。

关键词： 重大平台 产业空间 广州

一 调研开展情况

重大平台聚集了产业、人才、项目，是经济发展的主引擎、主战场、主阵地、主窗口、主渠道，包括国家、省、市、县（区）级的综合型、商贸型、科创型、金融型、服务型、农业型、工业型、文创型、教育型、医疗型等类型的平台。重大平台是区域全面发展的主要动力引擎和重要策源地，也是促进区域发展的重要抓手。依托重大平台集聚重大项目、培育重大产业，

---

* 课题组组长：潘其胜，广州市发展与改革研究中心主任，研究方向为产业经济、科技创新。课题组成员：蒋国学，广州市发展与改革研究中心博士后创新实践基地主任、一级调研员，研究方向为社会发展；孙殿超，广州市发展与改革研究中心博士后创新实践基地，博士后，广州市花都区委深化改革研究中心高级工程师，研究方向为公共政策与区域发展管理；康亦琛、卢欣雨，广州市发展与改革研究中心博士后创新实践基地，华南理工大学博士研究生。执笔人：潘其胜、蒋国学、孙殿超。

形成产业竞争力，加快推动高质量发展。广州重大平台是广州深度参与粤港澳大湾区建设的重要载体，在贯彻国家重大战略、深化改革扩大开放、推动地方经济社会发展上取得了一定的成效，但也存在支撑经济高质量发展动能不足、产业体系有待优化提升、创新生态不够完善、政策机制保障仍需加强等问题。为进一步谋划广州重大平台，研究优化重大平台载体的布局和功能，为市委、市政府决策提供参考，课题组于2022年9~12月对全市11个行政区的平台载体进行了调研分析，形成了研究报告。

二　广州重大平台基本情况

近年来，广州高度重视重大平台对经济社会发展的引领推动作用，积极对接国家重大战略，大力推进重大平台建设，取得积极成效。

（一）平台数量稳步增长

广州各级别重大平台建设逐年稳步增长。截至2022年10月，全市已有国家级、省级和其他重大平台103个，其中国家级54个、省级26个、其他23个（见图1）。从获批年份看，2018~2022年，广州重大平台数量从53个

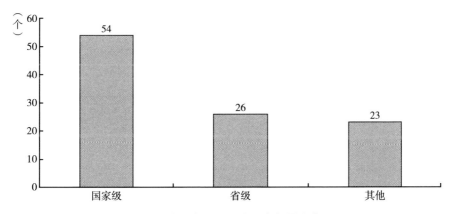

图1　广州各级别重大平台数量分布

资料来源：据调研材料整理。

增加至 103 个，其中，国家级平台从 27 个增加至 54 个，增长 100.0%；省级平台从 17 个增加至 26 个，增长 52.9%；其他类型平台从 9 个增加至 23 个，增长 155.6%；国家级、省级及其他重大平台数量增长最快的年份都是 2021 年。特别是广州国家实验室成立、《广州南沙深化面向世界的粤港澳全面合作总体方案》（以下简称《南沙方案》）出台和华南国家植物园正式挂牌，使广州国家中心城市引领作用和粤港澳大湾区核心引擎作用更加凸显。

（二）平台类型更趋丰富

根据重大平台批复部门和功能定位的不同，广州现有重大平台包括综合型（区域性重大平台）、商贸型、科创型、金融型、服务型、农业型、工业型、文创型、教育型、医疗型等多种类型，逐步形成了功能层次清晰、布局合理和门类齐全的重大平台体系（见表 1）。其中，服务型平台有 24 个，位居榜首，以国家知识产权服务出口基地、国家专利导航产业发展实验区、广州人力资源服务产业园等为代表；商贸型平台有 18 个，位居第二，以广州保税区、第二中央商务区等为代表；科创型平台有 18 个，并列第二，以广州人工智能与数字经济试验区、广州科学城、广州天河智慧城等为代表；综合型平台有 14 个，位居第三，以广州经济技术开发区、广州高新区、南沙经济技术开发区等为代表。

表 1　各区重大平台类型数量统计

行政区	综合型	服务型	商贸型	科创型	农业型	工业型	文创型	金融型	教育型	医疗型
越秀区		4	2	1			2	1	1	
海珠区		1	1	5			1			
荔湾区	1		1					1		1
天河区			2	3				1		
白云区	1	1		2	1					
黄埔区	6	11	5	2	1	5			2	1
花都区		3					1	1		

行政区	综合型	服务型	商贸型	科创型	农业型	工业型	文创型	金融型	教育型	医疗型
番禺区	1		3	2						
南沙区		4	3	2						1
从化区	3				3					
增城区	2		1	1	1		1			

资料来源：据调研材料整理。

目前黄埔区重大平台以高新技术产业、生物医药产业、新一代信息技术产业、高端装备制造业、人力资源服务业和教育教学为主；越秀区以文化产业、旅游业、教育教学、商贸业、金融业为主；南沙区以高新技术产业、特色金融、国际商贸、人力资源服务业为主；海珠区以数字技术产业、文化创意产业、金融业和人力资源服务业为主；天河区以金融业、商贸业、新一代信息技术和高端专业服务业为主；番禺区以教育教学、战略性新兴产业、现代服务为主；从化区以生物医药与大健康产业、农业、智能装备制造与新材料产业和金融业为主；增城区以农业、旅游服务业、新一代信息技术产业为主；白云区以工业设计、新一代通信网络、数字创意为主；花都区以传统制造业、农贸生态产业、文化旅游、绿色金融为主；荔湾区以医药健康、金融业、高端服务业、现代商贸业为主。以上平台的创设和发展，极大带动了相关产业、区域经济的快速发展，成为城市高质量发展的助推器（见表2）。

表2 广州各区重大平台主要产业类型

行政区	重大平台产业类型
越秀区	教育教学、体育产业、文化产业、旅游业、商贸业、金融业
海珠区	互联网与云计算、大数据、人工智能、新一代信息技术等数字技术产业，文化创意产业、金融业、人力资源服务业
荔湾区	医药健康、金融业、高端服务业、现代商贸业、特色制造业
天河区	金融业、商贸业、文化产业、新一代信息技术、人工智能、高端装备制造、高端专业服务业

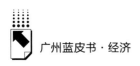

续表

行政区	重大平台产业类型
白云区	工业设计、高端软件、云计算、人工智能、新一代通信网络、物联网、数字创意、轨道交通、未来产业、智能家居
黄埔区	高新技术产业、生物医药产业、新一代信息技术产业、人工智能、高端装备制造业、集成电路、新能源汽车、人力资源服务业、教育教学、日用化工、食品饮料
花都区	城乡融合、文化旅游、绿色金融、汽车制造业、农贸生态产业、电子信息产业、现代服务业、传统制造业
番禺区	教育教学，新一代信息技术、新材料、新能源、生物技术等战略性新兴产业，现代服务业、汽车产业、渔业
南沙区	高新技术产业、生物医药产业、航运物流、特色金融、国际商贸、高端制造、人力资源服务业
从化区	生物医药与大健康产业、农业、汽车及零部件产业、智能装备制造与新材料产业、都市消费品产业、商业服务、金融业、风险投资产业
增城区	农业、旅游服务业、汽车及新能源汽车、新一代信息技术产业、科技金融

资料来源：据调研材料整理。

（三）平台区域分布较为集中

广州重大平台主要集中分布在黄埔、越秀和南沙等区，其中黄埔区最多（33个），其次是越秀区（11个）、南沙区（10个）（见图2）。国家级、省级重大平台分布最多的是黄埔区，分别为23个、6个。越秀区全市面积最小，但存量平台数量已经达11个，从化区、增城区、番禺区面积广阔，但都仅有6个重大平台，土地资源并未得到充分利用。目前，花都区、增城区缺乏较大能级的重大平台，致使北部增长极、东部中心缺乏强力引擎。

（四）新兴平台蓬勃发展

广州紧跟新一轮科技革命和产业变革步伐，在新一代信息技术、新材料、高端装备等领域构建了一批重大平台，在工业互联网、数字经济、生命健康等新兴产业领域培育了一批重大创新平台。其中，以广州人工智能与数字经济试验区、广州经济技术开发区、广州大学城智慧谷等为代表的新兴产

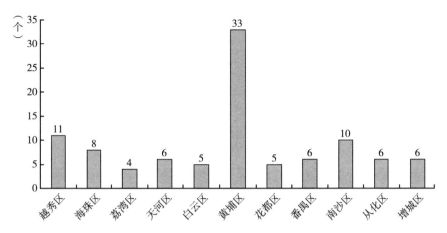

图 2　广州各区重大平台数量分布

注：不包含空港经济区（经济功能区）3 个重大平台。
资料来源：据调研材料整理。

业重大平台建设势头强劲。比如广州人工智能与数字经济试验区琶洲核心片区已引进腾讯、阿里巴巴、唯品会、小米等众多人工智能与数字经济领域龙头企业，共集聚企业 3.6 万余家，2023 年，琶洲核心片区实现营业收入为4479.17 亿元，税收为 123.57 亿元。除了实体平台，虚拟平台也逐渐兴起，如黄埔人才指数系统涵盖三大指数体系、四大应用平台、八大数据主题、近200 多个指标数据，为企业和人才提供高效精准服务。南沙全球溯源中心将商品信息转化为数据生产资料，服务于区域数字治理、产业数字化、数字产业化，为新时代全球数字治理提供新方案。

（五）跨区域平台应运而生

广州人工智能与数字经济试验区琶洲核心片区、中新广州知识城片区、空港片区、南沙科学城片区共 118.783 平方公里区域纳入广东自贸试验区联动发展区。推进建设粤港澳大湾区跨境理财和资管中心，通过"一城"（广州国际金融城）、"一港"（黄埔港鱼珠片区）、"一湾"（南沙明珠湾起步区）构建"广州资管走廊"，形成跨区联动的空间布局。规划建设科技创新

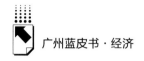

轴,致力于打造"一核策源、两翼转化"("一核"为广州人工智能与数字经济试验区,"两翼"为中新广州知识城、南沙科学城)空间产业格局,依托重大创新平台,促进产业链、创新链全链条融合贯通。中新广州知识城、穗港智造合作区、广佛全域同城化高质量发展试验区、国家城乡融合发展试验区广东广清接合片区、广清经济特别合作区、广梅产业园等平台,通过建立密切的跨区域战略协作关系,推进跨区域合作项目开展。

(六)平台经济社会效益显著

在经济效益方面,多数平台成为所在区域经济发展的"主力军"和"领头羊"。例如,中国(广东)自由贸易试验区(广州南沙新区片区)2015年挂牌,2023年南沙区实现地区生产总值2323.54亿元,累计引进世界500强企业投资项目超270个,实有市场主体超30万家。2022年,广州开发区获批国家级知识产权强国建设试点示范园区。2016~2023年,黄埔区年专利授权量由6796件提高到19985件,知识产权质押融资由1.48亿元提高到105.37亿元,高新技术企业营业收入由1753.83亿元提高到5223亿元。2023年,天河中央商务区建成区实现地区生产总值3774亿元,每平方公里GDP为314.50亿元。在社会效益方面,重大平台有力提升了广州的实力、知名度、美誉度,成为广州打造活力全球城市的"金名片"。比如,中新广州知识城作为中国和新加坡合作建设的平台,其成功运营彰显了中国开放发展的意志和决心;华南国家植物园在物种保育、科学研究、科普教育和资源利用等方面的综合排名居世界前列,对彰显生态文明、绿色发展理念具有重要意义。

三 广州重大平台发展面临的问题

从调研的情况来看,广州重大平台支撑经济社会发展的总体效能还有待提升,主要表现在以下几个方面。

（一）平台发展空间有待拓展

随着连续的大开发大建设，多个区域现有规划空间已迈入存量发展阶段，产业空间不足问题越来越明显，优质企业扩大生产经营规模受制约，产业升级发展受限制。老城区重大平台普遍存在空间不足、用地受限等问题。越秀区在全市占地面积最小，产业用地仅占全区土地的12%，开发强度已高达90%，亟须加大对存量空间的更新利用。天河区的天河路商圈、中央商务区也受到土地资源有限的"硬约束"，周边几乎无新的商业用地供应，制约大型商贸企业集聚和商圈的发展。广州科学城现有规划空间进入存量发展阶段，高端研发、新兴产业用地紧张与传统制造用地低效闲置并存，高端研发创新和新兴产业发展之间尚未形成相匹配的空间格局。广州国际生物岛剩余可供开发土地不多，产业空间不足问题日益凸显。

（二）平台能级有待提升

广州重大平台在国内外的知名度和辐射力有待增强，部分平台产业结构有待优化提升。比如天河路商圈在华南地区有较强影响力，拥有51个奢侈品集团品牌，约占全市数量的九成，但其吸引力落后于上海（101个）、北京（97个）、成都（79个）、深圳（65个）。天河中央商务区总部企业特别是跨国公司总部数量少于北京、上海中央商务区。琶洲核心片区政策"能级"还不够高，在税收政策、产业政策、人才政策等方面与国家级重点平台相比尚有差距，影响力、传播力、显示度有待提高。广州科学城的产城融合度、城市建设国际化水平和城市运行智慧化程度还不够高。广州国际生物岛的定位为国际化生物技术和医药研发及产业基地，但对比博鳌乐城国际医疗旅游先行区、泰州中国医药城，在市场准入、人才引进、税收等方面，获得国家层面的政策支持不多。

（三）平台创新驱动发展功能有待加强

广州重点创新平台涉及超高清视频、智能制造、数字与智能化教育装备、商标品牌、产业金融服务、绿色金融改革、商业秘密保护、进口贸易促进、劳动争议等领域，但与北京、上海、深圳等城市相比，平台的基础研究和原始创新能力相对薄弱，新产业、新业态、新模式经济发展潜力仍需挖掘。科技创新与企业、产业、金融等联动发展不够，创新源头效能有待进一步释放，科技战略布局优势尚未充分转化为技术领先优势。一些大型企业在平台的功能布局上注重"车间"功能而非研发功能，科技创新投入要素较少，加工制造业创新能力不足。

（四）平台综合服务效能有待提高

一是部分平台市政基础设施建设较为滞后，制约平台进一步发展。比如，黄埔云埔工业区（穗港科技合作园）的水、电、路等市政设施建设总体水平较为滞后；天河路商圈存在人流拥挤、交通拥堵、停车难等问题，步行和车行交通舒适度与便捷度欠佳。二是重大平台数字化应用程度不高，多数停留在"数据大"层面，离"大数据"应用还有较长的路要走，"技术找不到场景、场景得不到技术"的问题还未解决。三是住房、医疗、教育、消费等公共服务配套设施配置不足。比如，广州人工智能与数字经济试验区琶洲核心片区和金融城片区，住宅建设较少，配套人才公寓不足，不利于吸引高端人才安家落户。

四 推动广州重大平台高质量发展的对策建议

推动重大平台高质量发展是广州实现老城市新活力、"四个出新出彩"的战略抓手和必由路径。深入学习贯彻党的二十大报告中关于高质量发展的相关论述精神，围绕重大平台提能升级、完善平台服务体系等方面集中发力，为广州建设中国式现代化先行区注入强劲动力和绵延活力。

（一）优化重大平台空间分布，实现协调联动发展

充分发挥南沙战略平台引擎作用，重点在"提升带动力"上下功夫，

优化平台空间布局，促进区域协调联动发展。一是加快南沙重大战略平台建设。以"头号工程"推动《南沙方案》落地落实，举全市之力提升南沙投资强度、经济密度、开放深度，打造立足湾区、协同港澳、面向世界的重大战略性平台，激发高质量发展的动力。充分发挥南沙战略平台引擎作用和外溢效应，推动广州临港经济区、南沙科学城、广州人工智能与数字经济试验区、广州国际金融城、中新广州知识城、广州临空经济示范区等重大平台协同联动发展，进一步发挥重大平台集群效应。二是积极打造广州北部、东部增长极。发挥花都实施主体作用，依托超级空铁交通枢纽聚集和区域产业优势，加速导入临空产业集群，推动智能制造、商贸会展、文旅康养、生产性服务业等产业聚集，促进物流业和制造业深度融合创新发展，带动北部地区城乡融合协调发展。黄埔、增城积极争取国家和省层面支持，加快交通设施建设，加强与周边地区互动，以增城公铁联运枢纽建设为抓手，承接穗莞深先进制造业延链、补链、强链需求，大力引进布局"芯""显""车"等特色产业，聚力打造广州东部发展中心。三是蓄积区域协调发展新动能。深化南沙与横琴、前海等重大平台的协同联动，发挥广深双城联动和广佛极点带动作用，大力推进广州都市圈建设，加快推动广佛全域同城化高质量发展试验区、国家城乡融合发展试验区广东广清接合片区、广清经济特别合作区、广梅产业园等区域合作平台建设。四是促进区域融合组团发展。结合区位优势和资源禀赋，统筹谋划全市重大平台布局，减少内部同质化竞争、低水平重复建设和内耗式发展，形成"全市一盘棋"。跳出行政区划审视区域发展，促进区域融合发展，实现跨行政区平台基础设施互联互通、资源共享，生态环境、产业、决策协同等。

（二）提升重大平台能级，增强辐射带动作用

一是提升创新能级。加快高能级创新平台建设，完善"2+2+N"科技创新平台体系，加快重大科学装置建设，推动广州实验室、生物岛实验室、琶洲实验室等重点实验室和新型研发机构提质增效，支持企业建设重点实验室、工程技术中心和创新服务综合体，共建产学研合作基地。大力支持基础

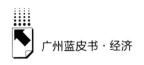

研究和应用研究，加快突破关键核心技术，推动创新链与产业链深度融合，进一步发挥科技创新对重大平台发展的支撑和引领作用。二是提升产业能级。推行链长制，培育一批龙头企业（世界 500 强等），引导各行业培育一批专精特新、"独角兽"和"瞪羚"企业，以龙头企业带动全产业链发展，形成若干产业集群；加快传统产业改造提升，持续培育战略性新兴产业，推动优势产业迈向高端化、智能化，持续向中高端价值环节跃升。聚焦应用场景拓展，搭建行业数字化转型赋能平台，以数字融合推动企业数字化转型，以数字新基建强化产业生态提升。三是提升政策能级。实施平台能级提升战略，加快提升平台政策含金量，增强平台调动资源能力和示范带动作用。一方面，争取平台在市场准入、人才引进、税收等方面获得省或国家层面的政策支持，争取先行先试。另一方面，通过纳入广东自贸试验区联动发展区等，使更多平台企业享受自贸区政策红利。例如，依托自贸区金融创新政策红利，探索将越秀、天河、黄埔等城区作为自贸区联动发展区，以利润分成的方式统筹处理金融企业注册地与实际办公运营间的利益关系。四是提升要素保障能级。增强市级层面对重要战略资源、重大项目、重点工作的统筹力和执行力，实现资源要素的精准投放和经济效益的最优化。同时，推进市区互动和部门联动，聚焦土地、人才、资金等要素，加强对重大战略平台的政策支持。做好重大平台重点产业的用地保障，针对中心城区重大平台空间限制，争取在城市更新改造方面的政策支持，加大对低效、闲置用地和物业的更新利用，盘活存量资源，推动载体更新、产业升级，为产业发展释放更多空间。

（三）推进重大平台资源整合，提升联通服务能力

充分发挥广州商贸平台、金融平台、创新平台优势，提升各类重大平台资源整合，强化联通服务。在商贸平台领域，依托广交会、国际贸易数字平台、跨境电子商务综合试验区、进口贸易促进创新示范区、数字贸易先行示范区和国际消费中心城市等国字号招牌，充分发挥广州与世界市场开放对接的桥梁纽带作用。依托北京路步行街、天河路商圈、天河中央商务区、白鹅

潭商务区、南站商务平台和番禺长隆万博商务区等重大平台，连片带动天河路商圈、北京路商圈、珠江新城商圈等消费地标发展，打造迎春花市、直播电商节、羊城夜市等消费品牌，激活消费新业态、新模式和新场景，做足流量文章，激发消费潜力。在金融平台领域，依托广州期货交易所、广州碳排放权交易中心打造跨区域期货产业链和绿色金融产业链，依托上海证券交易所南方中心、深圳证券交易所广州服务基地等强化与国内其他金融平台的合作，支持广州期货交易所和香港交易所、深圳证券交易所联动发展，全面增强金融辐射能力和要素资源配置能力，推动区域实体经济发展。除了工业硅之外，抓紧研究储备电力、碳排放权期货等新品种在广州期货交易所上市交易，逐步构建完整的期货产业链。加快建设粤港澳大湾区跨境理财和资管中心，全力推进设立粤港澳大湾区国际商业银行、大湾区保险服务中心，全力打造一批新的金融平台，保持金融较快增长。在创新平台领域，重点依托国家实验室、国家技术创新中心、国家产业创新中心、重大科技基础设施、高水平创新研究院、高校科研院所等的创新优势，建立对接互联的精准协作机制，提升产业创新的支撑服务能力。推动粤港澳大湾区国家技术创新中心直属创新平台建设，协调推进各类创新研究，推动国际大科学计划在广州落地建设，建设国家先进高分子材料产业创新中心，推动国家重点实验室重组，促进新型研发机构提质增效。强化科技创新的教育、人才支撑，支持在穗高校"冲一流、补短板、强特色"，共建粤港澳大湾区高水平人才高地。将中新广州知识城、南沙科学城与广州人工智能与数字经济试验区等重大平台串珠成链，探索推动科技企业和科研单位共享科技资源，共同争取一批国家科技改革先行先试政策，共促创新链全链条融合贯通，建立健全科技成果跨区域转移转化的对接协调机制，重点打造科技创新轴、珠江沿岸高质量发展带，逐步形成轴带引领、多点支撑的高质量发展格局。

（四）完善重大平台配套保障，优化发展环境

坚持以人为核心，以城市为基础，以产业为保障，驱动城市更新和完善服务配套，形成城产人和谐共生、持续向上的发展模式。一是完善公共设施

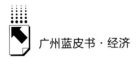

配套。推进重大平台及其周边公共基础设施建设，完善主干交通路网，确保水、电、气等管线入廊，满足企业项目投入使用需求。完善园区内道路、停车、绿化等基础设施和人才公寓、餐饮酒店、医疗教育等生活配套，提高园区生活品质。加强重大文教卫体设施建设，聚焦综合医院、品牌高中、科技馆、博物馆等各类高等级公共服务设施的规划建设，整体提升公共服务领域的显示度。优化青年创新创业的配套服务，打造青年友好型城市样板，促进人才和城市双向奔赴。二是提升治理数字化水平。深化数字政府建设，加快5G新技术在政务服务领域的应用，构建政企数字供应链，促进形成政企多方参与、高效联动、信息共享的现代治理体系。通过信息通信技术以及大数据分析，对产业链、产业分工、区域布局等问题进行科学评估，加快产业转型升级。三是提升城市综合服务水平。搭建集共享空间、研发基地、科技社区、人才智库、创意中心、融资服务于一体的平台体系，为平台企业提供直播带货、融资对接、孵化管家、项目申报、财税筹划、人才培训等服务，推动资源要素共享互动、融合发展，助力企业在市场竞争中迅速出圈。四是完善人才保障。深化"广聚英才"人才工程，加快推进专业技术型干部队伍建设，构建认定遴选择优并重的高层次人才识别体系，出台重大平台和重点行业人才专项支持政策，完善人才综合服务保障体系。带动创新团队和领军人才迅速成长，培养造就具有国际水平的技术创新杰出人才、领军人才、青年拔尖人才和高水平创新团队，培育产业高端人才，打造粤港澳大湾区高水平人才集聚地。五是优化营商环境。落实省市营商环境改革系列政策，重点推进压缩企业开办时间、工程建设项目审批制度改革、优化税收营商环境等国家级改革试点建设，落实研发经费加计扣除等税收优惠政策，开展"干部作风大转变、营商环境大提升"专项行动。

参考文献

陈朋亲、毛艳华：《粤港澳大湾区跨域协同治理创新模式研究——基于前海、横琴、南沙三个重大合作平台的比较》，《中山大学学报》（社会科学版）2023 年第 5 期。

郭云喜：《协同港澳、对标国际　打造粤港澳大湾区重大合作平台》，《中国外汇》2023 年第 15 期。

龚美娟：《江苏培育国家战略科技力量的对策研究——以江苏重大创新平台为例》，《江苏科技信息》2023 年第 11 期。

孔庆雯：《云南省重大创新平台建设现状及对策研究》，《安徽科技》2023 年第 2 期。

孙久文、张皓、王邹：《区域发展重大战略功能平台的联动发展研究》，《特区实践与理论》2022 年第 5 期。

王光龙：《城市平台化发展研究——以成都市为重点》，《成都行政学院学报》2022 年第 3 期。

王亮伟、蒿巧利、赵晏强：《区域科技创新平台优化发展研究——以湖北省为例》，《科技促进发展》2021 年第 12 期。

林先扬、谈华丽：《深化粤港澳大湾区重大合作平台　开发开放战略探讨》，《广东经济》2021 年第 8 期。

Abstract

Guangzhou Economic Development Report (2024) is one of the "Guangzhou Blue Book" series. It is the latest achievement of Guangzhou economic analysis and forecast and related important thematic research jointly completed by experts and scholars from scientific research groups, universities and government departments and compiled under the supervision of Guangzhou Academy of Social Sciences. This yearly book consists of six parts, including the general report, economic operation, industrial economics, regional development, reform and innovation, investigation and research, with a total of 22 research reports or papers.

In the face of complex and severe domestic and international situations, Guangzhou has risen to the challenge, continuously improved the quality of economic development, and reached a new level of economic aggregate. In 2023, the regional GDP reached 3035. 573 billion yuan, an increase of 4. 6%. In terms of industries, agricultural development has accelerated, industrial recovery has fallen short of expectations, and differentiation in the service sector was obvious. In terms of demand, consumption was rising steadily, investment structure was optimized, and imports and exports were generally stable. Looking ahead to 2024, the world economy still faces many unstable and uncertain factors, and economic growth is not optimistic on the whole. Opportunities and challenges coexist in China's economic development, and economic performance is expected to remain within a reasonable range. Through the combined method of "modeling and forecasting + comprehensive forecasting", this book predicts that Guangzhou's economy is expected to maintain stable growth in 2024, with a growth rate of 4. 6% −5. 5%.

Keywords: Economic Growth; Urban Economy; Guangzhou Economy

Contents

I General Report

Abstract: In the face of complex and severe domestic and international situations, Guangzhou has risen to the challenge, continuously improved the quality of economic development, and reached a new level of economic aggregate. In 2023, the regional GDP reached 3035. 573 billion yuan, an increase of 4. 6%. In terms of industries, agricultural development has accelerated, industrial recovery has fallen short of expectations, and differentiation in the service sector was obvious. In terms of demand, consumption was rising steadily, investment structure was optimized, and imports and exports were generally stable. Looking ahead to 2024, the world economy still faces many unstable and uncertain factors, such as high inflation and high debt, the impact of liquidity crunch, ongoing geopolitical conflicts, and the global economic situation is not optimistic. China's economic development faces many difficulties, such as insufficient market demand at home and abroad, weak social expectations, many hidden risks, and weak scientific and technological innovation capacity. However, China has many advantages, such as market size, industrial system, and development resilience, and economic performance is expected to stay within a reasonable range. Through the combined method of "modeling and forecasting + comprehensive forecasting", this paper predicts that Guangzhou's economy is expected to maintain stable growth in 2024, with a growth rate of 4.6% −5.5%. In order to do a good job in the economic and social development of Guangzhou in 2024, this paper puts forward six countermeasures and suggestions: First, we should strengthen scientific and technological guidance, empower talented people, and foster new quality productivity; Second, we should increase productive investment and stimulate consumption with potential to boost market demand; Third, we should establish the city in the manufacturing industry, and strengthen the foundation of the real economy; Fourth, we should do a good job in "millions of projects", implement urban renewal, and promote the overall development of urban and rural areas; Fifth, we should promote the development and opening up of Nansha and the development of the eastern hub and northern growth pole, and strengthen the core engine of the Guangdong-Hong Kong-Macao Greater Bay Area; Sixth, we should ensure people's livelihood, improve the business environment, and foster a superior enterprise ecosystem.

Keywords: Economic Growth; Urban Economy; Guangzhou Economy

II Economic Operation

Abstract: In 2023, facing the new situation and challenges of economic wave like recovery and tortuous progress, Guangzhou's industry is under pressure and has achieved a total industrial added value of 672. 888 billion yuan, an increase of 1. 6%. The automotive manufacturing industry is accelerating its differentiation, the electronic product manufacturing industry is gradually stabilizing, the petrochemical manufacturing industry continues to be sluggish, new industries and new driving forces are becoming increasingly active, high-quality market entities continue to emerge, project investment and construction results are outstanding, industrial development space is optimized and improved, and support for strong industrial areas is slightly insufficient. Looking ahead to 2024, opportunities and challenges coexist, and Guangzhou can fully seize the opportunity to achieve high-quality industrial development and leap forward. This paper proposes countermeasures and suggestions from five dimensions: building a solid industrial economic growth foundation, cultivating and strengthening strategic emerging industries, promoting industrial project construction, promoting specialized investment attraction, and creating a new pattern of foreign trade development.

Keywords: Industry; Manufacturing; Guangzhou

Abstract: In 2023, the consumer market in Guangzhou recovered, the

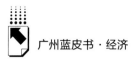
physical consumption pick up more obviously, the culture and entertainment consumption continued to be hot. On the whole, the wholesale and retail trade recovered steadily, the transportation industry improved significantly, and commodity exports performed better than imports. Looking forward to 2024, expanding domestic demand is still the main focus of macro policies, the construction of modern circulation system continues to strengthen, the differentiation of business formats is more obvious, the digital transformation is deepening, cross-border e-commerce imports and exports maintain a good momentum of development, and opportunities and challenges coexist in the field of commercial circulation. This paper suggests that to promote the further development of Guangzhou's commercial circulation industry from the aspects of fully stimulating consumption potential, upgrading the energy level of urban transportation hubs, further expanding high-level opening to the outside world, and continuously optimizing the business environment.

Keywords: Wholesale and Retail; Transportation Industry; Guangzhou

B.4 Analysis of Guangzhou Real Estate Market in 2023 and Prospect of 2024

Ou Jiangbo, Fan Baozhu and Chen Lu / 072

Abstract: In 2023, driven by the continuous optimization of Guangzhou's real estate regulation policy, the prosperity of Guangzhou's real estate market has improved, the heat of the land market has rebounded, the performance of the first-hand and second-hand housing market has differentiated, and the real estate investment has decreased. Looking forward to 2024, affected by the precise support of regulatory policies for rigid and improved housing demand, the market is expected to continue to recover, and the turnover is expected to grow. This paper suggests that to promote the steady and healthy development of the market from the aspects of implement and improve a series of policies to promote stable development of real estate, promoting market sales, accelerating urban renewal, and actively doing a good job in housing security.

Keywords: Real Estate Market; Regulatory Policies; Guangzhou

B.5 Development of Human Resource Market in Guangzhou
in 2023 and Prospect in 2024

Investigation and Evaluation Group of Human Resource Market

Supply and Demand Information in Guangzhou / 086

Abstract: In 2023, Guangzhou Human Resources Market Service Center investigated and analyzed multi-dimensionally current situation of human resource market in Guangzhou on the supply and demand situation of Guangzhou's human resources market, the employment demand of key industries and the monitoring information of key human resources service institutions. The main conclusions show that the supply and demand characteristics of the human resource market in Guangzhou and the industrial employment are recovering obviously, the balance of the total supply and demand of labor is steadily increasing, the confidence of both the supply and demand parties in the operation prospect of the human resource market is obviously restored, and the quality of labor supply and the industrial employment structure are continuously optimized. Finally, the paper puts forward the corresponding prospects and suggestions on conclusions of investigation and analysis in 2024.

Keywords: Human Resources Market; Total Supply and Demand; Guangzhou

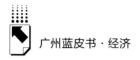
III Industrial Economics

B.6 Research on Countermeasures to Promote "Industrial Production in High-rise Buildings" to Help Guangzhou's Real Economy Develop in High Quality

Research Group of Postdoctoral Innovation Practice Base,

Guangzhou Development and Reform Research Center / 104

Abstract: As a new industrial space model, "industrial production in high-rise buildings" has the advantages of promoting intensive land use, reducing enterprise costs, promoting industrial transformation and upgrading, etc. Since 2019, Guangzhou has actively promoted "industrial production in high-rise buildings" and successfully created a number of demonstration models, but there still remains some problems such as insufficient number of projects, insufficient heat in the downtown area, and insufficient willingness of market players to participate in. Therefore, Guangzhou should learn from the experience of advanced cities to promote "industrial production in high-rise buildings", persist in the overall working idea of "taking a long-term perspective, being active and steady, state-owned enterprises taking the lead, and differently developing", firmly and orderly promote "industrial production in high-rise buildings" to help the real economy develop in high quality.

Keywords: Industrial Production in High-rise Buildings; Industrial Space; Guangzhou

B.7 Research on Strategies for Promoting High-Quality

Development of Guangzhou's Automotive Industry

Xu Lu, *Zhai Yaojie* / 117

Abstract: The automobile industry is an important pillar of the national economy, and also an important component of Guangzhou's modern industrial system. The current automotive industry is undergoing an industrial transformation characterized by electrification, networking, intelligence, and sharing. Guangzhou, as the "city of automobiles" with a stable total vehicle output ranking first in the country for many years, has a solid development foundation in terms of industrial scale, enterprise strength, core technology, development mode, technological innovation, and spatial layout. However, it still facing challenges such as mismatch between automotive parts supply and vehicle manufacturing, oil to electricity conversion leads to significant changes in market demand, talent reserves lag behind industrial development needs, domestic market competition is significantly intensifying, increased uncertainty in international automotive trade. This paper proposes strategies to accelerate core technology research, improve the level of the parts industry, optimize the industrial ecology, strengthen talent cultivation, and expand the international market around these issues, providing theoretical support for Guangzhou to promote the transformation and upgrading of the automotive industry and enhance the international competitiveness of the modern industrial system.

Keywords: Automobile Industry; New Energy Aautomobile; Guangzhou

B.8 Strategic Study on Guangzhou to Build the Core Engine

of the Medical and Health Industry in Guangdong-

Hong Kong-Macao Greater Bay Area

Zhang Qiang, *Zhou Xiaojin* / 128

Abstract: Under the background of the world's great changes, the domestic

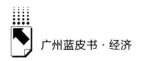

medical and health industry has ushered in a golden development period. As a national central city, Guangzhou's medical and health industry has a solid foundation for development and prominent resource advantages, forming a cluster development pattern of full chain, full function and full elements, and has the foundation, conditions and ability to bear the core engine of the Greater Bay Area. The paper sorted out the main trends of the development of the world's medical and health industry and Guangzhou's comparative advantages, and summarized seven models of the cooperation between Guangzhou and the Greater Bay Area's medical and health industry on the basis of field investigation and research. It focused on analyzing the main shortcomings and institutional constraints of Guangzhou's medical and health industry in playing the role of the core engine of the Bay Area. The study proposes an innovative idea of promoting the integration of "five medical", to strengthen their own industrial level, and then enhance their strategic integration and pivotal role in the industrial chain, innovation chain and capital chain of the Greater Bay Area. From a strategic perspective, Guangzhou has been identified as a provider of high-end medical services in the Greater Bay Area, the leader of medical technology innovation, the organizer of industrial chain cluster layout, the navigators in the unified institutional rules in the Greater Bay Area. And from the education leading, casting platform, strong innovation, control chain, wide connectivity and other aspects of the series of measures and suggestions, so as to provide strong support for Guangzhou's medical and health industry to better assume the core engine role of the Greater Bay Area.

Keywords: Medical and Health Industry; Guangdong-Hong Kong-Macao Greater Bay Area; Guangzhou

B.9 Research on the Countermeasures to Accelerate the
Innovative Development of Internet Information
Service Industry in Guangzhou

Liu Yu, *Zhong Bingji* / 143

Abstract: With the breakthrough and development of the core technology of the next generation Internet represented by 5G, satellite Internet and industrial Internet, and the acceleration of industrial digitalization, the innovative development of Internet information services has become the main driving force for the transformation and upgrading of global industries. Although Guangzhou's Internet information services have unique advantages in the software industry, consumer Internet platform and other fields, in recent years, the gap between the industry scale and that of Beijing, Shanghai, Shenzhen and Hangzhou has widened, the willingness and ability of enterprises to make digital transformation is not strong, and the gap in the industry's talent echelon is large. Guangzhou is also facing challenges such as accelerating the concentration of innovative resources to major cities such as Beijing, Shanghai, Shenzhen, Hangzhou, and business outflow worries. In order to accelerate the innovative development of the Internet information service industry in Guangzhou, this paper puts forward countermeasures and suggestions from the dimensions of fostering new growth points of the innovative development of the Internet information service industry, accelerating technological innovation and industrialization drive, promoting the digital transformation of industrial clusters, and building a high-quality development ecosystem of the Internet information service industry.

Keywords: Internet Information Service Industry; Innovative Development; Guangzhou

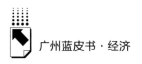

B.10   A Study on the Ideas for Promoting the Development of
New Forms of Consumption in Guangzhou

Zhou Junyu, *Zhou Ming* / 160

Abstract: Guangzhou has a good foundation and conditions for the development of new consumption, including having the strength and potential to realize consumption upgrading, Guangzhou's business and trade industry and service industry has a good foundation and advantages, the new consumption infrastructure and security conditions are relatively perfect, and the government support provides favorable conditions. In the future, Guangzhou can cultivate new consumption from several key areas, including live streaming e-commerce in the field of domestic trade, Taobao e-commerce, new retail, cloud consumption, etc., cross-border e-commerce B2C in the field of foreign affairs, cruise tourism, parallel import, etc. Therefore, this paper suggests that to promote the development of new consumption in Guangzhou from the aspects of continuously forging new consumption forms and hot spots, improving the protection system of the rights and interests of new consumers, improving the supply quality of new consumer products, attracting international consumer groups, promoting the digitalization of trade and industry, and using fiscal and financial means to support the development of new consumption.

Keywords: New Forms of Consumption; Live E-commerce; Cross Border Commerce; Guangzhou

B.11   Research on Ways to Speed up the Development of
Marine Economy in Guangzhou

Dai Xinzhao, *Yan Nanyang and Liu Songling* / 177

Abstract: Guangzhou has always been a strategic stronghold for the country's governance of maritime affairs. Its achievements in marine science and technology innovation have significant international influence, reaching advanced international levels in several frontier areas, thus laying a solid foundation for leading the deep integration of marine science and technology with industry development. As a comprehensive gateway city around the South China Sea region, Guangzhou, leveraging its unique geographical location, profound marine culture, robust scientific research and education strength, clustered industrial layout, and efficient public service system, has formed a unique competitive advantage in driving the development of the marine economy. This paper addresses the theme of integrating marine science and technology with industry development. It sets out targeted policy suggestions and implementation strategies from multiple dimensions, such as building a modern marine industrial system, expanding the development space for the integration of marine science and technology industries, promoting innovative integration of marine science and technology industries. The aim is to accelerate Guangzhou's marine economy towards higher levels and quality.

Keywords: Marine Science and Technology; Marine Industry; Innovation; Guangzhou

B.12　Research on Countermeasures to Promote the High-quality

　　　　Development of Guangzhou's Private Economy

Yin Xiucheng, Liu Lin / 191

Abstract: Promoting the high-quality development of private economy is of great practical significance for Guangzhou to realize the new vitality of the old city, "four new and splendid", and continue to play the role of leader and locomotive in high-quality development. At present, Guangzhou private economy's overall situation, development quality, innovation ability and policy environment are constantly improving. However, it is also faced with problems such as the contribution to the national economy needs improved, the investment confidence and vitality are not fully restored, the path dependence restricts the scientific and

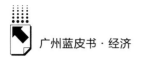
technological innovation ability, and the disadvantages of resource acquisition still exist. Guangzhou should improve the ideological position and effectively give private enterprises equal subject status, deepen the market access reform and boost the confidence of private economy development, make every effort to break through the path dependence and cultivate the endogenous driving force of innovation-led innovation, build an innovation ecology and service system to create a good atmosphere conducive to innovation and creation, solve the disadvantages of resources acquisition and comprehensively and accurately drip the demand of private market subjects.

Keywords: Private Economy; Market Subject; Scientific and Technological Innovation; Business Environment

Ⅳ   Regional Development

B.13   Some Thoughts on Guangzhou Leading the Coordinated
Development of Shipping in the Guangdong-
Hong Kong-Macao Greater Bay Area

Wang Jianjun, Luo Yuanyuan and Dai Xinzhao / 203

Abstract: The global shipping pattern has undergone profound changes, and supply chain risks continue to rise, and major coastal cities have actively carried out collaborative research on shipping and sought shipping cluster development. It is of great practical significance to give full play to Guangzhou's role as a "pacesetter, leader and locomotive", lead the coordinated development of shipping in the Guangdong-Hong Kong-Macao Greater Bay Area, and promote the formation of a world-leading large-scale shipping cluster in the Guangdong-Hong Kong-Macao Greater Bay Area. Guangzhou has the advantages of clear port positioning, vast economic hinterland, developed shipping finance, and abundant talent innovation, which provides important support for leading the coordinated development of shipping in the Guangdong-Hong Kong-Macao Greater Bay Area. This paper believes that the basic logic of Guangzhou to lead the coordinated development of shipping in the Guangdong-Hong Kong-Macao Greater Bay Area is to play the core driving role of the "Bay Area", ensure the improvement of various energy levels of "shipping", build a convenient and efficient "coordinated development" model, and build a collaborative "center" with strong radiation driving ability. This paper puts forward detailed countermeasures and suggestions from the aspects of improving the supporting policies system of maritime services, deploying innovation chains around the sea-related industrial chain, and leveraging the development of multimodal transport, strengthening the construction of shipping joint trading center.

Keywords: Shipping Synergy; Shipping Clusters; Guangdong-Hong Kong-Macao Greater Bay Area; Guangzhou

B.14 Research on Accelerate the Coordinated Development of Urban and Rural Industries in Guangzhou

Liu Fangfang, Zhou Jingjie and Li Zhijian / 217

Abstract: Stimulating the coordinated development of the urban and rural is an important path to achieve high-quality development and prosperity for people, and it is also the main purpose of Guangdong to enhance the project Hundreds of Counties, Thousands of Towns and Ten Thousands of Villages to fill in the shortcomings of high-quality development. In fact, stimulating the coordinated development of the urban and rural area is one of the core sector to support the coordinated development of urban and rural regions. This paper thoroughly sorted out the main practices and results of the coordinated development of urban and rural industries in Guangzhou in recent years, and analyzed the favorable conditions and main difficulties in the coordinated development of urban and rural industries. Combined with the implementation requirements of Guangdong's Hundreds of Counties, Thousands of Towns and Ten Thousands of Villages

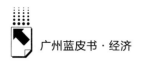
project, the research team put forward suggestions to stimulate the coordinated development of Guangzhou's urban and rural industries.

Keywords: Region Coordination; The Hundreds of Counties, Thousands of Towns and Ten Thousands of Villages Project; Industrial Collaboration

B.15 Research on Strategies to Promote the High-quality Development of Private Economy in Yuexiu District

Research Group of Statistics Department of
Yuexiu District of Guangzhou / 230

Abstract: Private economy is an important component of the Socialist market economy, and a strong guarantee for the sound and rapid development of our economy. The paper to the 19th National Congress of the Communist Party of China emphasized "Two No Irresolutions", and proposed that "we should support the growth of private businesses, and stimulate the vitality of various market entities". China's private economy contributes more than 50% of tax revenue, 60% of GDP, 70% of technological innovation, 80% of urban employment and 90% of the number of enterprises. Yuexiu District's private economy has been running smoothly on the whole. It contributes more than 10% of GDP, 30% of the operating income of enterprises above designated size, 40% of the employment of enterprises above designated size and 70% of the number of enterprises above designated size, and is playing an indispensable role. Based on the analysis of the development situation and questionnaire survey results of private economy in Yuexiu District, this paper puts forward some suggestions to promote the high-quality development of private economy.

Keywords: Private Economy; Private Enterprise; Yuexiu District

B . 16   Research on Strategies to Promote High-quality

Development of Urban Industry in Tianhe District

Wei Jianbin, Peng Jianming, Jiang Zhonglie and Liu Zhiyi / 246

Abstract: Urban industry is a modern industrial system that relies on large cities, is linked to traditional industry, is suitable for development in bustling urban areas and central urban areas, and is coordinated with the urban ecological environment. Combining the development requirements of the new era for new industrialization, promoting high-quality development of urban industry is an important part of China's high-quality development. On the basis of analyzing the resource endowment and policy opportunities for the development of urban industry in Tianhe District, this paper combines the analysis of the industrial foundation, spatial layout, scientific and technological innovation pattern, and existing problems of the urban industrial park in Tianhe District. From eight aspects: planning carrier, establishing a list, strengthening circles and supply chains, intensive development, innovating management, improving supporting facilities, innovation driven, and industrial financial, this article proposes countermeasures and suggestions to promote the high-quality development of urban industry.

Keywords: Urban Industry; New Industrialization; Tianhe District

B . 17   Research on the Strategic of Optimizing the Economic

Growth Momentum and Promoting High-quality

Development in Zengcheng District

Wu Jincheng, Wu Xiaofeng, He Weifeng and Zhu Weiguang / 263

Abstract: This paper systematically summarizes the basic characteristics and existing problems of the economic growth momentum of ZengCheng District since 2010, and makes a comprehensive analysis of the opportunities and challenges of

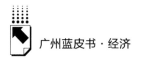

the future economic growth of Zengcheng District. On this basis, this paper puts forward the strategic countermeasures for optimizing the driving force of economic growth and promoting high-quality development in Zengcheng District in the future: implementing the strategy of manufacturing district, making the advanced manufacturing industry bigger and stronger; implement the strategy of serving the district and focus on promoting the transformation and upgrading of the service industry; implement the hub agglomeration strategy, high-level planning and construction of the eastern center; implement the strategy of rural revitalization, accelerate the high-quality development project for hundreds of counties, thousands of towns, and thousands of villages; implement the project-driven strategy, and do a solid job in attracting investment and stabilizing business; implement the reform and innovation strategy, and strive to create a soft and hard environment suitable for business.

Keywords: Economic Growth Momentum; Manufacturing Zone; Zengcheng District

V   Reform and Innovation

B.18   Research on Innovating Investment and Financing Model
for Major Projects in Guangzhou

Research Group of Policy Research Office, *Guangzhou*
Municipal Committee of CPC / 279

Abstract: In order to promote high-quality development and continuously improve the city's capacity and hub functions, Guangzhou has set a trillion-yuan investment target. "Big investments" require "big funds" support, but Guangzhou bears a heavy financial burden, and the construction funding issues mainly relies on financing which creates significant pressure for funding balancing. This paper conducts research around Guangzhou's major projects and proposes solutions to questions of "where does the money come from", "how to use existing resources" and "how to borrow money more effectively". The key to bridging the gaps between project implementation, financing, and effectiveness lies in adopting an "investment banking mindset". Practical measures are proposed from six aspects: consolidating financial resources for major undertakings, seeking funding from multiple sources, enhancing project planing and design, revitalizing existing assets, strengthening functional platforms, and attracting participation from social capital.

Keywords: Existing Assets; Investment and Finacing Models; Guangzhou

B.19 Research on the Construction of "Taxes and Fees in Parallel" Collection and Management Pattern under the Background of Social Security Collection and Management Reform

Research Group of State Administration of
Taxation Guangzhou Tax Bureau / 292

Abstract: With the landing of the reform of the transfer of social insurance premium collection responsibilities, taxation and charges have become the main responsibility of the tax department, and the tax department collection and management pattern has changed from "taxation mainly" to "tax and fee in parallel". "Tax and fee in parallel" is a systematic and complex project. At present, the tax department is continuing to promote the reform of social insurance premium collection and management to improve the collection efficiency. In this context, to promote "tax and fee in parallel", it is not only necessary to grasp the connection between the various links of social insurance collection and management, but also to deal with the relationship between it and the tax collection and management reform, but also to deal with the relationship between other governance subjects. This paper takes the background, connotation and significance of "tax and fee in parallel" as the starting point, uses the holistic governance theory to systematically

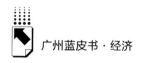
analyze the reason for the "fragmented" collection and management of social insurance premiums and taxes, and explores the solution path, and proposes policy recommendations to build a "tax and fee in parallel" collection and management pattern to promote the quality and efficiency of tax governance capacity.

Keywords: "Taxes and Fees in Parallel" Collection and Management Pattern; Social Insurance Premium; System Integration; Holistic Governance Theory

B. 20 Effectiveness and Suggestions of Compliance Rectification and Reform of the Enterprises Involved in Cases in Guangzhou

The People's Procuratorate of Guangzhou, Guangzhou

Federation of Industry & Commerce, and Tahota Law

Firm Guangzhou Office's Research Group / 308

Abstract: Since the comprehensive implementation of compliance rectification and reform of the enterprises involved in cases, significant progress has been achieved in Guangzhou. However, practical challenges such as the shortage of compliance awareness of the enterprises and the insufficient capabilities of compliance rectification team of the enterprises have gradually emerged, signaling that the reform has entered a challenging phase. On the basis of summarizing the advanced experience of compliance rectification and reform of the enterprises involved in cases of pioneering regions, considering the current business environment and management status in Guangzhou, the paper put forward a series of countermeasure suggestions. These include continuous optimization of the working mechanism of third-party organizations, refinement of the effective evaluation criteria for enterprise compliance; reinforcement of judicial connectivity, explore the construction of a compliance and mutual recognition mechanism, promotion of the mutual recognition mechanism of compliance, deepening the construction of the "comprehensive compliance" system across society. These measures aim to contribute to the high-quality development of the economy in Guangzhou.

Keywords: Compliance Rectification and Reform of the Enterprises Involved in Cases; Third-party Supervision and Evaluation Mechanism; "Comprehensive Compliance" System; Guangzhou

Ⅵ Investigation and Empirical Analysis

B.21 Enterprise Investigation and Analysis on the Operation Status and Business Environment of Strategic Emerging Industries in Guangzhou

Research Group of Economy Institute of Guangzhou

Academy of Social Sciences / 320

Abstract: Vigorously developing strategic emerging industries is of great practical significance for Guangzhou to accelerate the formation of new productivity and create important support for high-quality economic development. From September to October 2023, the research group organized and implemented a questionnaire survey on enterprises related to strategic emerging industries in Guangzhou. The survey results showed that most of the sample enterprises had ideal production and operation conditions, and were satisfied with the overall business environment in Guangzhou, but the satisfaction with some indicators such as the cost of living was low. The paper proposes to optimize the business environment from six aspects: vigorously attracting and gathering all kinds of talents, actively promoting the development of enterprise clusters, introducing and strengthening science and innovation finance, concentrating on building high-quality industrial development space, improving and perfecting various types of infrastructure, and striving to create a high-quality livable living environment, so as to promote the high-quality development of strategic emerging industries in Guangzhou.

Keywords: Strategic Emerging Industries; Operation Situation; Business Environment; Guangzhou

B.22 Research about High Quality Development of Major

Platforms in Guangzhou

Research Group of Postdoctoral Innovation Practice Base of

Guangzhou Development and Reform Research Center / 344

Abstract: Major Industrial platforms connect the urban spatial structure, are important carriers of economic development. They play an important role in promoting Guangzhou's high-quality realization of new vitality in the old city and the "four new achievements". The paper conducted on-site research on major Industrial platforms in Guangzhou and found that the development space of Guangzhou's major Industrial platforms needs to be expanded, the platform level needs to be improved, the platform innovation driven development needs to be strengthened, and the comprehensive service efficiency of the platform needs to be improved. Based on these, it is suggested to optimize the spatial distribution of major platforms, enhance the level of major platforms, promote the resources integration of major platform, and improve the service support for major platforms.

Keywords: Major Platforms; Industrial Space; Guangzhou

皮 书

智库成果出版与传播平台

❖ 皮书定义 ❖

皮书是对中国与世界发展状况和热点问题进行年度监测，以专业的角度、专家的视野和实证研究方法，针对某一领域或区域现状与发展态势展开分析和预测，具备前沿性、原创性、实证性、连续性、时效性等特点的公开出版物，由一系列权威研究报告组成。

❖ 皮书作者 ❖

皮书系列报告作者以国内外一流研究机构、知名高校等重点智库的研究人员为主，多为相关领域一流专家学者，他们的观点代表了当下学界对中国与世界的现实和未来最高水平的解读与分析。

❖ 皮书荣誉 ❖

皮书作为中国社会科学院基础理论研究与应用对策研究融合发展的代表性成果，不仅是哲学社会科学工作者服务中国特色社会主义现代化建设的重要成果，更是助力中国特色新型智库建设、构建中国特色哲学社会科学"三大体系"的重要平台。皮书系列先后被列入"十二五""十三五""十四五"时期国家重点出版物出版专项规划项目；自2013年起，重点皮书被列入中国社会科学院国家哲学社会科学创新工程项目。

权威报告·连续出版·独家资源

皮书数据库
ANNUAL REPORT(YEARBOOK)
DATABASE

分析解读当下中国发展变迁的高端智库平台

所获荣誉

- 2022年，入选技术赋能"新闻+"推荐案例
- 2020年，入选全国新闻出版深度融合发展创新案例
- 2019年，入选国家新闻出版署数字出版精品遴选推荐计划
- 2016年，入选"十三五"国家重点电子出版物出版规划骨干工程
- 2013年，荣获"中国出版政府奖·网络出版物奖"提名奖

皮书数据库

"社科数托邦"
微信公众号

成为用户

　　登录网址www.pishu.com.cn访问皮书数据库网站或下载皮书数据库APP，通过手机号码验证或邮箱验证即可成为皮书数据库用户。

用户福利

- 已注册用户购书后可免费获赠100元皮书数据库充值卡。刮开充值卡涂层获取充值密码，登录并进入"会员中心"—"在线充值"—"充值卡充值"，充值成功即可购买和查看数据库内容。
- 用户福利最终解释权归社会科学文献出版社所有。

社会科学文献出版社 皮书系列
SOCIAL SCIENCES ACADEMIC PRESS (CHINA)

卡号：645652773942
密码：

数据库服务热线：010-59367265
数据库服务QQ：2475522410
数据库服务邮箱：database@ssap.cn
图书销售热线：010-59367070/7028
图书服务QQ：1265056568
图书服务邮箱：duzhe@ssap.cn

法律声明

"皮书系列"（含蓝皮书、绿皮书、黄皮书）之品牌由社会科学文献出版社最早使用并持续至今，现已被中国图书行业所熟知。"皮书系列"的相关商标已在国家商标管理部门商标局注册，包括但不限于LOGO（🖊）、皮书、Pishu、经济蓝皮书、社会蓝皮书等。"皮书系列"图书的注册商标专用权及封面设计、版式设计的著作权均为社会科学文献出版社所有。未经社会科学文献出版社书面授权许可，任何使用与"皮书系列"图书注册商标、封面设计、版式设计相同或者近似的文字、图形或其组合的行为均系侵权行为。

经作者授权，本书的专有出版权及信息网络传播权等为社会科学文献出版社享有。未经社会科学文献出版社书面授权许可，任何就本书内容的复制、发行或以数字形式进行网络传播的行为均系侵权行为。

社会科学文献出版社将通过法律途径追究上述侵权行为的法律责任，维护自身合法权益。

欢迎社会各界人士对侵犯社会科学文献出版社上述权利的侵权行为进行举报。电话：010-59367121，电子邮箱：fawubu@ssap.cn。

社会科学文献出版社